Jörg Löhr mit Ulrich Pramann

Lebe deine Stärken!

Jörg Löhr mit Ulrich Pramann

Lebe deine Stärken!

Wie du schaffst, was du willst

Econ

Econ ist ein Verlag der
Ullstein Buchverlage GmbH

4. Auflage 2006

ISBN-13: 978-3-430-16172-5
ISBN-10: 3-430-16172-X

Gestaltung und Satz: Evi Schoettl, d.signer | büro für gestaltung,
Aitrang; gesetzt aus der Garamond und Trade Gothic
Druck und Bindearbeiten: Clausen & Bosse, Leck
Printed in Germany

Inhalt

02

04

Jeder hat seine Stärken.

Erkennen und nutzen Sie

Ihre persönlichen Stärken

für ein glückliches und

erfolgreiches Leben!

Vorneweg dies ...

War er ein Versager? Alles deutete darauf hin. Die Schule schien für ihn ein Graus. Auf andere wirkte er blass, er wurde von niemandem beachtet, blieb oft übrig, etwa beim Spielen und beim Sport. Das Einzige, was Charles M. Schulz ganz gut konnte, war Comics zu zeichnen.

Schon als kleiner Junge malte er leidenschaftlich gern. Einmal verteilte die Kindergärtnerin Papier und Bleistifte. Im Nu entstand auf seinem Blatt ein Mann, der Schnee schippt. Das trug ihm hohes Lob ein: »Charles, aus dir wird bestimmt mal ein Künstler!«

Doch das sollte dauern. In seiner High-School-Zeit belegte er nebenbei einen Fernkurs in Cartoon-Zeichnen, der 170 Dollar kostete. Manchmal hatte sein Vater, ein Friseur, Mühe, die Raten abzustottern. Als Charles am Ende der Schulzeit seine Comics für das prestigeträchtige Jahrbuch anbot, wurden sie abgelehnt. Als er sich als Zeichner bei den Walt-Disney-Studios anbot, wurde er nicht genommen.

Ein Talent, das sich durchsetzt

War er also doch ein Versager? Nein, er glaubte das nicht – er glaubte an sich. Nach der Absage von Disney skizzierte Charles M. Schulz einen persönlich gefärbten Comicstrip über einen Durchschnittsjungen, der überall schlecht abschneidet und dessen Drachen nicht mal fliegt: Charlie Brown – der erste Charakter der Peanuts war geboren. Später erfand er noch weitere sympathische Figuren wie Snoopy, Lucy, Schroeder, Linus, Sally oder Frieda, die weltweit ankamen. Bald wurden die Peanuts und ihre frechen Sprüche in 2600 Zeitungen gedruckt, fanden 350 Millionen Fans in 75 Ländern, fast 50 Jahre lang. Als Charles M. Schulz im Februar 2000 starb, hinterließ er ein Vermögen von rund 50 Millionen Dollar.

Ein Versager? Charles M. Schulz ließ sich von Rückschlägen nie beirren. Er glaubte an seine besondere Begabung. Und er kultivierte sein Talent zu einer einzigartigen Stärke. Auch nach Absagen dachte er nie ans Aufgeben. Er bot seine Skizzen so lange an, bis sie endlich gedruckt wurden. Langsam, aber stetig setzten sich die Qualitäten des Charles M. Schulz durch – als wäre seine Karriere die Blaupause für eine nicht einfache, aber doch wunderbare Erfolgsstory.

Was ist meine persönliche Stärke?

Jeder von uns ist mit wertvollem Talent gesegnet. Klar, manche Talente erkennen wir sofort: den Fußballer mit dem Torinstinkt, den Künstler mit dem besonderen Gespür für Farben und Gestaltung, den Mathematiker mit der Überdosis Grips für logische Zusammenhänge.

Und unsere eigenen Talente? Viele glauben, sie hätten keine besonderen Begabungen, Fähigkeiten oder Talente. Das stimmt aber nicht. Jeder hat mindestens ein bestimmtes Talent, jeder kann mindestens eine Sache besser als die meisten anderen. Das Dumme ist nur, uns fällt oftmals gar nicht auf, was uns leicht fällt – wofür wir also talentiert sind. Gerade weil dieses einzigartige Talent so selbstverständlich ist, schätzen wir es nicht richtig ein, schätzen es nicht, nutzen es nicht und versäumen, es zu unserer Stärke zu machen.

Ein Talent wird nämlich erst dann zu einer persönlichen Stärke, wenn es mit Wissen und Können angereichert wird – und wenn wir es wirklich wollen. Um eine echte Stärke aufzubauen, müssen wir also

- erstens unsere dominierenden Talente erkennen,
- zweitens Talent mit Wissen vertiefen,
- drittens das Talent trainieren und zum Können verfeinern
- und viertens die nötige Motivation dazu aufbringen.

Ein Leben im Mittelmaß?

Viele Menschen verkaufen sich unter Wert, weil sie glauben, ihr Talent sei doch unbedeutend. Auch das stimmt nicht. Jedes Talent ist wertvoll. Im Prinzip hätte jeder das Rüstzeug, um in ein starkes Leben durchzustarten. Doch viele haben sich den falschen Platz im Leben ausgesucht, sich mit dem falschen Arbeitsplatz arrangiert oder sind einfach falsch eingesetzt. Das, was sie tun, entspricht eindeutig nicht ihrem Talent und ihren Stärken. Deshalb können viele nicht so leben, wie sie sicher gerne würden. Vielleicht kennen Sie solche Menschen. Und vielleicht erkennen Sie sich selbst auch in dieser Situation.

Sie sind durchaus fleißig und pflichtbewusst. Man kann ihnen keinen Vorwurf machen. Sie tun, was man ihnen sagt. Trotzdem bekommen sie von Führungskräften oder Mitarbeitern, von Kollegen oder Geschäftspartnern kaum positives Feedback. Sie werden nicht gelobt, geschweige denn besonders geschätzt. Beförderungen gehen meistens an ihnen vorbei. Sie haben so gut wie keinen Erfolg und führen letztlich auch kein erfülltes Leben. Sie leben ein Leben im Mittelmaß. Auch diese Menschen haben sicher ihre Stärken, aber das sind andere als jene, die von ihnen gefordert werden.

Erfolgreiche Menschen leben ihre Stärke

Hätte Einstein auch Bahnbrechendes leisten können, wenn er – sagen wir – Chirurg geworden wäre? Hätte sich Wolfgang Amadeus Mozart wohl auch einen ruhmreichen Namen als Landschaftsgärtner machen können? Was wäre aus einem wie Franz Beckenbauer geworden, wenn er damals beim Giesinger SC 1906 München in der Kraftsport-Abteilung und nicht bei den Fußballern gelandet wäre? Wäre Beckenbauer vielleicht auch ein Weltklasse-Gewichtheber oder -Boxer geworden, ein Weltstar, eine lebende Legende und Lichtgestalt? Vermutlich nicht. Es kommt immer darauf an,

- erstens das richtige Spielfeld zu finden
- und zweitens konsequent am Ball zu bleiben.

Was ist zum Beispiel mit dieser Ärztin, die ja eigentlich Chemikerin werden wollte. Aber Papa hat sie überredet, seine Praxis zu übernehmen. Sie war immer ziemlich introvertiert, schüchtern, verschlossen. In einem Labor wäre das sicher völlig in Ordnung. Doch kann sie als eine Art kommunikatives Mauerblümchen eine richtig gute Ärztin sein und sich alle paar Minuten auf einen neuen Patienten einstellen?

Und was ist zum Beispiel mit dem Lehrer, der sich redlich bemüht. Immer fleißig gewesen, gutes Examen hingelegt. Aber dann. Jetzt steht er vor der Klasse, und die Schüler tanzen ihm auf der Nase herum. Er hat den Lernstoff drauf, das ja. Aber was er sagt, kommt nicht an. Er ist brav, aber nicht schlagfertig. Er steht zwar vorne, aber er ist nicht präsent. Er kann sich nicht durchsetzen, hat keine natürliche Autorität. Die Schüler nehmen ihn nicht ernst und lassen ihn das spüren. Dieser Lehrer – und es gibt hierzulande hunderttausende davon – ist chronisch überfordert und stirbt täglich tausend Tode.

Es gibt unzählige Beispiele für verfehlte Karrieren und Lebensläufe. Da ist die Disponentin, die lieber Hausfrau und Mutter sein wollte und unter dem Druck ihres Umfeldes (»Was machst du sonst noch?«) wieder einen Beruf ergriffen hat. Da ist der Dachdecker, der eigentlich gerne Koch geworden wäre, aber sein Vater verlangte damals, dass er in seinem Betrieb lernt. Basta. Da ist die Verkäuferin, die gerne Friseurin, und die Friseurin, die viel lieber Kindergärtnerin geworden wäre, aber es hat irgendwie nicht gepasst mit der Lehrstelle. Da ist der Manager, der eigentlich viel lieber seinen Job als Konstrukteur behalten hätte, anstatt nun als Führungskraft für Hunderte verantwortlich zu sein – aber Karriere, Prestige und höheres Gehalt sind nun einmal sehr verführerisch.

Falscher Ehrgeiz und die Folgen

Der Ehrgeiz von so vielen geht oftmals haarscharf an ihren wahren Stärken vorbei. Fatal, weil es verdammt viel Kraft kostet, jemand werden zu wollen, der man in Wirklichkeit nicht ist. Jedes Jahr geben hierzulande 70 000 Studenten ihr Studium auf. Immerhin erkennen sie den falschen Weg, manchmal nach vier Semestern, manchmal aber auch erst viel, viel später. Aber viele verharren lebenslang in einer Sackgasse, stoßen immer wieder an Grenzen und kommen nicht von der Stelle. So ein Lebenslauf kann dann ähnlich aufreibend und unerfreulich sein wie das berüchtigte Im-Hamsterrad-Laufen.

Es ist wichtig, umzudenken und zu lernen, dass eine berufliche Laufbahn auch dann erfolgreich ist, wenn nicht immer gleich eine Beförderung folgt. Mindestens genauso wertvoll sollten Lob, Respekt und auch finanzielle Anerkennung sein.

»Die weitaus meisten Menschenleben werden durch Selbstüberforderung vernichtet. Wir sehen wohl unsere Niederlage, begreifen sie aber nicht als Signal, als Konsequenz eines verkehrten Strebens, eines Strebens weg von unserem Selbst. Merkwürdigerweise ist ja die Richtung unserer Eitelkeit nicht, wie es zu sein scheint, eine Richtung auf unser Selbst hin, sondern weg von unserem Selbst.« So beschrieb der Schriftsteller Max Frisch menschliche Irrwege in seinem Roman »Stiller«.

Engagiert oder nicht engagiert?

»Haben Sie bei Ihrer Arbeit die Gelegenheit, jeden Tag das zu tun, was Sie am besten können?« Diese im ersten Moment harmlos klingende Frage hat *The Gallup Organization*, eines der weltgrößten Unternehmen für Beratung, Marktforschung, Mitarbeiterauswahl und Schulung, seit 1997 fast drei Millionen Berufstätigen in über 40 Ländern gestellt und die Antworten wissenschaftlich ausgewertet.

Das alarmierende Ergebnis der Untersuchung: 80 Prozent der Befragten haben das Gefühl, dass sie für ihre Aufgabe zumindest teilweise eine Fehlbesetzung sind. Acht von zehn Menschen können also am Ar-

Das Peter-Prinzip

Ende der 60er Jahre wurde der amerikanische Sozialwissenschaftler Laurence J. Peter mit einer Management-These weltbekannt, die lautet: »In einer Hierarchie neigt jeder Beschäftigte dazu, bis zu seiner Stufe der Unfähigkeit aufzusteigen.« Tatsächlich sind allzu viele Positionen in Unternehmen mit den falschen Mitarbeitern besetzt – sie sind inkompetent und offensichtlich überfordert. Die Positionen entsprechen nicht mehr ihren Talenten und Stärken, mit denen sie zu Beginn angetreten sind.

beitsplatz nicht das tun, was sie am besten können. Wer nicht richtig eingesetzt ist, wird sich kaum für seine Arbeit voll einsetzen.

Gallup ermittelte auch die drei Typen von Mitarbeitern, wie sie in jeder Firma anzutreffen sind: »engagierte«, »nicht engagierte« und »aktiv unengagierte Mitarbeiter«:

- Engagierte Mitarbeiter – das sind die Zugpferde in einer Firma. Sie nutzen ihre Talente. Sie bringen Leistungen auf hohem Niveau, denken mit und bringen ihr Unternehmen voran.
- Nicht engagierte Mitarbeiter – die machen Dienst nach Vorschrift. Sie tun sich weder positiv noch negativ hervor, sie lehnen sich zurück, setzen sich jedenfalls nicht voll ein.
- Aktiv unengagierte Mitarbeiter – die sind frustriert, haben resigniert und innerlich gekündigt, sind unzufrieden und praktisch gegen alles.

Ein schlechtes Geschäft für alle

Unzufriedene bleiben weit unter ihren Möglichkeiten. Sie sind wenig loyal, häufig gestresst und fehlen fast doppelt so oft aufgrund von Krankheit oder Unwohlsein wie Mitarbeiter, die mit Spaß bei der Arbeit sind. Und je länger jemand in der Firma ist, je höher sein Rang in der Hierarchie, desto unwahrscheinlicher, dass er in seinem Bereich seine größten Stärken nutzen kann. Denn er hat sich von seinem ursprünglichen Einsatzgebiet, das auf seine Stärken abgestimmt war, weit entfernt.

Besonders von Deutschland wird ein düsteres Bild gezeichnet. Hierzulande sei nur jeder sechste Arbeitnehmer »engagiert«, also kundenfreundlich, flexibel, produktiv, und will gute Qualität abliefern. Dagegen sind 69 Prozent »nicht engagiert« und 16 Prozent sogar »aktiv unengagiert«. Mit anderen Worten: Unsere Wirtschaft agiert nur mit einem Sechstel ihrer möglichen Kapazität. Fünf Sechstel des so genannten »Human Capital« werden nicht optimal genutzt. Fest steht: Das fehlende Engagement der Mehrheit der Mitarbeiter führt zu mangelnder Produktivität. *Gallup* schätzt die Einbußen auf jährlich mehrere Milliarden Euro.

Es ist ein schlechtes Geschäft für alle, wenn Mitarbeiter am falschen Platz eingesetzt sind und deshalb ihr Einsatz unbefriedigend bleibt. Schlecht für die Unternehmen, weil sie »bestürzend wenig Kapital aus den Stärken ihrer Mitarbeiter schlagen« (*Gallup*). Schlecht für die Mitarbeiter, weil sie mit wenig Freude bei der Arbeit sind, keinen Sinn in ihrer Arbeit sehen. Die traurigen Fakten: Jede(r) Fünfte hat Depressionen. Jede(r) Vierte hat Schlafstörungen. Und jede(r) Zweite hat innerlich gekündigt.

In Firmen arbeiten häufig Menschen zusammen, die nicht konstruktiv miteinander umgehen können. Fast jeder glaubt sich im Recht und handelt nach seinen gewohnten Programmen und Glaubenssätzen. Wer kommt morgens mit Freude zur Arbeit? Wer steht einen Arbeitstag mit Elan durch? Die meisten fühlen sich entweder überfordert oder unterfordert – und somit unglücklich.

Dabei sind motivierte Mitarbeiter die wichtigste Ressource jeder Firma. Lutz Thimm von der Unternehmensberatung *Kienbaum + Partner* hat ausgerechnet, wie wertvoll ein Mitarbeiter ist, der seine Talente und Stärken einbringen kann: Seine Produktivität steigt um 40 Prozent, er erwirtschaftet 49 Prozent mehr Gewinn und bis zu 67 Prozent mehr Umsatz – verglichen mit »durchschnittlich« motivierten Arbeitnehmern.

Zwei folgenreiche Missverständnisse

Warum streben so wenig Menschen nach einer Position, in der sie ihre Stärken konsequent einsetzen und umsetzen können? Warum verharren so viele Menschen in Positionen, die nicht zu ihren wirklichen Talenten passen? Warum wird mit so viel Aufwand versucht, an den so genannten Schwächen zu arbeiten? Vielleicht, weil in sehr vielen Köpfen – bei Managern und Personalchefs, aber auch bei Mitarbeitern und bei uns selbst – immer noch zwei Denkfehler fest verankert sind:

- **Erster Denkfehler:** Jeder kann, wenn er nur will, auf fast allen Gebieten die nötigen Kompetenzen erwerben.
- **Zweiter Denkfehler:** Jeder kann seine Leistung besonders dort steigern, wo seine größten Schwächen liegen.

Beide Grundannahmen haben sich längst als falsch erwiesen. Jeder sollte vor allem seine Talente ausspielen. Keiner kann es auf einem Feld weit bringen, das sich bei genauerer Prüfung als persönliches Brachland herausstellt.

Was für ein Dilemma. Dort, wo Menschen schon gut sind, könnten sie sich mit vergleichsweise wenig Aufwand noch stark verbessern und somit auf leichte Weise Erfolg haben – aber viele versuchen es häufig nicht einmal. Aber ihren Schwächen begegnen sie oftmals mit großen Anstrengungen. Doch trotzdem werden sie hier nur den Status von Mittelmäßigkeit erreichen können. Das Bemühen, Schwächen auszumerzen, kostet unverhältnismäßig viel Zeit und Kraft und wird nur zu Ernüchterung und Enttäuschung führen – ähnlich wie der Versuch, auf einer Glatze Locken zu drehen.

Zwei andere Strategien sind viel sinnvoller:

- **Erstens:** Die Stärken zu stärken
- **Zweitens:** Die Schwächen zu managen

Erkenne dich selbst!

Die Stadt Delphi war Sitz der berühmtesten Orakelstätte des Altertums. Von Orakeln durften die alten Griechen weisen Rat in schwierigen Fragen erhoffen. Über dem Tempel der Kultstätte stand folgender Spruch: »Erkenne dich selbst!« Bis heute gibt es keine klügere Empfehlung.

Wenn Sie dauerhaft glücklich und erfolgreich sein wollen, müssen Sie sich besser kennen lernen. Dazu gehört, dass Sie Ihre Schwächen und vor allem Ihre Talente und Stärken kennen. Sie müssen lernen, Ihre Verhaltensmuster zu verstehen.

Jeder Mensch ist ein Individuum. Diesen scheinbar banalen Satz haben Sie sicher schon häufiger gehört. Na und? Sie sollten diese simple Feststellung nicht unterschätzen: Jeder Mensch ist wirklich anders. Jeder Mensch bringt andere Voraussetzungen und andere Talente mit, jeder hat seinen eigenen Stil, seinen eigenen Lebensstil – so, wie jeder seine eigenen Fingerabdrücke und seine eigene Handschrift hat.

In diesem Buch erfahren Sie, wie Sie funktionieren (»Wer ich bin«), in welchen Bereichen Ihre persönlichen Stärken liegen (»Was ich kann«), was Sie wirklich antreibt (»Was ich will«) und wie Sie sicherstellen, dass Sie auch Ihren Talenten und Stärken gemäß leben und arbeiten (»Wie ich schaffe, was ich kann und will«).

Fundus der Erfahrungen

In dieses Buch sind langjährige Erfahrungen eingeflossen – Erfahrungen aus zahlreichen Coaching-Gesprächen und meinen rund 2000 Seminaren. Welche Bedeutung persönliche Stärke hat, lernte ich zudem schon in den 14 Jahren kennen, als ich in der Handball-Bundesliga und in der Nationalmannschaft spielte. Jeden Tag konnte ich hautnah erleben, dass an der Spitze nur Platz für jene ist, die wirklich talentiert waren und ihr Talent erkannt hatten, denen durch gute Trainer entsprechendes Wissen vermittelt wurde und die bereit waren, durch hartes, diszipliniertes Training zur Exzellenz zu gelangen.

Auch heute liebe ich die Zusammenarbeit mit Spitzensportlern, obwohl dies anstrengend und extrem anspruchsvoll ist. Zu Recht, denn von ihnen wird viel gefordert, vor allem messbare Spitzenresultate. Da ist es nur verständlich, wenn sie auch von anderen exzellente Leistungen erwarten. Wenn sich diese nicht rasch einstellen, ist die Zusammenarbeit sehr schnell beendet. Denn wer schon auf dem Gipfelgrat ist, interessiert sich nur noch für den Gipfel selbst. Um diesen zu erreichen, ist viel Einsatz nötig.

Als ich Anfang 2002 begann, mit Franziska van Almsick zusammenzuarbeiten und sie zu ihrem Comeback (fünf Goldmedaillen bei den Schwimm-Europameisterschaften in Berlin) begleiten durfte, wurde mir bewusst, wie viel Zeit Franzi dafür verwendet, ihr überragendes Talent zur Stärke zu entwickeln: nämlich über 99 Prozent. Sie lebt für ihren Sport, unterwirft sich täglich stundenlangem, härtestem Training. Wettkämpfe, in denen das aktuelle Leistungsniveau überprüft wird, nehmen dagegen vergleichsweise wenig Platz ein.

In meiner jetzigen Tätigkeit als Unternehmer, Coach und Trainer darf ich in vielen renommierten Unternehmen wirken und kann feststellen: Für Spitzenkräfte der Wirtschaft gelten ähnliche Spielregeln wie für Spitzensportler. Erfolgreich sind nur jene, die erkannt haben, was sie vor anderen auszeichnet – die also voll und ganz auf ihre Stärken setzen und diese konsequent ausbauen.

Aus der Praxis – für die Praxis

Aus der Erfahrung meiner zahlreichen Seminare weiß ich: Diese Spielregeln gelten nicht nur für Top-Leistungsträger – sie gelten für jeden von uns. Verschwenden Sie also nicht länger unnötig Zeit für Dinge, die Sie nicht so gut beherrschen, die Ihnen nicht liegen, die Ihnen keinen Spaß machen und keine Erfolgserlebnisse bescheren. Konzentrieren Sie sich vor allem auf Ihre Stärken. Arbeiten Sie heraus und optimieren Sie, was Sie schon gut können. Nur wenn Sie sich dort verbessern, wo eindeutig Ihr größtes Potenzial liegt, können Sie Spitzenleistungen erzielen.

Wie das möglich ist, erfahren Sie in diesem Buch. Es soll helfen, Ihnen Mut und Motivation zu geben, den für Sie richtigen Weg zu finden – hin zu mehr Erfolg, Lebensfreude und dauerhafter Zufriedenheit. Ob Sie es wollen oder nicht: Sie sollten die Tatsache akzeptieren, dass jeder von uns auch eine Art Produkt in einem hart umkämpften Wirtschaftsmarkt ist. Die Konkurrenz wird künftig noch härter. Mit hoher Wahrscheinlichkeit werden jene bestehen und sich von anderen abheben, die bessere Leistungen anbieten können. Dies ist nur möglich, wenn Sie Ihre Stärken kennen und ausspielen können.

Lassen Sie sich inspirieren von meiner Vision: Jeder Mensch findet seine Aufgabe. Er kann das tun, was er auch tun würde, wenn er kein Geld dafür bekäme. Was wäre die Folge? Jeder wäre hoch motiviert, auf besondere Weise kreativ, würde selbstständig Ideen und Konzepte entwickeln – und wäre glücklich. Der Krankenstand würde deutlich fallen, die Fluktuation auch. Nicht nur Firmen würden erfreuliche Gewinne machen, jeder würde Lebensfreude gewinnen – wenn jeder seine Stärken ausleben könnte.

Wo stehe ich gerade?

Zunächst sollten Sie jedoch mit Hilfe des folgenden Selbstchecks für sich klären: Wo stehe ich gerade?

Die Antworten auf die folgenden Fragen müssen nicht zwingend in eine bestimmte Richtung führen, aber alle Antworten zusammen können ein interessantes Puzzle ergeben. Mit etwas Abstand können Sie vielleicht schon die Konturen eines Bildes erkennen: Was will ich? Woran glaube ich? Was kann ich?

Dies ist zwar nur ein erster kleiner Schritt, allerdings ein sehr wichtiger. Denn auf diese Weise schärfen Sie erstens Ihr Bewusstsein. Und zweitens ist die Auseinandersetzung mit den Selbstcheck-Fragen eine spielerische Vorbereitung für die nächsten Schritte, die Sie schließlich zu Ihrem Ziel führen sollen:

- Wie erkenne ich meine persönlichen Stärken?
- Wie kann ich diese Stärken ausbauen?
- Wie schaffe ich es, ein starkes Leben zu führen?

Selbstcheck:
Was will ich? Was kann ich?

Die folgenden 35 Fragen sollten Sie sich einmal selbst beantworten. Antworten Sie bitte spontan und am besten schriftlich. Antworten Sie auch ohne Hemmungen und ohne spekulative Schönfärberei. Schreiben Sie einfach auf, was Ihnen einfällt, auch wenn manche Antworten vielleicht unrealistisch oder gar anmaßend erscheinen. Bei diesem Selbstcheck geht es nicht darum, sich selbst in ein günstiges Licht zu rücken. Viel wichtiger ist, dass Sie sich eine Art Spiegel vorhalten.

1. Was habe ich als Kind am liebsten getan?

2. Wen habe ich als Kind am meisten bewundert?

3. Was waren meine liebsten Schulfächer?

4. Was ist mir schon immer leicht gefallen?

5. Was waren in der Kindheit meine glücklichsten Momente?

6. Bei was habe ich gegenwärtig den meisten Spaß?

7. Was würde ich tun, wenn ich nicht mehr arbeiten müsste?

8. Was würde ich machen, wenn ich ein halbes Jahr Zeit hätte?

9. Was kann ich besser als die meisten anderen Menschen?

10. Welche meiner Stärken kann ich in meiner Arbeit ausspielen?

11. Wann habe ich meine besten Augenblicke, wann fühle ich mich ganz besonders im Einklang mit mir?

12. Was würde ich machen, wenn ich unbegrenzte Zeit, Mittel und Ressourcen hätte?

13. Weswegen fragen mich andere Menschen öfters um Rat?

14. Für was setze ich mich leidenschaftlich ein?

15. Was mache ich in meiner Freizeit am liebsten?

16. Auf welche Hindernisse stoße ich immer wieder?

17. Wann spüre ich Stress besonders deutlich?

18. Welches sind meine größten Erfolge im Leben?

19. Für was gebe ich am meisten Geld aus?

20. Welche Art Bücher lese ich am liebsten?

21. Welchen Teil der Zeitung lese ich zuerst?

22. Was möchte ich der Welt hinterlassen?

23. Wie sieht meine ideale Woche aus?

24. Mit wem würde ich gerne den Job tauschen?

25. Mit welchen Leuten bin ich besonders gern zusammen? Und warum?

26. Welche Rolle spiele ich im Team am liebsten?

27. Bei was geht mir das Herz auf?

28. Bei welchen Aktivitäten vergesse ich die Zeit?

29. Worüber rege ich mich im Alltag am meisten auf?

30. Welche Arbeit begeistert mich so, dass ich darin Spitze sein möchte?

31. Was geht mir ganz leicht von der Hand?

32. Was würde ich tun, wenn ich nur noch vier Wochen zu leben hätte?

33. Was sind meine Lieblingsfilme? Warum?

34. Worauf bin ich so richtig stolz?

35. Wie möchte ich in fünf Jahren leben?

01

Wie funktioniere ich eigentlich?
Was beeinflusst meine Talente?
Wie wird aus Talent eine
Stärke? Welche Faktoren
spielen dabei eine Rolle?

Wer ich bin

Was ist mein wahres ICH? Warum bin ich so, wie ich bin? Welche Umstände haben meine Persönlichkeit geprägt? Waren es vor allem die Gene oder meine Eltern, die Schule? Ist die eigene Biografie vorgezeichnet oder eine Summe von Zufällen? Warum habe ich zum Beispiel einen Faible für die Farbe Blau? Wo kommt eigentlich mein Talent fürs Briefeschreiben her?

Ballen Sie doch bitte einmal beide Hände zur Faust und führen Sie beide Fäuste zueinander. Stellen Sie sich vor: So groß, nicht größer, ist jene Wundermaschine, die zwischen Ihren Ohren installiert ist – das Gehirn. Dort werden sie alle bearbeitet, Ihre Erinnerungen und Fragen – hier wird Ihr Leben am Leben erhalten, verwaltet, um Neues bereichert, organisiert, gesteuert. Hier werden die Weichen gestellt für ein glückliches und erfolgreiches Leben. Wenn Sie wissen wollen, was Ihre Talente sind, damit Sie sie zu Stärken entwickeln können, lohnt es sich zu wissen, wie das Gehirn funktioniert.

Das Gehirn übertrifft jeden Computer

Ein unglaubliches Organ: Das Gehirn besteht aus einer graurosafarbenen, wabbeligen Zellmasse, es wiegt kaum drei Pfund – und trotzdem ist es jedem Computer um ein Vielfaches überlegen. Das Gehirn macht nur etwa zwei Prozent unseres Körpergewichts aus, verbraucht aber 20 Prozent unserer Energie. Diese Tatsache lässt erahnen, wie hart und wie intensiv dort oben im Dachstübchen gearbeitet wird.

Während Sie diese Zeilen lesen, verarbeitet Ihre Wundermaschine unter der Schädeldecke diese Buchstaben in Symbole, wandelt Informationen in Wissen um und speichert es ab. Alles bleibt theoretisch immer abrufbereit. Mehr noch: Gleichzeitig sorgt die Steuerzentrale Gehirn dafür, dass alle lebenswichtigen Körpervorgänge, Körperteile und Organe funktionsfähig sind, sämtliche Körperbefehle jederzeit ausgeführt werden können, die Körpertemperatur stets im grünen Bereich ist.

Und noch mehr: In jedem Moment fluten immense Mengen von Informationen zum Gehirn, die durch die fünf Sinne (Sehen, Hören, Fühlen, Riechen, Schmecken) wahrgenommen werden.

Das Gehirn verarbeitet diese vielen unterschiedlichen Sinneseindrücke, filtert und bewertet sie, trifft Entscheidungen für die Körperfunktionen, synchronisiert die Organtätigkeiten, die Verdauung wird reguliert, die Brennstoffe werden in Energie umgesetzt, das Bewusstsein wird gefüttert, und und und. All das geschieht in Mikrosekunden, und alles läuft rund um die Uhr.

Wirklich ein unglaublicher neurologischer Apparat. Das Gehirn ist die Zentrale unseres Lebens und Träger unseres Ich. Wenn das Gehirn ausfällt, ist es schnell aus mit uns: Wir hätten ungefähr noch vier Minuten zu leben, viel länger nicht.

Die unerschöpflichen Möglichkeiten

Das Gehirn, ein biologischer Supercomputer, ist Grundlage aller menschlichen Leistungen. Diese Hochleistungs- und Steuerungszentrale versetzt uns in die Lage, logisch zu denken, mit anderen zu kommunizieren, zu lernen, zu erinnern – und uns alle Wünsche zu erfüllen und so gut wie jedes Ziel zu erreichen. Vorausgesetzt, wir entscheiden uns, die Möglichkeiten des Gehirns auch aktiv zu nutzen.

Und die sind fast unerschöpflich.

Unser Gehirn besteht aus rund 100 Milliarden Nervenzellen (Neuronen), die auf eine ganz individuelle Weise miteinander verbunden sind. Vordergründig ist aber nicht die gewaltige Anzahl dieser Neuronen entscheidend, sondern das Verbindungsnetz, das die Zellen untereinander eingehen. Jede dieser 100 Milliarden von Nervenzellen steht nämlich mit 2 000 oder mehr anderen Nervenzellen in Kontakt – dadurch wird das Gehirn zum komplexesten Gebilde des Universums.

Das Gehirn – ein wundersames, großartiges Netzwerk.

Vier Irrtümer über das Gehirn

Das Potenzial des Gehirns ist begrenzt.
Stimmt nicht. Gehirnzellen sind nicht spezialisiert auf bestimmte Eindrücke. Jede der rund 100 Milliarden Nervenzellen kann Tausende von Verbindungen mit anderen eingehen. Jede mit jeder – durch diese Kontakte entstehen unbegrenzte Möglichkeiten.

Die Leistungskraft des Gehirns nimmt mit dem Alter ab.
Stimmt nicht zwangsläufig. Zwar scheint das Denkorgan, anders als die Leber oder Niere, mit dem Erwachsensein zu schrumpfen. Tatsächlich beklagen ältere Menschen häufig, dass ihre Gehirnleistung abnimmt. Das muss aber nicht so sein. Mit Denk-, Lern- und Gedächtnistraining (Gehirnjogging) und auch durch regelmäßige Bewegung kann man dem Verlust von grauen Zellen nachweislich und wirksam vorbeugen.

Die Gehirnzellen können nicht nachwachsen.
Stimmt nicht. Auch bei Erwachsenen können Gehirnzellen nachwachsen, das ist durch spektakuläre Studien bewiesen. Auch vollständig zerstörte Hirnbereiche können wiederbelebt werden – zum Beispiel nach einem Schlaganfall. Dann übernehmen neue Neuronen die Aufgaben der abgestorbenen Zellen. Voraussetzung dafür ist allerdings konsequentes Training.

Das Gehirn wird nur zu 20 Prozent genutzt.
Stimmt nicht. Es gibt kein Hirnareal, in dem nichts passiert. Das Gehirn arbeitet eher wie ein eingespieltes Handballteam. Alle Spieler, auch die Auswechselspieler, haben Aufgaben, müssen einsatzbereit sein und werden beizeiten auch beansprucht. Allerdings sind nicht immer alle gleichzeitig in Aktion.

Das Wunder im Kopf

Die Arbeit der Nervenzellen des Gehirns ermöglicht es Ihnen, zu laufen, zu singen, zu küssen, Auto zu fahren, sie weckt Gefühle, Gedanken, Wünsche, Träume und erschafft herausragende Leistungen. Um in Zukunft bessere und schnellere Entscheidungen zu treffen, speichert das Gehirn Erfahrungen ab. Mit anderen Worten: Hier entstehen mögliche Talente, hier wird Ihre Lebensqualität bestimmt.

Aneinander gelegt würden die Nervenbahnen im Inneren des Gehirns eine Länge von rund 1,6 Kilometern erreichen. Dieses System bildet unsere »Intelligenz«. Es bestimmt die Qualität Ihrer Entscheidungen, von denen wiederum Ihr ganzes Leben bestimmt wird: was Sie tun, was Sie unterlassen, wie Sie sich entwickeln und wie Sie Ihr Leben leben, ob Sie erfolgreich sind oder unter Ihren Möglichkeiten bleiben.

Welche Rolle spielen Talent, Glück und Arbeit?

In den letzten Jahren konnten die Neurobiologie, also die Gehirnforschung, die Intelligenzforschung und die so genannten Kognitionswissenschaften zwar viele Geheimnisse des Gehirns lüften – aber noch längst nicht alle. Immerhin lässt sich mehr und mehr ein einigermaßen realistisches Bild gewinnen.

> Keine andere Spezies kommt mit einem derartig offenen, lernfähigen und durch eigene Erfahrungen in seiner weiteren Entwicklung und strukturellen Ausreifung formbaren Gehirn zur Welt wie der Mensch.
>
> *Professor Dr. Gerald Hüther, Gehirnforscher*

Wie funktioniert das Gehirn? Wie entwickeln sich Talente und Stärken? Wer bin ich? Was macht mich aus? Ist meine Biografie vorgezeichnet oder eine Folge von Zufällen? Was ist angeboren, was kann und muss ich lernen? Generationen von Wissenschaftlern unterschiedlichster Disziplinen haben sich mit diesen Fragestellungen auseinander gesetzt.

Früher forschten Gehirnexperten, Neurologen und Psychologen in Laboratorien und Instituten getrennt voneinander. In den letzten Jahren entwickelte sich eine interdisziplinäre, also fachübergreifende Betrachtungsweise, weil erkannt wurde, dass so komplexe Erscheinungen wie Gedächtnis, Bewusstsein und Lernen am besten durch die Verknüpfung von Forschungsergebnissen verschiedener Wissenschaftsdisziplinen zu erklären sind.

Synapsen schaffen Talente

Jedes einzelne Neuron ist ein kleiner Computer. Über ein Geflecht von Ausläufern, den Dendriten, werden Nervenimpulse von anderen grauen Zellen empfangen. Diese Impulse werden verrechnet und das Ergebnis über einen Ausgang (Axon) an andere Neuronen weitergeleitet.

Der Kontakt zwischen zwei Neuronen – das ist die Synapse. Eine Synapse ist also eine Kontaktstelle zwischen zwei Gehirnzellen, die es den Zellen (Neuronen) ermöglicht, miteinander zu kommunizieren.

Das geschieht folgendermaßen: Wenn ein Nervenimpuls ankommt, werden Botenstoffe (Neurotransmitter) ausgeschüttet. Auf der gegenüberliegenden Seite des Spalts sind Empfänger für diese Stoffe, die Rezeptoren. Sie nehmen das chemische Signal auf und lösen einen neuen Nervenimpuls aus.

Ein Lehrsatz der Neurologie lautet: »Verhalten hängt von der Bildung geeigneter Verbindungen zwischen Neuronen im Gehirn ab.«

Das frühe Wunder

Das Wunder der Talententwicklung beginnt bereits 42 Tage nach unserer Zeugung. Plötzlich erlebt das Gehirn einen unglaublichen, einen gewaltigen Wachstumsschub. Am 42. Tag bildet sich das erste Neuron, und schon vier Monate später verfügt der Mensch über die bereits genannten 100 Milliarden Neuronen. Um die 20. Schwangerschaftswoche haben die meisten Neuronen ihre Endposition in den verschiedenen Gehirnregionen erreicht – als wären es Telefone, die aber noch nicht angeschlossen sind. So vergleicht die amerikanische Gehirnforscherin Lise Eliot die erste Phase der Entwicklung: »Das Kommunikationspotenzial ist enorm, muss aber erst realisiert werden.«

Die Bildung von Synapsen ist der wichtigste Teil der Gehirnentwicklung. Schon zwei Monate vor unserer Geburt beginnen die Neuronen untereinander zu kommunizieren.

Alle Talente sind neuronal angelegt. Neurowissenschaftliche Untersuchungen zeigen, dass sich Synapsen in jenen Regionen des Gehirns, die später bewirken, dass Sie ein Talent registrieren, schneller bilden. Und sie bestehen zudem dauerhafter. Aber auch in anderen Körperregionen können sich Anlagen bilden, die für ein Talent relevant sind: etwa bestimmte Muskeln, stärkere Bänder und Gelenke, die für Sportler wichtig sind. Oder für Sänger geeignete Stimmbänder und ein entsprechendes Lungenvolumen.

Das Gehirn ist dynamisch

Forscher haben erkannt, dass schon im Gehirn eines Embryos im Mutterleib mehr logische Entscheidungen möglich sind, als Sterne im gesamten Universum existieren. In den ersten drei Lebensjahren wird im Gehirn ein ungeheuer komplexes Netz von Nervenverbindungen gewoben – wie übrigens später nie mehr. Es entstehen Verbindungen und Verkettungen, die unser Gehirn strukturieren. Denn: Die Hirnstruktur ist keineswegs vorbestimmt: »Vielmehr ist das Gehirn ein lebendes, dynamisches Gewebe, das sich fortwährend auf den neuesten Stand bringt, um die jeweils gegebenen sensorischen, motorischen, emotionalen und geistigen Anforderungen zu erfüllen«, erklärt Eliot. Bis zum dritten Geburtstag hat jedes der 100 Milliarden Neuronen rund 15 000 synaptische Verknüpfungen mit anderen Neuronen gebildet – ein unvorstellbares Netz.

> Lernen besteht in der Verstärkung synaptischer Verbindung zwischen Neuronen.
> *Professor Joseph LeDoux, Neurowissenschaftler*

Dann jedoch leitet die Natur eine dramatische Wende ein. Plötzlich wird das großartige Gebilde der Nervenverbindungen vernachlässigt. Nur was benutzt wird, bleibt erhalten. Etwa mit 16 Jahren ist die Hälfte der synaptischen Verbindungen wieder verloren. Für immer, denn sie können nicht wieder neu aufgebaut werden. Das klingt bedrohlich, ist es aber nicht. Denn nicht die Anzahl entscheidet, ob wir besonders klug und leistungsfähig sind. Viel wichtiger ist, wie gut wir unsere stärksten Verbindungen nutzen. Der Göttinger Gehirnforscher Professor Dr. Gerald Hüther vergleicht diesen Vorgang mit einem Weg, der durch unwegsames Gelände gebahnt wird. Je häufiger der Weg benutzt wird, umso breiter wird er. Und nach vielen Jahren ist er zu einer gut begehbaren Straße geworden. Wege, die selten oder gar nicht benutzt werden, verwildern und verschwinden ganz.

Synapsen: Die Einbahnstraßen für den Geist

Wissenschaftler können inzwischen ganz genau erklären, wie die stärksten synaptischen Verbindungen zu Talenten wachsen. Synapsen schlagen die biochemische Brücke von Nervenzelle zu Nervenzelle. Dieser molekulare Signaltransport funktioniert nur in eine Richtung. Dazu muss ein kleines, aber bedeutendes Hindernis überwunden werden: Der synaptische Spalt, eine Strecke von etwa 0,000001 Zentimeter Länge. Er ist gefüllt mit Flüssigkeit. Kurzfristig schaltet das Nervensystem von elektrischer auf chemische Signalübertragung um. Das ankommende Signal verändert das elektrische Potenzial in der synaptischen Membran. Die Folge: Kalzium-Ionen dringen ein. Diese positiv geladenen Teilchen sorgen dafür, dass kleine Bläschen Neurotransmitter-Moleküle in den synaptischen Spalt schütten.

In weniger als einer Tausendstel Sekunde wandern die Moleküle durch den winzigen Spalt an die Membran der gegenüberliegenden Zelle. Dort heften sie sich an und öffnen entweder direkt oder über einen biochemischen Umweg die Kanäle für positiv geladene Natrium-Ionen. Nun baut sich eine elektrische Spannung auf, die sich entlang der Nervenmembran fortpflanzt. Zu dieser Erregung kommt es jedoch nur, wenn ein bestimmter Schwellenwert überschritten wird. Ist der Reiz zu schwach, wird er ignoriert.

Unser genetisches Erbe

Ein unglaublich offenes, formbares Gehirn – das zeichnet den Menschen aus. Heißt das in letzter Konsequenz, dass jeder Mensch das Zeug dazu hat, Nobelpreisträger für Physik zu werden? Kann jeder Mensch Musiker werden, wenn er nur früh genug geprägt wird?

Heißt es nicht. Die Forschung geht heute davon aus, dass unser genetisches Erbe unsere Talente anlegt. Ob dieses »Potenzial für Größe« aber realisiert wird – etwa als Begabung für Mathematik – hängt auch von den Mustern ab, die durch Erfahrungen in frühen Jahren geprägt werden.

Bis zu unserer Geburt sind für die Verschaltung des Gehirns vor allem unser Erbgut, unsere Gene zuständig. Chemische Prozesse bedingen, dass sich manche Neuronen schneller finden und leichter kommunizieren als andere. Fakt ist aber auch, dass die geschätzten 80 000 Gene auf unserer DNS gar nicht in der Lage wären, jede Einzelne der Milliarden von Synapsen vorzugeben.

»Fenster der Gelegenheiten«

Wissenschaftler sind sich weitgehend einig, dass in den ersten drei Lebensjahren sehr viel passiert, was die Anregung der angelegten Talent- und Persönlichkeitsstruktur betrifft.

Bei dieser »Gehirnverschaltung« macht die moderne Gehirnforschung zunehmend sensible Phasen aus. Diese Phasen höchster Lernaktivität bezeichnet Eliot gerne als »Fenster der Gelegenheiten«, in denen Erfahrungen künftige geistige Fähigkeiten zwingend prägen. Wenn eine Gehirnregion diese sensible Phase hinter sich hat, sind die Möglichkeiten einer Neuverschaltung offenbar eingeschränkt. Eliot: »Ist der Überschuss [an Synapsen] erst einmal abgebaut, so ist die sensible Phase vorbei, und das Gehirn muss mit seinen vorhandenen Schaltkreisen auskommen: Eine Aufrüstung mit einem schnelleren Prozessor ist nicht möglich«.

Doch obwohl unsere stärkste Prägungsphase nach unseren ersten drei Lebensjahren bereits abgeschlossen ist, gilt das Postulat vom lebenslangen Lernen. Warum? Alle Talente müssen durch Entdeckung und ständige Übung zur Entfaltung gebracht werden, sonst nützen sie nichts.

Wie entsteht eine Entscheidung?

Das genetische Erbe, die ersten prägenden Jahre – ein paar Einblicke haben Sie jetzt bekommen, wie Sie werden, was Sie sind. Doch warum tun Sie, was Sie tun? Wie treffen Sie zum Beispiel Entscheidungen?

Grundlage von Entscheidungsprozessen, so nimmt man heute an, sind Erfahrungen. Manche davon müssen wir nicht neu machen, sie sind so allgemein, dass sie bereits im Laufe unserer stammesgeschichtlichen Entwicklung in Form bestimmter genetischer Programme verankert wurden. Einige motorische Programme zum Beispiel sind als Verschaltungsmuster bereits mit unserer Zeugung angelegt. Neben diesem »Ahnenschatz« gibt es aber auch Erfahrungen, die erst im Laufe des Lebens das Gehirn formen.

Das tägliche Training für die Stärke

Schließlich muss jeder jeden Tag viele, viele Entscheidungen treffen, kleine, aber auch bedeutende. Stelle ich den Wecker sofort aus oder erst in zehn Sekunden? Bleibe ich noch einen Moment oder zehn Minuten liegen? Döse ich nur, meditiere ich vielleicht oder plane ich meinen Tag? Was will ich erledigen? Was hat Zeit? Wen will ich unbedingt sprechen, was kann noch warten, was hat Priorität? Welches Verhandlungsziel setze ich mir? Stehe ich jetzt auf? Dusche ich erst oder putze ich meine Zähne? Was ziehe ich an? Was frühstücke ich? Was lese ich in der Zeitung? Schon in der ersten halben Stunde stehen viele Entscheidungen an, und im Laufe des Tages summieren sie sich bestimmt auf tausend oder mehr.

Sie sitzen am Schreibtisch. Das Telefon klingelt. Lassen Sie es klingeln oder unterbrechen Sie Ihre Arbeit und heben ab? Wie ordnen Sie den Anrufer ein? Wie sprechen Sie ihn an? Treffen Sie den richtigen Ton? Auf welche Weise besprechen Sie ein Problem mit ihm? Welche Art Small Talk pflegen Sie? Fallen Sie ihm ins Wort? Wählen Sie Beispiele, finden Sie Argumente, die das Gespräch voranbringen oder den Gesprächspartner in die Enge treiben? Wieder jede Menge kleine Entscheidungen, die durchaus große Auswirkungen haben können.

Es ist unmöglich, jede einzelne Entscheidung jedes Mal auf alle Konsequenzen abzuwägen. Also müssen Sie sich auf das Gefühl, Ihre Instinkte und Ihre Intuition verlassen. Das Gehirn weist Ihnen häufig einen Weg, es folgt einfach der Natur und Ihren natürlichen Anlagen – also Ihren Talenten. Sie sind die Basis für außergewöhnliche Leistungen. Diese lassen sich kaum erreichen, wenn jedes Mal erst wieder neue Fähigkeiten gelernt werden müssen.

Das Dilemma zwischen Verstand und Gefühl

Die Alltagssprache drückt aus, dass Gefühl und Verstand getrennt agieren. Demnach werden Entscheidungen entweder rational oder »aus dem Bauch« heraus mit »dem Herzen« getroffen. Gehirnforscher sind freilich längst auf einer anderen Spur. Der renommierte amerikanische Neurologe Antonio R. Damasio sieht Emotionen, also die Gefühle, mehr noch als Bewertungsmuster, die auf konzentrierten Erfahrungen aufgebaut sind. Für ihn ist Rationalität, also vernünftiges Entscheiden ohne Emotionen schlicht unmöglich.

> Man sieht nur mit dem Herzen gut; das Wesentliche ist für das Auge unsichtbar.
> *Antoine de Saint-Exupéry (»Der kleine Prinz«)*

Ein Beispiel: Sie werden gefragt, ob Sie heute Abend mit Ihren Kollegen zum Essen gehen möchten. Ihr Gehirn arbeitet sofort an einer Entscheidung. Eigentlich wollten Sie ja ins Kino. Der Film läuft nur noch diese Woche. Und extra schick anziehen müssten Sie sich auch nicht.

Andererseits haben Sie schon viel Gutes über das Restaurant gehört, das die Kollegen besuchen wollen. Zudem möchten Sie in der Bürogemeinschaft nicht abseits stehen. Können Sie also Ihrer Freundin, die ins Kino will, guten Gewissens absagen? Damasios Theorie besagt, dass es dem Menschen immer auf möglichst viel psychobiologisches Wohlbefinden ankommt. Das Gehirn hat Erfahrungen gespeichert, die in solchen Momenten der Entscheidung abgeklopft werden: Sind sie dem Wohlbefinden zuträglich oder abträglich? Auch wenn Entscheidungen innerhalb von Sekundenbruchteilen getroffen werden – es geschieht auf der Basis dessen, was das Gehirn bislang gelernt und »erfahren« hat. Wenn ein Gefühl stark genug ist, wird die Aufmerksamkeit auf das gerichtet, was das Gehirn vorschlägt. Unwillkürlich.

Gene oder Umwelt – was beeinflusst mehr?

Es war der 9. Mai 1992 – diesen Moment werde ich wahrscheinlich nie mehr vergessen. Aus den Boxen dröhnt, wie immer bei solchen Anlässen: »We are the champions«. In meinen Händen halte ich den Europapokal. Noch heute, wenn ich daran denke, spüre ich eine Gänsehaut.

Was hat diesen wunderbaren Abschluss meiner Handballkarriere bei der SG Wallau/Massenheim ermöglicht? Waren es die Erbanlagen, die mir meine Eltern mitgegeben haben? War es ihr Zuspruch, ihr unermüdlicher Einsatz, schließlich haben sie mich jedes Wochenende und oftmals unter der Woche zum Sport begleitet? Waren es die richtigen Trainer? Waren es meine Entscheidungen für die jeweils richtigen Vereine? War es vielleicht auch die Fähigkeit, mit Niederlagen umgehen zu können? Das Durchsetzungsvermögen? Die Teamfähigkeit? Die Konzentration auf eine Sportart oder dass ich die richtigen Teammitglieder zur richtigen Zeit hatte? Oder war es die Fähigkeit zu erkennen, was genau ich trainieren musste, um meine Talente zu verbessern?

Angeboren oder erlernt?

Wie oft haben wir diese Sätze schon gehört: »Ja, ganz der Papa«. Oder »Das hat er von Mama.« Mit diesen tiefgründigen Aussagen der Alltagspsychologie können zwei Dinge gemeint sein. Entweder: Das ausgeprägte Merkmal des Kindes ist geerbt, also angeboren und durch die Gene festgelegt. Oder: Das Kind hat das Verhalten von oder bei seinen

Eltern gelernt. Also sind auch hier die Eltern verantwortlich. Jedoch kann – durch bestimmte Einflüsse wie Kindergarten, Schule, Freunde (also die physische und soziale Umwelt) – zumindest potenziell eine Veränderung möglich sein.

Was stimmt nun? Waren meine Eigenschaften und Verhaltensweisen, die mich zu diesem Erfolg führten, angeboren oder sind sie erlernt? Wo wird das Drehbuch fürs Leben geschrieben? Eine spannende Frage, mit der sich Wissenschaftler schon viele, viele Jahre herumschlagen. Sind Intelligenz, Talent und Persönlichkeit die Folge von genetischen Voraussetzungen oder das Ergebnis von Erziehung? Können sie also beeinflusst und trainiert werden? Hier scheiden sich immer noch die Geister.

Ernsthafte Forschung begann im Jahre 1876. Damals erschien von Sir Francis Galton, einem Vetter Charles Darwins, die Studie »Die Geschichte der Zwillinge als Prüfstein der Kräfte von Anlage und Umwelt«. Erstmals sollte bewiesen werden, wie stark die Intelligenz des Menschen von der Umwelt beeinflusst und bestimmt wird. Galton kam zu dem Ergebnis: Die Erbanlagen sind der Umwelt überlegen.

Der Mensch – Produkt seiner Umwelt?

Anfang des 20. Jahrhunderts traten die Behavioristen mit ihrer Theorie auf die Bühne. Sie gingen davon aus, dass allein die Umwelt das Verhalten bestimme. Menschliches Verhalten sei überwiegend, wenn nicht ausschließlich erlernt. Genetische Faktoren spielten bei der Ausformung von Talenten und Persönlichkeitsmerkmalen keine oder nur eine geringfügige Rolle. In der wissenschaftlichen Forschung zeigte das Pendel einmal in Richtung Erbanlagen, dann wieder in Richtung Umwelt. Aktuell gehen die meisten Psychologen davon aus, dass der Einfluss von Angeborenem und Erworbenem – also Genen und Umwelt – bei der Persönlichkeitsentwicklung eine etwa gleich wichtige Rolle spielt.

Der heutige Stand der Wissenschaften

Eine Möglichkeit, die Einflüsse von Genen und Umwelt zu erkennen, bieten Adoptionsstudien. Es handelt sich hierbei um Verwandte mit unterschiedlichem familiären Umfeld. Oder um adoptierte Geschwister, die eine familiäre Umwelt gemeinsam haben, obwohl sie von verschiedenen biologischen Eltern abstammen.

Eine weitere Möglichkeit stellt der Vergleich von eineiigen Zwillingen (gleiche Erbanlagen) in einer gemeinsamen Umwelt mit zweieiigen Paaren, die wie gewöhnliche Geschwister nur die Hälfte ihrer Gene gemeinsam haben, dar. Wenn also die Fähigkeiten von Genen beeinflusst würden, dann müssten eineiige Zwillinge in entsprechenden Tests untereinander ähnlicher abschneiden als zweieiige.

Studienobjekt Zwillinge

In vier Ländern durchgeführte Zwillingsstudien zu spezifischen, kognitiven Fähigkeiten haben in den letzten drei Jahrzehnten bemerkenswerte übereinstimmende Ergebnisse erbracht. Stets waren sich eineiige Zwillinge in ihren verbalen und räumlichen Fähigkeiten wesentlich näher als zweieiige. Bemerkenswert daran: Die Ähnlichkeit bestand bis ins hohe Alter – gleich ob als Kind, Jugendlicher oder Erwachsener. Dies haben 1997 die erste Senioren-Studie an der Staatsuniversität von Pennsylvania (USA) sowie eine Studie am Institut für Gerontologie in Jönköping (Schweden) bewiesen.

> Nichts erscheint mir ermutigender, als die Fähigkeit des Menschen, durch eigene Kraft aus seinem Leben etwas Großes zu machen.
>
> *Henry David Thoreau, Philosoph*

Vielleicht stellen Sie sich die Gene einfach als Samen vor. Wenn ein Samen nicht auf fruchtbaren Boden fällt, sondern auf Asphalt, ist dieser Samen aus sich heraus unfähig, auch nur irgendwas herauszubilden. In seiner wissenschaftlichen Sprache sagt der Persönlichkeitspsychologe Professor Dr. Jens B. Asendorpf: »Der Prozess der Persönlichkeitsentwicklung stellt eine kontinuierliche Wechselwirkung zwischen der sich entwickelnden Person und ihrer Umwelt dar.«

Die Umwelt wirkt zwar ein, aber gleichzeitig hat auch die Person bestimmte Möglichkeiten, ihre Umwelt auszuwählen und zu gestalten.

Interview mit Professor Dr. Jens B. Asendorpf

Der renommierte Persönlichkeitspsychologe Professor Dr. Jens B. Asendorpf beschäftigt sich seit vielen Jahren intensiv mit der Wechselwirkung zwischen Persönlichkeit und sozialen Beziehungen. Professor Asendorpf lehrt an der Humboldt-Universität zu Berlin.

Ist der Mensch – wie viele glauben – wirklich Sklave seiner Gene?

Nein. Jeder kann selbst Einfluss nehmen auf die eigene Entwicklung und sich langfristig eine andere Umwelt schaffen – das ist eine ganz wesentliche Erkenntnis der Entwicklungspsychologie. In einer großen Familie fällt ein Kind oft aus dem Rahmen. Ein intelligentes Kind wird sich eher in eine Bücherei begeben und Bücher lesen, die wiederum die Intelligenz anregen. In unserem durchlässigen System gibt es heute faire Bildungschancen. Vermutlich wird sich diese Person auch einen intelligenten Partner suchen. Die Menschen wählen eher die passende Umwelt aus, als dass sie sich einer Umwelt anpassen.

Wir sind also nicht, wie viele immer noch meinen, Opfer der Umstände?

Nein. Das wird zwar immer wieder gerne als Entschuldigung hergenommen, aber es stimmt einfach nicht. Jeder kann seine Umwelt durch Eigenleistung selbst gestalten. Die Gene unterbreiten dem Leben nur Angebote. Tatsächlich entsteht Persönlichkeit in einem komplexen Zusammenwirken von Erbgut und Umwelt, wobei sich beide Faktoren gegenseitig beeinflussen.

Was ist Ihre Definition von Intelligenz?

Es ist, kurz gesagt, die Befähigung zu hoher Bildung. Manche sehen Intelligenz als das, was ein Intelligenztest messen kann. Für mich bedeutet Intelligenz Begabung in Richtung guter Bildungsleistung.

Und wie definieren Sie Begabung und Talent?

Beides, Begabung und Talent, sind keine psychologischen Fachbegriffe, ebenso wie der Begriff Stärke. Wenn wir sagen: Das ist ein begabtes Kind oder sie ist eine talentierte Künstlerin, dann meinen wir: Diese Person hat eine Befähigung zu besonderen Leistungen.

Was ist Ihre Definition von Stärke?

Eine Stärke zeigt sich in einer erbrachten Leistung. Das Potenzial, das vorhanden ist, wird auch wirklich realisiert. Es gibt ja viele Talentierte, die ihr Talent aber nicht nutzen. Nehmen wir das Beispiel Klavierspielen. Wenn das eine echte Stärke werden soll, muss man Klavierunterricht nehmen und üben. Wer dazu keine Lust hat, wird sein Talent nicht ausspielen können. Um eine Stärke zu entwickeln, sind also auch Motivation und Anstrengung nötig.

Wie bilden sich persönliche Stärken oder Schwächen aus?

Zur einer Befähigung müssen noch Wissen und Können, zum Beispiel handwerkliches Geschick, treten. Und vor allem auch noch die Motivation, gute Leistungen zu erbringen. Nur dann kann man zur Exzellenz kommen. Begabung und der Wille zur Anstrengung allein reichen noch nicht aus, um eine Stärke zu entwickeln, es muss auch ein starkes Interesse geweckt sein.

In Ihrem Buch *»Keiner wie der andere«* versuchen Sie, die komplizierten Erfolgs- bzw. Entwicklungschancen mit dem Beispiel Ross und Reiter beim Pferderennen zu erklären...

Auch wenn diese Metapher trivial zu sein scheint, sie ist es nicht. Beim Pferderennen wird gewettet, welches Pferd als Erstes durchs Ziel geht. Bei genauer Betrachtung siegt nie das Pferd alleine. Es ist immer die Einheit von Ross und Reiter.

Sie verbildlichen das Pferd mit den Erbanlagen und den Jockey mit der Umwelt?

Ja. Natürlich gibt es gute und schlechte Jockeys wie auch gute und schlechte Pferde. Erfahrene Spieler setzen deshalb nicht auf das beste Pferd, sondern auf die beste Jockey-Pferd-Kombination. Sie wissen, dass der beste Reiter auf einem mittelmäßigen Pferd kaum eine Chance hat, während ein mittelmäßiger Jockey auf einem hervorragenden Pferd durchaus siegen kann. Dem aufmerksamen Beobachter von Pferderennen wird auffallen, dass die Qualität von Jockeys und Pferden nicht unabhängig voneinander ist. Meistens reiten gute Jockeys auch gute Pferde, während schlechte Jockeys sich mit schlechten Pferden begnügen müssen. Starjockeys haben oft auch gewissen

Einfluss darauf, welches Pferd sie reiten. Erstens geben sie sich nicht mit einem zweitklassigen Pferd zufrieden. Und zweitens können sie ihre Pferde besonders gut einreiten. Manchmal kommt eine gute Jockey-Pferd-Kombination auch ohne Einwirkung des Jockeys zustande. So wird der Inhaber des Gestüts versuchen, besonders gute Jockeys zu engagieren.

Der gewiefte Pferdewetter könnte nun versucht sein, die Erfolgswahrscheinlichkeit der Jockey-Pferd-Kombination durch eine gewichtete Summe des mittleren Erfolgs von Jockeys bzw. Pferden zu schätzen. Etwa 20 Prozent Erfolgswahrscheinlichkeit Jockey, 80 Prozent für die Pferde. Doch besonders ausgefuchste Pferdewetter werden versuchen, zusätzlich jede einzelne Jockey-Pferd-Kombination daraufhin abzuschätzen, ob es sich um eine gute oder eine schlechte Kombination von Jockey und Pferd handelt. Wenn der Jockey zum Beispiel sein Pferd schon sehr lange geritten hat, wird die Wahrscheinlichkeit eines Erfolges etwas höher sein, als die gewichtete Summe vorhersagt. Musste er umgekehrt für einen erkrankten Kollegen einspringen und hatte kaum Zeit, das Pferd kennen zu lernen, verringern sich seine Chancen.

> Unsere Persönlichkeit entsteht in einem komplexen Zusammenwirken von Erbgut und Umwelt, wobei sich beide Faktoren gegenseitig beeinflussen.
>
> *Professor Dr. Jens B. Asendorpf*

Lässt sich beziffern, wie viel Prozent der Intelligenz einer Person durch ihre Gene beziehungsweise durch ihre Umwelt bestimmt werden?

Das ist eine unsinnige Fragestellung. Die Intelligenz eines bestimmten Menschen ist nicht zu 50 Prozent von den Genen und zu 50 Prozent von der Umwelt bestimmt, oder zu irgendeinem anderen Prozentteil. Genauso wenig, wie beim Pferderennen der Sieger zu 50 Prozent aus Pferd und zu 50 Prozent aus Jockey besteht: Es ist ja immer eine Pferd-Jockey-Kombination, die gewinnt. Sinnvoll und durch Beobachtung beantwortbar ist aber die Frage, ob die Unterschiede in der Siegeschance zwischen den Pferd-Jockey-Kombinationen, die in Pferderennen gehen, eher von der Qualität der Pferde oder eher von der Qualität der Jockeys abhängt. Und ebenso sinnvoll und durch psychologische Untersuchungen beantwortbar ist die Frage, ob die Intelligenzunterschiede zwischen Menschen eher durch genetische Unterschiede oder durch Umweltunterschiede zwischen diesen Menschen bestimmt sind. Derartige Schätzungen aufgrund von Zwillings- oder Adoptionsstudien kommen zu dem Ergebnis, dass genetische und Umweltunterschiede annähernd gleich bedeutsam sind.

Welche Rolle für die Persönlichkeitsentwicklung spielt das, was Sie Selbstkonzept nennen?

Mit Selbstkonzept ist das Bild von der eigenen Person gemeint. Die motivierende Komponente darf nicht unterschätzt werden. Ein gutes Bild von der eigenen Person stabilisiert, kann immunisierend wirken – hat also positiven Verhaltenseinfluss. Wenn ein Schüler zum Beispiel eine schlechte Note kassiert, kann er entweder sagen: »Das war ein Ausrutscher«, »Einfach Pech gehabt« oder »Ich habe mich nicht angestrengt«. Diese optimistische Sicht hilft ihm mehr, als würde er sich sagen: »Ich bin dumm«.
Wer seine Intelligenz unterschätzt, wird seine Umwelt nicht intelligenzfördend gestalten, bleibt bei den simplen Sachen stehen – er unterfordert sich.

Wann ist die Phase der Lernfähigkeit des Gehirns abgeschlossen?

Bis vor zehn Jahren hätte man gesagt: Mit der Pubertät. Inzwischen wissen wir, dass es für die Lernfähigkeit nie zu spät ist. Das Gehirn ist ein wunderbarer Apparat, der bei der Geburt besonders aufnahmefähig ist. Später wird das Spektrum eingegrenzt: Je älter wir werden, je begrenzter wird die Lernfähigkeit. Man kann auch mit fünfzig noch Klavierspielen lernen, nicht so gut, so leicht und so intuitiv wie ein Sechsjähriger. Doch mit viel Übung kann man noch viel erreichen.

Die Persönlichkeit eines Menschen ist also nicht mit dem dritten Lebensjahrzehnt zementiert?

Nein. Jeder kann sich ändern und jederzeit dazulernen.

Es ist nie zu spät

Niemand kommt mit einem kompletten Bauplan und mit einem fertigen Drehbuch für sein Leben auf die Welt. Jeder Mensch wird geprägt durch das, was er in frühen Jahren erlebt. In den ersten drei Lebensjahren werden zwar so viele Nervenverbindungen gebildet, wie später nie mehr. Aber trotzdem bleibt die Chance, jederzeit nachzuholen, was in frühen Phasen versäumt worden ist.

Die Evolution hat mit dem menschlichen Gehirn ein Organ geschaffen, das auf neue Umweltbedingungen jederzeit reagieren und sich anpassen kann. Diese Flexibilität unseres Gehirns ist genial, sie bedeutet »für jeden einzelnen Menschen aber auch eine große Verantwortung«, sagt Professor Dr. Gerald Hüther. In seinem Buch »*Bedienungsanleitung für ein menschliches Gehirn*« schreibt er: »Der Mensch kann sich also im Unterschied zum Maulwurf nicht nur frei entscheiden, wofür er sein Gehirn benutzen will, sondern auch, was er daraus machen möchte. Immer dann, wenn er eine bestimmte Entscheidung gefällt hat und sie konsequent zu verwirklichen beginnt, braucht er sich um weitere Unterhaltungs- und Wartungsmaßnahmen für sein Gehirn eigentlich nicht mehr zu kümmern. Er darf sich nur nicht mehr vom eingeschlagenen Weg abbringen lassen. Sein Gehirn wird allein dadurch, dass er es künftig nur noch dafür benutzt, wofür er sich einmal entschieden hat, in seiner inneren Organisation immer besser an die von ihm verlangten Leistungen angepasst.

Wo ein Wille ist, ist auch ein Weg, und wenn der Wille stark genug ist und derselbe Weg immer wieder benutzt wird, entsteht allmählich eine Straße und irgendwann sogar eine Autobahn, auch im Hirn. Und weil es dann immer schwerer fällt, diese eingefahrenen Bahnen später einmal wieder zu verlassen, sollte die Entscheidung, wie und wofür man sein Hirn benutzt, mit viel Umsicht und Bedacht gefällt werden.« Im Laufe seiner Entwicklung kommt jeder immer wieder an eine Weggabelung. Im Laufe des Lebens sind das viele, sehr viele Abzweigungen, vor denen jeder Mensch steht. Jedes Mal muss eine Entscheidung getroffen werden: Welcher Weg wird eingeschlagen? Diese Entscheidung hängt natürlich oftmals von Zufälligkeiten ab, denn alles ist ja ständig im Wandel – auch die Bedingungen der Umwelt.

Die Talente sind genetisch angelegt beziehungsweise werden in den frühen Jahren unseres Lebens ausgeprägt – darin ist sich die Gehirnforschung heute weitgehend einig. Erwachsene haben zwar keinen Einfluss mehr auf das Potenzial, doch sehr wohl auf ihren Lebenserfolg. Die Voraussetzung dafür: Sie müssen ihr Potenzial erkennen und daraus Stärken bilden. Aber wie ist das möglich?

Wie aus Talent Stärke wird

Ein Talent ist an und für sich weder gut noch schlecht. Es ist zunächst nicht mehr als ein durch synaptische Verbindungen entstandenes Muster, das in unserem Gehirn angelegt ist. Es kommt darauf an, was wir mit diesem Talent anfangen:

- Entweder können wir unser Talent einfach ignorieren.
- Oder wir können unser Talent zu einer Stärke kultivieren.

Es genügt also nicht, nur Talent zu haben. Man muss auch etwas daraus machen wollen – und es dann auch machen. Das heißt also:
Stärke = Talent + X

Doch was verbirgt sich hinter dem X? Die Antwort von Experten wie Professor Dr. Asendorpf ist eindeutig: »Zu einer Befähigung müssen noch Wissen und Können […] kommen. Und vor allem auch noch die Motivation, gute Leistungen zu erbringen.« Lassen wir den Faktor Motivation an dieser Stelle einmal außen vor – dieses wichtige Thema wird in Kapitel 3 ausführlich behandelt. Bleiben also zwei Faktoren, die das X mit Leben füllen: Wissen und Können.
Die Stärken-Formel lautet jetzt:

Stärke = Talent + Wissen + Können

Dirk Nowitzki: The German Wunderkind

Lassen Sie mich dazu eine außergewöhnliche Geschichte erzählen, die Geschichte des Dirk Nowitzki aus Rattelsdorf bei Bamberg in Oberfranken. Als der 16-jährige Blondschopf im Sommer 1995 ein Auswärtsspiel in Schweinfurt absolvierte, war zufällig auch Holger Geschwindner in der Halle, ein Hero der 70er Jahre mit über 150 Länderspielen. Er erkannte das überragende Talent des Schülers sofort. »Komisch«, dachte Geschwindner, »alles, was ein guter Basketballer können muss, macht der richtig.«

Schwer beeindruckt fragte er den »jungen langen Spacko«, wer ihm das alles beigebracht hätte. »Niemand«, meinte Nowitzki. Diese Antwort begründete eine Karriere, die ihm acht Jahre später einen 80-Millionen-Dollar-Vertrag bei den Dallas Mavericks und weltweites Ansehen als bester weißer Basketballer aller Zeiten im US-Profigeschäft (»*The German Wunderkind*«) einbringen sollte. Der neue deutsche Held wurde bei der Basketball-WM 2002 als »Bester Spieler« geehrt.

> **!** Eine Stärke kann jeder kultivieren. Die wichtigste Grundlage ist Talent. Weitere Rohmaterialien sind Wissen, Können und Motivation. Wissen lässt sich durch Lernen erweitern, Können durch praktische Erfahrungen, durch Training, durch Übung verfeinern.

Drei Wochen nach der ersten Begegnung besuchte Geschwindner, ein studierter Physiker und Mathematiker mit eigener Projektmanagement-Firma und 21 Angestellten, Familie Nowitzki in Rattelsdorf. Zweimal hatte er mit dem 2,13-Meter-Schlacks, Schuhgröße 53, trainiert, da wusste er: Der Junge hat das Potenzial zum Profi, mehr noch, zum Star in der amerikanischen Liga NBA, zum Weltstar, wenn...

Ja, wenn er konsequent an seinem überragenden Talent arbeitet. Wenn er durch zusätzliches Individualtraining sein Wissen und Können verbessert. Wenn er bereit ist, täglich mittags eine zweistündige Extraschicht Wurf- und Taktiktraining zu schieben. »Wer sich mit den

Besten der Welt messen will, muss vieles und nicht nur eines wissen oder können«, erklärte Gschwindner. Mutter, Vater und Dirk Nowitzki erkannten die einmalige Chance.

»Wer will, was er muss, ist frei«

Dirk war damals noch kein Überflieger. Er stand in vier Fächern auf einer Fünf. Gute Gelegenheit, dachte Dirk, wegen der neuen Dreifachbelastung – Schule, Vereinstraining, Sondertraining – die Schule zu schmeißen, um gleich Profi zu werden. Doch das ließ Geschwindner nicht zu. Er förderte – und forderte. Er gab ihm Nachhilfe, er versorgte ihn mit komplexem Lesestoff, sie spielten nicht nur Basketball, sondern auch Schach. Sie philosophierten über »Das Wollen«.

Für jede Etappe der Entwicklung ersann Geschwindner neue Besonderheiten für Nowitzki. Um dessen Beweglichkeit zu verbessern, schickte er ihn aufs Trampolin. Um seine Psyche auf ganz Großes vorzubereiten, brachte der Coach seinen Schüler mit Olympioniken zusammen. Um seine Belastbarkeit zu stärken, ließ er den inzwischen 17-jährigen gleichzeitig in vier Klassen spielen – Regionalliga, Jugend, 2. Bundesliga und im Nachwuchs-Nationalteam.

Fühlte sich Dirk Nowitzki in dieser Knochenmühle überfordert? Nein, er war mit Leidenschaft dabei. Die Erklärung liefert sein Coach Holger Geschwindner, der inzwischen in den USA Kultstatus als »Der Basketball-Guru« genießt, mit einem Schiller-Zitat: »Wer will, was er muss, ist frei«.

Talent ist eine Möglichkeit, Stärke ist die Umsetzung

Nowitzki ist ein Ausnahmetalent, keine Frage. Doch ohne Wissen und Können wäre aus dem talentierten Jugendlichen aus der oberfränkischen Provinz wohl kein Ausnahmeathlet und Weltstar geworden.

Ein Talent ist eine Möglichkeit, eine Stärke ist die Umsetzung, die Realisierung des Angebots, das uns gemacht wird. Ein Talent wird erst dann zu einer persönlichen Stärke, wenn es mit Wissen und Können und Motivation angereichert wird.

Stärkenfaktor Wissen

Alexander von Humboldt war der letzte Universalgelehrte. Er lebte vor über 200 Jahren. Es heißt, er sei noch in der Lage gewesen, das Wissen seiner Zeit zu überblicken. Und heute? Sie wissen es ja selbst: Wir leben in schnelllebigen Zeiten. Wir werden mit Informationen überschwemmt. Viele sind längst überfordert und überinformiert. Kein Mensch kann mehr alles wissen. Jedoch ist Wissen für jeden jederzeit verfügbar. Wussten Sie zum Beispiel, dass sich das Wissen auf der Welt alle vier bis fünf Jahre verdoppelt? Alle vier bis fünf Jahre! Um sich die Rasanz zu verdeutlichen, stellen Sie sich vor, das Wissen der Welt hätte vor 40 Jahren in einer Bibliothek mit 1 000 Büchern Platz gehabt. Vor 20 Jahren, also vor gar nicht langer Zeit, wären schon 16 000 Bücher nötig gewesen. Und heute? Die Bibliothek mit dem aktuellen Wissen müsste sage und schreibe 256 000 Bücher umfassen.

Inflation des Wissens Eine Ausgabe der *Frankfurter Allgemeinen* oder *Süddeutschen Zeitung* enthält mehr Informationen, als im 17. Jahrhundert einem Bewohner hierzulande in seinem ganzen Leben zur Verfügung standen.

Was heute gilt, ist morgen schon wieder überholt. Und prinzipiell ist das Wissen, das wir theoretisch wissen könnten, unendlich. Das macht vielen ein schlechtes Gewissen: Weiß ich genug? Könnte ich zum Beispiel bei »Wer wird Millionär« abräumen? Dort wird allerdings nur Faktenwissen beziehungsweise Fachwissen abgefragt.

Fachwissen

Wissen besteht aus Fachwissen und Erfahrungswissen. Ein Arzt muss über die Inhaltsstoffe und Nebenwirkungen von Medikamenten Bescheid wissen. Ein Automechaniker muss Einzelteile und Funktion eines Motors kennen. Eine Dolmetscherin muss möglichst viele Worte einer Fremdsprache kennen und ihre Anwendung beherrschen.

Fachwissen – das ist die Kenntnis von Daten, Zutaten, Materialien und Produktionsabläufen, von Lieferzeiten und vom Mahnwesen, von der Anwendung stichhaltiger Formulierungen und zielführender Redewendungen. Sie kennen sicher den alten Verkäuferspruch: »Fachidiot schlägt Kunden tot.« Noch immer konzentrieren – oder sollte man besser sagen: verschanzen – sich viele hinter ihrem Fachwissen.

Fachwissen ist ein wichtiges Fundament für Spitzenleistungen. Allerdings: Fachwissen allein garantiert noch keine ausgezeichnete Leistung. Gerade am Anfang einer Tätigkeit oder Karriere gibt Fachwissen jedoch ein Gefühl von Sicherheit. Auf Dauer ist dieses Gefühl verführerisch und trügerisch. Verlässt man sich nur darauf, ist man bald verlassen.

Erfahrungswissen

Fachwissen allein ist nämlich nicht viel wert, wenn es an Erfahrungswissen mangelt. Ein Pharmareferent kann nur dann erfolgreich sein, wenn er auch weiß, wie ein erfolgreiches Gespräch mit einem Arzt abläuft. Wann ist ein geeigneter Zeitpunkt für ein Gespräch? Wie lange kann und darf ein Gespräch dauern? Worauf kommt es an? Wie viel Prozent Emotion, wie viel rationale Argumentation sind notwendig? Welche Art von Feingefühl ist Voraussetzung, um schließlich zu einem Geschäftsabschluss zu kommen? Dafür ist Erfahrungswissen nötig.

Erfahrungswissen ist die Dimension des Wissens, die man nicht im Unterricht lernen kann und auch nicht allein durch Lektüre. Erfahrungswissen lässt sich nur in der Praxis gewinnen.

Aus der Erfahrung zahlloser Seminare weiß ich, dass alles, was beim Publikum einen »Aha-Effekt« erzielen soll, mehrfach geprobt und in der täglichen Praxis verfeinert werden muss. Manchmal verändere ich nur das Zusammenspiel zwischen Mimik, Gestik und dem gesprochenen Wort. Manchmal müssen Lerninhalte aber auch ganz anders oder auf neue Weise zusammengestellt oder es müssen zusätzlich ein, zwei interaktive Elemente eingebaut werden – und plötzlich ist die gewünschte Wirkung da. Dann kommt die Botschaft an.

Zu spüren, dass da etwas nicht ganz stimmig ist, dann neue Varianten zu suchen, sie zu integrieren und die Möglichkeiten zu optimieren – all das stellt Erfahrungswissen dar.

Das Wissen erweitern

Wissen heißt auch, das Wesentliche vom weniger Wichtigen unterscheiden zu können. Wenn wir das nicht können, verlieren wir die Maßstäbe. Wenn wir etwas wissen, wenn wir also nicht nur eine gewisse Ahnung davon haben oder nur glauben, es zu wissen, dann spüren wir eine innere Sicherheit. Selbst wenn es nur profundes Halbwissen ist, stehen wir noch auf einigermaßen festem Fundament.

> Eine Investition in Wissen bringt immer noch die besten Zinsen.
>
> *Benjamin Franklin, Philosoph und Staatsmann*

Sie wissen, dass Sie über ein großes Kapital verfügen: Milliarden von Gehirnzellen. Diese können ständig neues Wissen aufnehmen, speichern und jederzeit zur Verfügung stellen.

Wissen – Schlüsselqualifikation der Zukunft

Lernen ist kein Zuschauersport, sondern eine Mitmach-Disziplin. Alle erfolgreichen Menschen ergänzen ständig ihr Wissen. Denn je mehr Sie wissen, je mehr Sie dazulernen, je mehr Wissen Sie sich aneignen, umso mehr entwickeln Sie Ihre individuellen Fähigkeiten. Das lässt Ihr Selbstvertrauen wachsen – und auch Ihren Marktwert. Erfolgreiche Menschen sind offen für Neues und Veränderungen. Sie haben stets ein offenes Ohr für neue Informationen und neue Ideen. Sie kleben nicht an alten Vorstellungen.

Als ich das Vergnügen hatte, Bill Clinton, den ehemaligen US-Präsidenten auf einem meiner Kongresse in Augsburg zu begrüßen, fragte ich ihn beim gemeinsamen Abendessen: »Welche Faktoren sind für Führungskräfte der Schlüssel für eine erfolgreiche Zukunft?« Bill Clinton musste nicht lange nachdenken. Seine Antwort: »Erstens Wissen. Und zweitens die Fähigkeit, dieses Wissen ins Team einzubringen.«

Lernen ist ein Prozess

Der Mensch ist das lernfähigste Lebewesen auf diesem Planeten. Allerdings kann der Mensch nur das, was er gelernt hat – was programmiert ist. Erst die bewusst oder unbewusst erlernten Programme sorgen für Entwicklung. Wir lernen laufen, rechnen, schreiben, Fußball spielen, flirten oder Fahrrad fahren. Manche erlernen einen vierfachen Salto rückwärts gehockt vom Dreier, Schauspieler rezitieren lange Passagen aus Goethes »*Faust*«. Im Prinzip ist jeder zu fast allem fähig.

Wenn wir etwas lernen, verändert sich der Schaltplan im Gehirn. Die Rechenvorgänge im Zellinneren und sogar die Gestalt der Neuronen ändern sich. An manchen Stellen sprießen neue Synapsen oder verstärken sich, an anderer Stelle jedoch verkümmern oder verschwinden Verknüpfungen. Lernen bedeutet also auch, Überflüssiges zu vergessen. In seinem Buch »Der Mythos der ersten drei Jahre« beschreibt John T. Bruer, welche Wege des Lernens die Natur für Erwachsene vorsieht:

- Die bestehenden synaptischen Ketten zu stärken. Das geschieht zum Beispiel, wenn Sie ein Talent mit entsprechendem Training und Wissen verbessern.
- Mehr von Ihren belanglosen Verknüpfungen zu verlieren. Das geschieht zum Beispiel, wenn Sie sich auf Ihre Talente konzentrieren und andere Verbindungen absterben lassen.
- Neue synaptische Verbindungen entwickeln. Diese Möglichkeit ist allerdings ineffizient, weil Sie eine große Energiemenge für die Bildung neuer Verbindungen erzeugen müssen.

Stärkenfaktor Können

Können bedeutet die Fähigkeit, etwas zu beherrschen. Im Französischen bedeutet das Wort »Pouvoir« zugleich »Können« und auch »Macht«. »Der ist ein Könner!«, sagen wir, wenn einer weiß, wie es geht. Dieses »Gewusst-wie« lässt sich nur durch gezielte Übung beziehungsweise geduldiges Training erreichen.

Mal angenommen, Ihr Kind möchte Geige spielen lernen. Was werden Sie tun? Sicherlich suchen Sie einen geeigneten Geigenlehrer. Der wird anfangs dafür sorgen, dass Ihr Kind Noten lesen kann, er wird zeigen, wie eine Geige gehalten werden muss und wie der Bogen zu führen ist, damit den Saiten Musik entlockt werden kann.

Es zeigt sich, dass Ihr Kind tatsächlich Talent hat. Es übt eifrig und fleißig und lernt schnell dazu. Doch nach zwei Jahren kann der Geigenlehrer nichts Neues mehr vermitteln. Dabei möchte Ihr Kind noch weiter kommen. Was können Sie tun? Sie suchen einen neuen Lehrer, einen Profi, der das Instrument noch besser beherrscht und noch mehr vermitteln kann.

Von den Besten lernen

Wer sein Talent entfalten und an seinem Talent feilen will, muss sich echte Könner zum Maßstab nehmen. Orientieren Sie sich immer an den Besten Ihrer Branche, Menschen, die über geballtes Fach- und Erfahrungswissen verfügen. Das lohnt, weil diese Könner ihr Wissen fast immer strukturiert und daraus Erkenntnisse gezogen haben, die ein talentierter Mensch durchaus zur Entwicklung der eigenen Stärke nutzen kann.

Der südafrikanische Chirurg Christaan Barnard war in seinem Fach ein echter Könner. Ihm gelang 1967 schließlich die erste erfolgreiche Herztransplantation. Barnard war damals 45 Jahre alt, hatte aber bereits tausend (!) Herzoperationen absolviert und dabei spezielle Operationstechniken entwickelt, etwa bestimmte Gefäßnahttechniken. Sein besonderes feinmotorisches Talent hatte er durch tausendfaches Üben immer weiter verfeinert.

Schritt für Schritt zur Spitzenleistung

Ich selbst habe durch meine eigene sportliche Karriere und meine Tätigkeit als Trainer und Coach viele Spitzensportler analysiert und kann jedem, der das Top-Niveau anstrebt, nur den dringenden Rat geben: Sehen Sie sich die Besten auf Ihrem Gebiet genau an. Erfolg hinterlässt

Spuren. Wer selbst Spitzenleistungen erreichen will, muss sich die einzelnen Schritte, die zu einer Höchstleistung führen, bewusst machen und dann trainieren, immer wieder trainieren und trainieren. Die Analyse und das konsequente Training können allerdings eines niemals ersetzen: Talent. Sie können jedoch gute Dienste leisten, um Talent zu einer Stärke entwickeln.

Als mir nach meiner Zeit als Leistungssportler mein Redetalent bewusst wurde, beobachtete ich jahrelang die Besten der Branche und versuchte, die Einzelschritte ihres Könnens zu analysieren. Schließlich kreierte ich das Seminar »*Rhetorik – das Geheimnis der Kommunikation*«. Das Ziel: Die Teilnehmer sollen innerhalb von zwei Tagen die Fertigkeiten der Rhetorik erlernen.

> Sie können mich nicht daran hindern, täglich klüger zu werden.
> *Konrad Adenauer, Ex-Bundeskanzler*

In den letzten zehn Jahren habe ich immer wieder zwei Arten von Teilnehmern erlebt: Die einen haben Talent. Sie brauchen nur noch den nötigen Feinschliff, also Wissen und Können, um ihr Talent zu einer echten Stärke auszubauen. Einige meiner ehemaligen Teilnehmer verdienen heute in den Medien und in der Politik, vor Kameras und Mikrofonen ihr Geld.

Die anderen haben kein oder nur wenig Talent. Hier kann das Ziel nur sein, durch Wissen und Training die Rhetorik auf ein Niveau zu heben, dass sie zu keinem behindernden Karrierefaktor wird und sich nicht negativ auf das Selbstvertrauen auswirkt. Viele wollen und können gar nicht zum Spitzenredner aufsteigen. Sie wollen lediglich ihre Unsicherheit ablegen und möchten erleben, dass die eigenen Knie nicht länger Beifall klatschen, wenn sie vor einer kleineren oder größeren Gruppe sprechen.

Die Verbesserung des Könnens ohne Talent wird also niemals zur Perfektion führen, kann aber dafür sorgen, dass eine Schwäche nicht zum limitierenden Karrierefaktor wird.

Zusammenfassung

Wie Talente entstehen

Die Talententwicklung beginnt bereits am 42. Tag nach der Zeugung. Zu diesem Zeitpunkt entsteht in unserem Gehirn die erste Nervenzelle, das erste Neuron. Es folgt eine wahre Zellexplosion – nur 120 Tage später verfügt das Gehirn über 100 Milliarden Neuronen. Manche Verschaltungen (synaptische Verbindungen) unserer Neuronen sind genetisch vorgegeben.

In der Forschung geht man heute davon aus, dass bestimmte Schaltkreise »Potenzial für Größe« vorgeben, also genetisch angelegt sind beziehungsweise in den ersten drei Jahren unseres Lebens sich ausprägen. Unser neuronales Netz verliert bis zum 16. Lebensjahr viele Verschaltungen. Nur die starken Verbindungen überdauern.

Warum Talente entdeckt werden müssen

Jeder Mensch hat Talente. Erstaunlicherweise wissen aber viele nicht, welche. Eine Stärke können Menschen nur dort entwickeln, wo sie »natürliche Talente« haben. Als Erwachsene können Sie keine neuen Talente mehr entwickeln, Sie können nur vorhandene Potenziale nutzen. Ziel muss es also sein, die eigenen Talente beziehungsweise die Talente seiner Mitarbeiterinnen und Mitarbeiter zu entdecken und sie zu Stärken auszubilden.

Wie aus Talent Stärke wird

»Zu einer Befähigung müssen noch Wissen und Können, zum Beispiel handwerkliches Geschick, kommen. Und vor allem auch noch die Motivation, gute Leistungen zu erbringen. Nur dann kann man zur Exzellenz kommen«, betont der Persönlichkeitspsychologe Professor Dr. Jens Asendorpf.

Stärke = Talent + Wissen + Können – diese Formel ist das Fundament. In Kapitel 3 wird sie noch um den Faktor »Wollen« ergänzt werden.

Warum sich Schwäche nicht in Stärke verwandeln lässt

Eine Grundthese dieses Buches ist, dass ich eine Stärke nur auf einem Talent aufbauen kann. Fehlt das Talent, kann keine Stärke entstehen – bei aller Motivation, bei aller Wissensvermehrung und Übung nicht. Es mag manche geben, für die gerade das eine besondere Herausforderung darstellt. Die meisten werden frustriert irgendwo in der Mittelmäßigkeit landen. Das beginnt schon damit, dass das Ausgangsniveau für eine nennenswerte Leistung bei einer Schwäche deutlich niedriger liegt als bei einem Talent. Der Schauspieler André Eisermann (»*Kaspar Hauser*«) wurde trotz seines leichten Sprachfehlers (einer klaren Schwäche in seinem Beruf!) erfolgreich. Solche Fälle sind aber die Ausnahme.

Warum es für ein starkes Leben nie zu spät ist

Niemand kommt mit einem fertigen Drehbuch für sein Leben auf die Welt. Zwar sind Potenziale genetisch festgelegt und Talente prägen sich bereits in den ersten Lebensjahren aus – dennoch kann jeder noch großen Einfluss auf seinen Lebenserfolg haben.

Es gilt, die eigenen Talente und Stärken zu identifizieren, sie weiterzuentwickeln und geschickt einzusetzen. Das Gehirn ist auch im Erwachsenenalter weiterhin lernfähig genug. Wenn Sie also Ihre Talente identifizieren, können Sie diese zur Stärke entwickeln, in jedem Lebensalter, und zwar durch Lernen und durch Übung. Und Sie werden ein starkes Leben führen können, wenn Sie den richtigen Platz finden, an dem sich Ihre Stärken einsetzen lassen.

Starkes Angebot: Wenn Sie noch größeren Nutzen aus diesem Buch ziehen wollen, können Sie **www.lebe-deine-staerken.com** anklicken Hier finden Sie weitere Checklisten, Fragenbögen und hilfreiche Tipps. Immer wenn Sie also dieses grafische Symbol für Internet in diesem Buch sehen, heißt das: Weitere Informationen abrufbar.

02

Wie erkenne ich meine persönlichen Talente? Welche Stärken entdecken andere in mir? Und wie kann ich den großen Stärken-Test 3+7 mit Gewinn nutzen?

Was ich kann

Bisher haben Sie einen Eindruck davon gewonnen, wie Ihre Hochleistungszentrale Gehirn funktioniert. Sie kennen jetzt das komplexe Netzwerk, das Talente und Stärken schafft, und Sie wissen, in welchem Maße Gene und die Umwelt Einfluss auf Ihre Talente und Stärken haben.

Dieses Kapitel behandelt den wichtigen Komplex: Was kann ich? Welche Talente schlummern in mir – und wie erkenne ich meine Stärken? Hierzu bieten wir einen umfangreichen Test an und möchten Sie außerdem ermutigen, sich ein paar wichtige, selbstkritische Fragen zu stellen: Welches Selbstbild habe ich von mir? Wie schätzen mich andere ein? Denn nur wenn Sie Ihre persönlichen Talente erkennen, auf Ihre Stärken setzen und sie ausspielen, können Sie letztlich das erreichen, was Sie vom Leben wollen.

Die Stärke eines Genies

Zum Beispiel Bill Gates. Sein unaufhaltsamer Aufstieg vom Garagentüftler zum »König der Software« und reichsten Unternehmer der Welt ist eine der rasantesten Erfolgsstorys, die es jemals gegeben hat. Doch im Januar 2000 trat er ab, überließ die operativen Vorstandsgeschäfte seinem Partner Steve Ballmer. Er hatte eingesehen, dass ihm der Job an der Spitze des Computer-Giganten *Microsoft* »viel zu viel Energie« entzog und Management und Mitarbeiterführung nicht gerade zu seinen Stärken zählen.

Der geniale Bill besann sich lieber auf das, was er am besten kann: Innovationen aufzugreifen und sie in anwenderfreundliche Produkte umzusetzen, neue Software zu entwickeln und damit weltweit Standards zu schaffen – genau das ist seine eigentliche, seine besondere, seine unvergleichliche Stärke.

Stärke – stärker als Schlaggewalt

Zum Beispiel Muhammad Ali. Sein unvergessener Kampf gegen George Foreman, damals in Kinshasa, Zaire. Da trafen zwei wirkliche Schwergewichte des Boxens aufeinander. Foreman, der Champion, schien unbesiegbar, 23 K.-o.-Siege hatte er auf seinem Konto, seine unheimlich rohe Schlaggewalt war berüchtigt und gefürchtet.

Doch Ali setzte seine Stärken dagegen: Köpfchen und körperliche Feinmotorik. »Flattern wie ein Schmetterling, stechen wie eine Biene« – so bekämpfte Muhammad Ali den Mensch gewordenen Bulldozer George Foreman. Ali tänzelte, wich aus, ließ George ins Leere tapsen – und traf ihn ein ums andere Mal.

> Zu sein, was wir sind, und zu werden, wozu wir fähig sind, das ist das größte Ziel unseres Lebens!
>
> *Robert Louis Stevenson, Schriftsteller*

Das sensationelle Ende in Runde acht. »George liegt am Boden, die Augen halb verdreht. Er lauscht den Stimmgabeln in seinem Schädel, den Saxophon spielenden Fledermäusen, den pfeifenden Alligatoren. Er sieht die blitzenden Neonlichter.« Wie Muhammad Ali (»*I am the Greatest*«) hier den Knock out von George Foreman beschreibt, weist übrigens auf eine weitere Stärke hin: Alis Wortgewalt.

Die Stärke von Beharrlichkeit und Kreativität

Zum Beispiel Dietrich Mateschitz. Sein einzigartiges Gespür für den Markt hat ihn zum gemachten Mann gemacht. Er war Marketingdirektor bei Jacobs und Blendax, doch irgendwann suchte er eine neue Herausforderung in der Selbständigkeit. Erst wollte er Österreich für Donuts begeistern. Dann fiel ihm eine Liste der größten Steuerzahler in Japan in die Hände. Nicht etwa Herr Sony stand vorn, sondern ein Produzent von Energydrinks.

Auf diese Marktidee setzte Marketingprofi Mateschitz jetzt auch. Der Steiermärker investierte drei Jahre Arbeit und seine Ersparnisse in die Marktreife einer belebenden Brause. Koffein, Zucker, Wasser, Aromastoffe, Zitronen- und Kohlensäure, die Aminosäure Taurin als Geschmacksverstärker – zwar schmeckte sein Getränk wie flüssige Gummibärchen, doch Dietrich Mateschitz wusste: Der Inhalt ist gar nicht so wichtig. Vor allem zählt der Name der Dose, das Image, der Mythos, die Emotionen, die Marktnische.

Er ließ ständig neue Werbekonzeptionen entwickeln, insgesamt 50 Entwürfe, doch keine Präsentation überzeugte ihn wirklich. Ein letzter Versuch (»*Red Bull verleiht Flüüügel*«) traf dann endlich seinen Geschmack.

Mit Beharrlichkeit und durch Kreativität – seine besonderen Stärken – konnte Dietrich Mateschitz aus der kleinen österreichischen Firma Red Bull schließlich eine milliardenschwere Weltmarke machen.

Jeder hat bestimmte persönliche Stärken

Bill Gates ist ganz besonders kreativ. Der Boxer Muhammad Ali war im Ring ein strategisches Genie. Der Visionär Dietrich Mateschitz verfügt über analytischen Verstand, er erkennt in Statistiken die Daten, auf die es ankommt, und kann mit dem Gespür für Bedürfnisse und mit der nötigen Beharrlichkeit ein Produkt im Markt präsentieren. All das sind außergewöhnliche Stärken.

Aber nicht nur Gates, Ali oder Mateschitz verfügen über besondere Stärken – jeder hat welche. Jeder kann etwas besonders gut. Doch die wenigsten Menschen wissen oder glauben, dass sie über ganz bestimmte Talente und Stärken verfügen.

Was macht Ihre persönliche Stärke aus?

Was würden Sie spontan antworten? Die wenigsten können ihre persönlichen Stärken benennen. Die meisten wissen auch nicht: Was genau macht eine Stärke eigentlich aus?

Eine Stärke ist, wenn wir etwas besonders gut können. Mehr noch: Es ist eine Tätigkeit, die wir beständig und beinahe perfekt leisten können. Aber wie gesagt: Ein Talent kann nur dann zu einer persönlichen Stärke werden, wenn es mit Wissen und Können angereichert wird.

Die Talente und Stärken entdecken

Das, was andere auszeichnet, ist oft ganz leicht zu erkennen. Eine wie Nessie Nesslauer hat daraus einen Beruf gemacht: Sie ist »eine der erfolgreichsten Talent-Entdeckerin der deutschen Filmbranche« (*Süddeutsche Zeitung*). Sie entdeckt etwas in anderen Menschen, sie sieht, was in ihnen steckt. Vor allem: Ob sie authentisch sind. Ob sie Emotionen überzeugend ausdrücken können. Sie spürt einfach, ob jemand Talent fürs Schauspielern hat.

Zum Beispiel damals in Münchens *Wunderbar*. Sie sieht eine junge Frau auf dem Weg zur Damentoilette. Die sah aus wie Nschotschi, die Schwester von Winnetou. Deshalb folgte Nessie ihr, sprach sie an und gab der Überraschten ihre Visitenkarte: Sie solle sich doch bitte bei ihr melden. So begann alles für die damals 17-jährige Franka Potente (»*Lola rennt*«), sie machte Karriere als Schauspielerin.

Mit Scannerblick geht Nessie Nesslauer jedes Jahr rund 40 Mal in kleine und große Theater, sieht sich hunderte von Filmen und Videoaufzeichnungen an, besucht alle wichtigen Schauspielschulen. Durch sie kamen August Diehl (»*23*«) oder Robert Stadlober (»*Crazy*«) zum Schauspielern, nutzten die Chance, wurden zu Stars in ihrer Branche.

Fremdbild und Selbstbild

Das Fremdbild, die Einschätzung durch einen externen Betrachter, kann in manchen Situationen ausschlaggebend sein. Aufschlussreich ist der Blick von außen in jedem Fall, auch wenn Sie manchmal von anderen nicht so wahrgenommen werden, wie Sie es vielleicht gerne hätten. Aber das macht eine Fremdeinschätzung (ab Seite 75) gerade so interessant – sie kann wichtige Hinweise auf Schwächen und Stärken geben. Es lohnt, wenn Sie sich näher damit befassen.

Das gilt vor allem auch bei Ihrem Selbstbild, also der eigenen Betrachtungsweise. Das Unterbewusstsein registriert immer genau, wie andere Menschen auf eigene Äußerungen oder Taten reagieren. Die Summe aller Erlebnisse und Erfahrungen ist im Selbstbild festgehalten.

Wenn Sie ernsthaft versuchen, eine angemessene, realistische Momentaufnahme Ihres Selbstbildes zu entwickeln, kommen Sie automatisch Ihren Fähigkeiten, Talenten und Stärken auf die Spur. Wenn Sie sich diesen Spiegel der eigenen und fremden Betrachtung vorhalten, sehen Sie sich allerdings verzerrt. Denn Selbstbild und Fremdbild stimmen selten überein. Trotzdem ist es wichtig, Selbstbild und Fremdbild zu kennen.

Wie wirke ich? Selbsterkenntnis der eigenen Persönlichkeit ist übrigens ein uraltes Bedürfnis der Menschen. Und ebenso wollen und sollten Sie wissen, wie Sie von anderen Menschen in Ihrem persönlichen Umfeld – von Kollegen, dem Partner und den Freunden – eingeschätzt werden. Je größer die Übereinstimmung zwischen Selbst- und Fremdeinschätzung ist und je besser Sie Ihre Persönlichkeit kennen und akzeptieren, umso natürlicher werden Sie sich verhalten – mithin umso stimmiger, glaubwürdiger und authentischer wirken.

> Das **Selbstbild** entsteht durch den Blick von innen heraus (»interner Beobachter«) auf sich selbst. Das **Fremdbild** entsteht durch den Blick von außen (»externer Betrachter«).

Wie sehe ich selbst meine Talente und Stärken?

Das Problem ist, dass unsere Talente vom ersten Moment an bei allem mitschwingen. Sie beeinflussen jede Entscheidung. Sie sind selbstverständlich, sie sind normal geworden, sie spielen ihr Spiel im Stillen. Deshalb sollten Sie auch auf ganz alltägliche Hinweise achten.

Wenn Sie also Ihre natürlichen Talente entdecken wollen, müssen Sie beispielsweise Ihre spontane Reaktion in bestimmten Situationen beobachten. Die können sehr viel aussagen.

- Was macht mir besondere Freude?
- In welcher Situation bin ich mit mir im Reinen?
- Wann läuft alles spielerisch?

Denken Sie daran: Wirklich erfolgreiche Menschen betrachten das, was sie tun, oft als Spiel. Sie tun, was sie lieben. Und sie lieben, was sie tun. Am Anfang stehen also ein paar mehr oder weniger banale Fragen:

- Was hat mich schon immer begeistert?
- Welche Tätigkeiten gehen mir mühelos von der Hand?
- Wann fühle ich mich wirklich im Einklang mit mir?
- Worin war ich schon immer besser als andere?

Dies sind wichtige Fragen, die entscheidend sind, wenn Sie auf der Suche nach Ihren Talenten sind.

Das Bewusstsein schärfen

Bevor Sie sich die folgenden Schlüsselfragen – am besten schriftlich – beantworten, lassen Sie zunächst ein paar kurze Sätze auf sich wirken:

- Meine Vergangenheit ist nicht meine Zukunft.
- Ich muss niemandem imponieren.
- Mein Selbstwert gründet auf meiner eigenen Meinung.
- Ich bin nicht meine Ausbildung, mein Titel, mein sozialer Status.
- Ich habe keine Angst vor meinen Entdeckungen.
- Ich definiere meine Erwartungen selbst.
- Mein Selbstbewusstsein beruht auf der Kenntnis meiner selbst.
- Ich schaffe alles, was ich für erreichbar halte.
- Ich bin nicht meine Glaubenssätze (zu alt, zu jung, zu arm, zu ungebildet, zu schüchtern...)

Was konnte ich früher schon gut?

Nehmen Sie wieder einmal Ihre Kinderfotos zur Hand. Betrachten Sie die Bilder ganz genau. Versuchen Sie, Ihre Kindheit sorgfältig zu analysieren. Vielleicht können Sie jetzt die alten Zeiten wieder abrufen – wie einen Film? Vielleicht schaffen Sie es, sich in vergangene Szenen, die Sie auf Fotos sehen, neu einzufühlen oder sich in Situationen von damals hineinzudenken und sie ins Heute zu holen? Fragen Sie sich:

- Was fällt mir auf?
- Was fällt mir ein?

- Welche Aktivitäten haben mich seit jeher angezogen?
- Was habe ich damals schon besonders gern gemacht?
- Hatte ich eine Lieblingsbeschäftigung?
- Wann war ich so richtig begeistert?
- Was hat mich damals innerlich angetrieben?

Schließen Sie die Augen. Versuchen Sie, bewegende Momente von damals noch einmal zu durchleben. Und erkundigen Sie sich möglichst auch bei Ihren Eltern, bei Oma und Opa, bei Onkel und Tante:

- Was hab ich als Kind besonders gern getan?
- Was konnte ich besonders gut?
- In welchen Situationen hatte ich jegliches Zeitgefühl verloren?

Der Erfindergeist des kleinen Thomas

Der Phonograph und die Glühbirne, das Mikrofon und der erste Stummfilm – das sind nur einige der Erfindungen von Thomas A. Edison (1847 bis 1931). Über 1500 Patente sind auf seinen Namen eingetragen, aus seiner Erfindungsgabe wuchsen Weltkonzerne. Er, das Genie, musste aber von der Schule, weil seine Lehrer ihn für dumm und einfältig hielten. Und auch seine Eltern waren besorgt, ob der denn Filius bei Verstand sei. Einmal fand ihn sein Vater im kalten Stall, Thomas saß im Nest mit den Enteneiern.

»Warum sitzt du denn auf diesen Eiern, Tommy?«

»Ich möchte es wissen«, antwortete er. »Ich wollte herausfinden, ob ich es auch so schaffe wie die Entenmutter.«

Sein Forscherdrang prägte sein ganzes künftiges Leben, und dieser Ausspruch wurde sein Motto: Ich möchte es wissen.

Die frühe Begeisterung fürs Zeichnen

Schon als Kind hat Wolfgang Joop viel gezeichnet. Seine Tanten, seine Mutter, seine Großeltern schlugen immer die Hände über dem Kopf zusammen und sagten: Ach, ist der Junge begabt! Joop, der tatsächlich zum international geachteten Modedesigner aufstieg, erzählt: »Als mein Vater aus der Kriegsgefangenschaft zurückkam, fürchtete er, ich könnte mir zu viel einbilden – und Hochmut ist für preußische Väter verwerflich. Er meldete mich zu Nachmittagskursen an der Kunsthochschule an. Dort sollte ich meine Grenzen erkennen. Mit zwölf Jahren war ich natürlich unter den 18- bis 20-jährigen der Allerschlechteste, und meine Enttäuschung war so groß, dass ich im Kunstunterricht bis zum Abitur nur noch störte.

Dann lernte ich meine spätere Frau kennen. Sie studierte Modedesign und zeichnete unter anderem Skelette. Aus Langeweile begleitete ich sie, übertrug den Schädel eines Haifisches in meinen Block und wurde wieder entdeckt. Der Professor fand, ich müsse meinem Talent nachgeben. Also schrieb ich mich an der Hochschule für Bildende Künste in Braunschweig ein. Es war die Zeit der Pop-Art und der Happenings, und mit meinen Arbeiten hatten sowohl die Studenten als auch die Professoren ein Problem: Sie seien zu schön, zu glatt, zu oberflächlich.«

> Ich habe ein ungewöhnliches Leben geführt, und dafür bin ich dankbar. Denn ich merkte, dass mir der wirkliche Reichtum meines Lebens nicht genommen werden kann: das Glück, als Junge Träume gehabt zu haben, als Mann sie umgesetzt zu haben und als älterer Mensch wieder träumen zu können.
> *Wolfgang Joop, Modeschöpfer*

Der lange Weg zum Erfolg

1968 gewann Joop zusammen mit seiner Freundin einen Modewettbewerb der Zeitschrift *Constanze* und bekam gleich drei, vier Angebote aus der Industrie. Er musste Geld verdienen. Weil er Vater geworden war, arbeitete er drei Jahre lang in der Redaktion eines Schnittmusterheftes, entwarf alles – vom Pyjama bis zum Hochzeitskleid –, schlug sich als freier Designer durch. Schließlich kam ein Angebot von einer Pelzfirma. Die Juniorchefin hatte seine Zeichnungen gesehen. »Eigentlich wurde ich von ihr entdeckt.«

Joop bearbeitete Pelze völlig neu, färbte Felle schmuddelig, ließ sich von Parkas und Militärmänteln inspirieren. Protz widersprach seiner Idee von neuem Luxus. Für seine erste Kollektion bekam er 16 Preise, wurde international beachtet.

Heute sagt Wolfgang Joop: »Es ist wie im Sport: Du bist nur dann wirklich erfolgreich, wenn du Erfolge wiederholen kannst. Mit jedem Erfolg wächst der Druck und auch die Angst, das nächste Mal zu versagen. Erst die Wiederholung des Erfolgs gibt dir Sicherheit: Man lernt, mit Misserfolg umzugehen, und man lernt langsam, dass Talent nicht von einem Tag auf den anderen verschwindet.«

Was kann ich besonders gut?

Zum Beispiel Garri Kasparow aus Baku am Kaspischen Meer, Wunderkind des Schachs. Er war fünf, als er von den Figuren auf dem Brett in den Bann gezogen wurde. Sein Vater war Labortechniker, seine Mutter Elektroingenieurin. Eines Abends bemühten sich seine Eltern, eine kniffelige Schachaufgabe, die der Altmeister Abramian in ihrer Zeitung gestellt hatte, zu lösen. Obwohl die Eltern richtig gute Schachspieler waren, fanden sie die Lösung nicht. Das wunderte den kleinen Garri und er versuchte es selbst. Am nächsten Morgen zeigte er ihnen den entscheidenden Zug, der das Problem löste.

»Sie staunten nicht schlecht«, erzählt Kasparow, »nach dem Frühstück holte mein Vater ein Schachspiel heraus, und wir bauten die Stellung auf und gingen die Züge durch. Niemand hatte mir je das Schachbrett oder die Spielregeln erklärt, und doch hatte ich das Gefühl, alles schon zu wissen, was mein Vater mir erklärte. Wenn er das Ende des Spiels kennt, zeige ich ihm am besten auch den Anfang, sagte er schließlich, und er erklärte mir die Eröffnungsregeln. Schon ein halbes Jahr später konnte ich ihn besiegen. Mit sechs Jahren hatte ich nichts mehr im Kopf außer Schachspielen. Ich forderte jeden, der zu Besuch kam, zu einer Partie heraus.«

Mit sieben Jahren bekam Garri Kasparow im »Palast der jungen Pioniere« Schachunterricht. Sein Talent für logisches Denken war überragend, auch im Rechnen wurde er Klassenbester. Mit zehn erreichte er landesweite Popularität als junges Schachtalent. Mit elf proklamierten ihn internationale Experten zum kommenden Star.

Tatsächlich: Mit 22 Jahren wurde Garri Kasparow der jüngste Schachweltmeister aller Zeiten.

Der Transfer von Stärken

Zum Beispiel mein Bruder Frank. Er war einer der jüngsten Handballspieler, die es jemals in der Bundesliga gegeben hat, spielte 18 Jahre in dieser schwersten Liga der Welt, verstärkte die Nationalmannschaft und gewann unter anderem den Europacup. Seine sportliche Stärke war unübersehbar. Was ihn aber darüber hinaus besonders auszeichnete, waren Talente wie Beharrlichkeit, Leistungsorientierung, Loyalität, Tatkraft und auch sein strategisches Talent.

> Das Leben macht nichts aus uns, wenn wir nicht selbst etwas aus unserem Leben machen. *Joe Frazier, ehemaliger Boxweltmeister*

Beim Handball war er als Kapitän oft derjenige, der ein Spiel organisierte und führte, andere ins Spiel brachte und als Abwehrchef auch hart zupacken konnte, wenn es darauf ankam.In seiner jetzigen beruflichen Aufgabe leitet der Macher Frank das gesamte Backoffice von *Jörg Löhr Erfolgstraining,* bringt mich auf seine selbstverständliche Weise dabei ins Spiel, hält mir den Rücken frei, entwirft Strategien – und kann auch richtig anpacken, wenn es darauf ankommt. Er hat sich seinen Job entsprechend seiner Talente ganz bewusst ausgewählt.

Gleichzeitig betreut er mit Heiner Brand die deutsche Handball-Nationalmannschaft -den Europameister und Vize-Weltmeister.

Auch hier gilt es wieder alles daran zu setzen, andere ins Spiel zu bringen, extrem leistungsorientiert zu arbeiten und möglichst Heiner Brand den Rücken freizuhalten. Bei all seinen Aufgaben ist immer Teamfähigkeit gefragt. Frank hat Wege gefunden, seine Talente zu Stärken zu kultivieren, und hat sein Leben darauf aufgebaut. Er liebt, was er tut, weil er seine Stärken gezielt nutzt.

Selbstcheck

Nehmen Sie sich jetzt ein wenig Zeit, um nach Ihren verborgenen Schätzen zu suchen. Machen Sie es sich in entspannter Atmosphäre bequem. Atmen Sie ein paar Mal tief durch. Und jetzt schreiben Sie Ihre besonderen Fähigkeiten auf. Notieren Sie einfach, was Sie gut können und was Sie gerne machen.

Beispiele:

Ich lese leidenschaftlich gern. Ich laufe regelmäßig. Ich schreibe Tagebuch. Ich singe unter der Dusche. Ich kann gut kochen oder koordinieren, malen, diskutieren, managen, reden, rechnen, zuhören, pflegen, tanzen, teilen, schauspielern, schreiben, Fliesen legen, konstruieren, zimmern, zeichnen, entwerfen, Witze erzählen, Kuchen backen, Rat geben, planen, organisieren, sammeln, reisen, anleiten, analysieren, ausgleichen, durchsetzen, Freundschaften schließen, bedienen, bestimmen, kalkulieren, reparieren, repräsentieren, unterstützen, überzeugen, versöhnen, verhandeln, vorantreiben, vereinfachen, verkaufen ...

Manche meinen vielleicht, solche Fähigkeiten seien nicht der Rede wert. Von wegen: All das können Talente sein.

- Sammeln Sie auf Ihrem Zettel möglichst 20 Ihrer Talente. Zur Verdeutlichung sei noch einmal gesagt: Ein Talent ist nicht, was Sie sind (»Ich bin kreativ«, »Ich bin flexibel«, »Ich bin ausdauernd«), sondern ein Talent ist etwas, das Sie besonders gut können.
- Drücken Sie jedes Ihrer Talente also mit einem Verb aus. Schreiben Sie »Ich kann gut Neues entdecken und erschaffen« statt »Ich bin kreativ«. Erst wenn Sie mit dem Talent etwas tun können, wird es zu einem Talent. Schreiben Sie »Ich kann gut mit neuen Situationen umgehen« statt »Ich bin flexibel«.

Hinweis: Es kann sein, dass Sie nach einigen Minuten erst sechs oder sieben Begriffe gefunden haben. Bleiben Sie dran, gehen Sie noch einmal Erlebnisse aus Ihrer Vergangenheit durch. Es lohnt sich.

- Sammeln Sie Stichworte für drei bis fünf Situationen, auch solche, die nicht nur mit Ihrer beruflichen Vergangenheit zu tun haben.
- Fragen Sie sich immer: »Welche Fähigkeiten waren in verschiedenen Situationen besonders gefragt?«, »Welche Fähigkeiten haben mir damals geholfen?«

Eine Sammlung meiner Talente			

Nun sollte noch ein weiterer Schritt folgen:

Schauen Sie sich noch einmal Ihre Notizen an. Erkennen Sie gewisse Gemeinsamkeiten bei den verschiedenen Stichworten?

- Bündeln Sie das, was Sie gut können, und finden Sie dafür jeweils einen übergeordneten Begriff.
- Kristallisieren Sie fünf besondere Fähigkeiten heraus.

Meine fünf besonderen Fähigkeiten

Was mache ich heute besonders gern?

Auf der Entdeckungsreise zu Ihren Talenten sind offene Sinne erforderlich. Denken Sie bitte nach:

- Was zeichnet Sie aus?
- Bei was verspüren Sie besondere Vorfreude?
- Was fällt Ihnen leicht?
- Wann in Ihrem Leben waren Sie schon einmal so richtig stolz auf das, was Sie geschafft haben?
- Welche Krise haben Sie gemeistert – und wie?

Zum Beispiel Morten Harket. Er war drei, als ihn seine Eltern zu einem Festzug mitnahmen. Dort spielte eine Blaskapelle. Der Kapellmeister nahm den Kleinen auf seine Schultern, er hatte wohl noch nie so einen niedlichen Fan gesehen, der so viel Begeisterung zeigte. Vor Aufregung hat der kleine Morten dem Obermusiker dann in den Nakken gepinkelt.

Vierjährig begann er Klavier zu lernen, dachte sich kleine Lieder aus, spielte alles nach, was er hörte. Doch unter den Fittichen der strengen Klavierlehrerin erstarb sein Interesse. Morten sammelte nun lieber Schmetterlinge und züchtete Orchideen.

Erst Jahre später, als eine Cousine eine *Uriah-Heep*-Platte mitbrachte, erwachte seine Liebe zur Musik erneut. Elektrische Gitarren – von der schieren Energie dieser Musik ließ sich Morten elektrisieren. Er beschloss, eine Rockband zu gründen. Damals war er fünfzehn. Was sich daraus entwickelte, ist Popgeschichte: der weltweite Erfolg von Morten Harket und seiner norwegischen Gruppe A-Ha (»*Take On Me*«).

Zwei Fragen, die einen Lebenslauf verändern

Zum Beispiel Barbara Vollert. Nein, es lief so schlecht nicht für die Oberfränkin. In ihrer Firma, die Schulterpolster und später Bauteile für Benzineinspritzpumpen produzierte, war sie erst Assistentin, später Abteilungsleiterin. So richtig glücklich fühlte sie sich damit nicht.

Jahrelang ging es so dahin. Dann, an ihrem 30. Geburtstag, war die

Zeit reif für eine kritische Zwischenbilanz. Was wollte sie eigentlich? Kinder? Karriere? Der klassische Konflikt. Sie konnte sich einfach nicht entscheiden. »Ich hab immer darauf gewartet, dass andere für mich entscheiden und mich glücklich machen, mein Mann, mein Arbeitgeber, mein Gehalt. Es klingt blöd, aber mir war bis dahin nicht klar, dass ich für mein Glück selbst zuständig bin.«

Sie stellte sich selbst zwei wichtige Fragen. Erstens: Was mache ich eigentlich richtig gern? Und zweitens: Was habe ich bis jetzt in meinem Leben tatsächlich gemacht?

Da erkannte Barbara die »riesengroße Diskrepanz«: »Ich reise gerne. Aber das hatte ich so gut wie nie gemacht. Ich bin gerne unter Menschen. Aber ich hatte immer nur dieselben Leute um mich. Ich baue gerne etwas Neues auf. Aber nun machte ich schon jahrelang meinen gewohnten Job.«

Sie wusste, es müsste sich in ihrem Leben grundsätzlich etwas verändern. Sie musste sich verändern.

»Was zählt für mich wirklich?«

Diese Einsicht war gewachsen, nachdem ihr zufällig ein Flyer unseres Persönlichkeits-Seminars »*Tage der Entscheidung*« in die Hand gefallen war. Sie fühlte sich stark angesprochen: »Der meint ja mich, da muss ich hin«. Im Seminar fand Barbara für sich heraus, was für sie wirklich zählt. Sie wollte einen Job finden, in dem sie das tun kann, was sie besonders gerne und besonders gut macht: etwas aufbauen können, viel unter Menschen sein, reisen.

Sie entschied sich bewusst für ihre Karriere. Sie gab das gewohnte Umfeld auf, um eine reizvolle Managementaufgabe, Verantwortungsbereich ganz Europa, zu übernehmen.

Inzwischen hat sie »einen echten Traumjob« gefunden. Bei der Firma Porsche leitet sie eine Abteilung für Unternehmensqualität, also »eine Art Denkfabrik, die hinter der produzierenden Fabrik steht«. Ihre Aufgabe: Trends erkennen, neue Abläufe und notwendige Veränderungen in der Organisation einleiten. Barbara Vollert ist glücklich: »Hier kann ich jetzt tun, was schon immer meine Stärke war – nämlich Neues aufzubauen und andere dafür zu begeistern.« Und wenn man Barbara trifft, spürt man diese angenehme Mischung aus sympathischer Natürlichkeit und Zufriedenheit.

Hat es ein prägendes Schlüsselerlebnis gegeben?

Es sind oftmals ganz besonders emotionale Erlebnisse oder plötzliche Veränderungen in unserem Leben, die als Auslöser wirken: Sie legen unsere Talente und Stärken frei.

Vor einiger Zeit traf ich Pater Denis Ndikumana, einen bemerkenswerten Mann. Er erzählte mir aus seinem Leben und von einem Schlüsselerlebnis, das auch bei mir für ein Schlüsselerlebnis sorgte.

Pater Denis wurde vor zwölf Jahren von Papst Johannes Paul II. zum Priester geweiht und wirkte fortan in seiner zentralafrikanischen Heimat Burundi in einer kleinen Pfarrei. Sein Leben änderte sich schlagartig, als ihn der Bischof zum Studium nach Deutschland schickte. Ergriffen von Hoffnung und Verantwortung, die auf ihm lasteten, kam er nach Freiburg. Er promovierte in Theologie und schloss ein Studium in Soziologie mit dem Magister ab. Er entwickelte sein Talent zur Führungsverantwortung und ging 1999 nach Burundi zurück, er wollte seine Stärken leben. In seiner Heimat tobte der Bürgerkrieg. Pater Denis half den Ärmsten der Armen, so gut es ging, mit Worten und Taten.

Warum, fragte ich ihn, kehrt er nicht nach Deutschland zurück, hier hätte er doch ein viel angenehmeres und leichteres Leben? Seine Antwort: Wer sonst soll denn seine Aufgabe übernehmen?

Talent kann auch Verpflichtung sein

Er erzählte mir von seinen sechs Geschwistern. Einer seiner Brüder starb im Bürgerkrieg, zwei starben an Aids. Zwei seiner drei Schwestern sind verwitwet. Es waren sein Talent für Konfliktbewältigung und der Umgang mit Niederlagen, die ihn nicht zerbrechen ließen. Seine Erfahrungen haben ihn zu einer starken Persönlichkeit geformt.

Er erzählte mir von seinem armen Land, von seiner Vision, dass Bildung Waffen ersetzt. Er erzählte von den Bedürfnissen seiner Schule und dass ein Essen für ein Kind in Burundi täglich gerade mal 5 bis 20 Cent kostet. Ich weiß es noch wie heute: Ich saß nach diesem Gespräch in meinem Auto und wusste, diese Begegnung mit Pater Denis war etwas Besonderes – ein prägendes Erlebnis.

Dieser kleine Wink des Schicksals traf meine Talente: Verantwortungsgefühl, Einfühlungsvermögen und Überzeugungskraft, und ich beschloss, einen Verein – *visions for children e. V.* – zu gründen, der Kindern in Krisengebieten eine gute Schulausbildung, grundlegende Gesundheitsvorsorge und gesunde Ernährung ermöglicht. Als ich dies bei einem weiteren Treffen Pater Denis mitteilte, sagte er mir, dass eine benachbarte Schule noch dringender Hilfe benötigt. Er würde allerdings dafür einstehen, dass jeder Cent – absolut jeder Cent – bei den Bedürftigen ankommt.

> ! Vielleicht wollen auch Sie, wie mittlerweile viele Paten, für monatlich 10,00 € zwei Kindern in Burundi die Hand reichen. Nähere Informationen dazu finden Sie am Ende dieses Buches (Seite 235) oder im Internet unter www.visions-for-children.com.

Überlegen Sie einmal, ob es in Ihrem bisherigen Leben ein einschneidendes Erlebnis gab, das Ihnen Ihre Talente und Stärken vor Augen geführt hat. Ein tragischer Unfall, der Konkurs des Unternehmens, die Entlassung, Heirat, Scheidung, Tod eines geliebten Menschen oder die Geburt des eigenen Kindes – das alles können Schlüsselerlebnisse sein, die Hinweise für Ihre Begabungen liefern.

Was lerne ich schnell?

Denken Sie noch einmal an Ihre Schulzeit zurück. Gab es damals Fächer, in denen Sie den Lernstoff deutlich schneller als andere Klassenkameraden begriffen hatten? In welchem Fach konnten Sie Lehrer mit unbequemen Fragen quälen? Schnelle Auffassungsgabe weist immer auf ein Talent hin. Fragen Sie sich also:

- Was lerne ich deutlich schneller als andere?
- Wo war und ist mein Wissensdurst besonders groß?
- Womit habe ich mich immer schon aus eigenem Antrieb über das normale Maß hinaus beschäftigt?

Als ich mit der Handball-Nationalmannschaft arbeitete, habe ich Stefan Kretzschmar, den Vize-Weltmeister und Europacup-Sieger, häufig erlebt. »Kretzsche«, ein echtes Bewegungstalent, kann kompliziertestе Trickwürfe aus dem Handgelenk zaubern. Bei ihm wirkt total selbstverständlich, was andere vermutlich mit einem »Bruch des Handgelenks« bezahlen würden, wollten sie seine Würfe nachahmen. Schwierige Bewegungsabläufe, sagt Stefan, hätte er schon immer leichter und schneller gelernt als andere.

Das verkannte Talent

Ein Seminarteilnehmer, er heißt Rüdiger Gamm, erzählte mir die Geschichte von der Entwicklung seiner Stärke. Er war ein mittelmäßiger Schüler und fiel mehrfach wegen schlechter Noten in Mathematik durch. Immer wieder hörte er den vernichtenden Kommentar seines Lehrers: »Das lernst du doch nie«.

Jetzt erst recht: Er nahm sich vor, der beste Rechner der Welt zu werden. Er übte und übte, aber nicht Schulaufgaben, sondern »richtige Rechenaufgaben«. Dabei stellte er fest, dass sein Rechenzentrum im Dachstübchen in rasender Geschwindigkeit arbeitete und lernte. Eine Aufgabe wie 5 hoch 4 oder später 97 hoch 15 konnte er vor seinem inneren Auge bildhaft erkennen und im Nu lösen. Schließlich konnte sich ein Millionenpublikum von Rüdiger Gamms besonderem Talent überzeugen. Er trat bei Thomas Gottschalk an und wurde Wettkönig bei »*Wetten dass...*« und gilt heute als Weltmeister im Kopfrechnen.

> **!** Falls Sie Ihr Rechenergebnis mit dem richtigen vergleichen wollen – bei 97 hoch 15 kommt: 633.251.189.136.789.386.043.275.954.593 heraus.

Was begeistert mich?

Am besten kann ich diese Frage an meinem eigenen Beispiel illustrieren. Ich war in meiner Jugend gleichzeitig im Handball-, Fußball-, Basketball- und Leichtathletik-Verein. Nicht, weil meine Eltern so sportverrückt waren und mich angestachelt hätten. Auch der Traum, mit dem Sport später vielleicht einmal Geld zu verdienen, war es nicht. Nein, es war ganz simpel: Sport hat mich total begeistert, der Spaß am Spielen und Bewegen hat mich angetrieben. Ich konnte Stunden auf dem Sportplatz zubringen und verlor dabei völlig das Zeitgefühl – es war einfach nur eine wunderbare Zeit für mich. Das Feuer von damals brennt immer noch. Das merke ich daran, mit welcher Begeisterung ich mein Wissen um Leistungssport und Psychologie an andere, auch an Spitzensportler und Spitzenteams weitergebe.

Die Passion für analytisches Denken

Zum Beispiel Roland Berger. Deutschlands bekanntester Unternehmensberater war ein sehr guter Schüler. Er fand alles spannend, ihm fiel alles leicht: Mathematik, Sport, Griechisch. Nebenbei begeisterte er sich noch für Hebräisch und Russisch und interessierte sich für das Kaufmännische. Er las nicht nur Karl May, sondern gerne auch Biografien von Wirtschaftsgrößen. Er studierte Betriebswirtschaft und machte als Student eine Wäscherei auf, um theoretische Kenntnisse sogleich in die Praxis umzusetzen.

Seine Karriere als Unternehmensberater begann mit einer genauen Analyse. Berger fragte sich: »Was kann ich gut? Was tue ich gerne?«

Er erkannte, dass Begeisterung für die Sache und analytisches Denken seine größten Talente sind. Außerdem halfen ihm Zufälle auf die Sprünge. Bei der Vorbereitung für einen Vortrag stieß er zum ersten Mal auf das Berufsbild Unternehmensberatung. Einmal, beim Ausfahren der Wäsche, erzählte ihm eine ältere Kundin von ihrem Sohn, der bei einer amerikanischen Beratungsfirma in Mailand arbeitete: »Warum gehen Sie nicht dorthin?«

Machte er – und blieb fünf Jahre. Ende 1967 gründete er »*Roland Ber-*

ger Strategy Consultants«. Heute ist Roland Berger »der Mann, der in Deutschland am besten mit den höchsten Ebenen verdrahtet ist« (*Business Week*), ein international hoch geschätzter Ratgeber. Mit seiner Firma (33 Niederlassungen in 23 Ländern, 1600 Mitarbeiter) macht er weltweit über 500 Millionen Euro Umsatz.

Wie verhalte ich mich bei Stress?

Dettmar Cramer ist einer der erfolgreichsten Fußballlehrer. Er hat in über 90 Ländern gearbeitet. Mit Bayern München gewann er zweimal den Europapokal der Landesmeister (1975/1976). Jahrelang war es eine seiner zentralen Aufgaben, für den Deutschen Fußball-Bund Talente zu sichten. Eines Tages meldete Cramer dem damaligen Bundestrainer Sepp Herberger: »Jetzt hab ich einen gesehen, der hat mehr als der Fritz«. (Er meinte Fritz Walter, den Weltmeister von 1954). An diesem Tag war ihm schon nach wenigen Minuten ein Übertalent aufgefallen: der junge Franz Beckenbauer.

Wie ein erfolgreicher Fußballtrainer Talente erkennt

Talente zu erkennen ist für Dettmar Cramer ganz einfach. Er lässt einfach nur spielen. Jedes Spiel erleben Spieler in gewisser Weise als Stresssituation. Tatsache ist, dass sich unter Stress besonders deutlich offenbart, was eine Person zu leisten im Stande ist – und was nicht. Der erfahrene Dettmar Cramer beobachtet nur und filtert sofort aussagekräftige Informationen heraus. Erstens: Wie harmonisch, wie koordiniert ist der Spieler allein mit dem Ball? Zweitens: Wie clever verhält sich der Spieler gegen einen sich wehrenden Gegner? Drittens: Welches Geschick entwickelt der Spieler, wenn er dem Gegner den Ball abjagen soll? Viertens: Was macht der Spieler, um seinen Mitspielern zu helfen?

> Das Spiel ist mein Lehrmeister, es zeigt Stärken und Schwächen.
>
> *Dettmar Cramer, Fußballlehrer*

Diese verschiedenen Spielsituationen reichen aus, um einem erfahrenen Trainer hinreichend Aufschluss über ein Fußballtalent zu geben.

Die Stärke »Problemlösungssouveränität«

Unsere Talente sind tief in uns verankert. Kein Wunder, dass sie besonders in extremen Situationen zu Tage treten. Vor allem die amerikanische Weltraumbehörde *NASA* konnte auf diesem Gebiet wichtige Erfahrungen sammeln. Zwar unterlagen alle Kandidaten, die Astronaut werden wollten, einem rigorosen Auswahlverfahren. Alle schienen bestens vorbereitet für den Job. Doch sobald es zu technischen, also meist lebensgefährlichen Pannen kam, zeigten sich in ihrer Spontanreaktion auffällige Unterschiede. Das, was mit einem Fachbegriff »Problemlösungssouveränität« heißt, entlarvt auf besonders deutliche Weise individuelle Schwächen und Stärken.

Stellen Sie sich einmal vor ...

Sie werden Zeuge eines Autounfalls. Vor Ihnen hat es gerade fürchterlich gekracht. Der Unfall sieht böse aus: Ein Auto ist offenbar ins Schleudern gekommen, hat einen Baum erwischt, und jetzt sehen Sie den Trümmerhaufen im Straßengraben liegen. Noch können Sie nichts Genaues erkennen. Was ist mit den Insassen? Gibt es Verletzte? Wie schwer sind sie verletzt?

Was also werden Sie tun? Sie spüren den Stress körperlich. Bewahren Sie ruhig Blut? Ergreifen Sie dieInitiative? Übernehmen Sie Führungsverantwortung? Steigen Sie aus, um zu helfen? Rufen Sie erst einmal die Polizei und den Krankenwagen? Oder warten Sie einfach nur ab, vielleicht kommt ja gleich von anderer Seite Hilfe? Fahren Sie eventuell sogar weiter, weil Sie Angst haben, Fehler zu machen?

Oder stellen Sie sich vor, Sie bleiben im Aufzug stecken. Oder Sie erfahren kurzfristig, dass Ihr Kollege, der den Workshop leiten sollte, krank ist. Rufen Sie voller Sorge und Mitgefühl bei ihm an oder organisieren Sie um?

Fragen Sie sich also:

- Wie verhalte ich mich in Konflikten und bei Stress? Gibt es da ein Verhaltensmuster?
- Welche Stärken sind in diesem Verhaltensmuster zu erkennen?

Welche Talente und Stärken entdecken andere in mir?

Der Versuch, sich selbst zu analysieren, ist wichtig. Aber das allein reicht noch nicht. Um sich ein besseres Bild zu machen, ist es auch wichtig zu wissen: Was halten andere Menschen von mir? Was fällt ihnen besonders auf?

Sie werden überrascht sein, wie anders Sie mitunter von anderen gesehen werden. Denn die meisten Menschen neigen zur Schönfärberei. Das heißt: Selbsteinschätzung und Fremdeinschätzung klaffen häufig auseinander, manchmal sogar sehr weit.

Wie sehen mich andere?

Machen Sie einen mutigen Schritt: Sprechen Sie gute Bekannte und Kollegen an. Laden Sie nacheinander drei Freunde ein und bitten Sie jeweils um ehrliches Feedback. Das Gespräch sollte in entspannter Atmosphäre (zu Hause, im Lieblingsrestaurant) anberaumt werden. Finden Sie heraus, wie Sie auf andere wirken. Fragen Sie Ihre Gesprächspartner:

- Was ist deiner Meinung nach meine größte Stärke?
- Gibt es noch andere Stärken, die bemerkenswert sind?
- Was ist meine größte Schwäche?
- Worin besteht deiner Meinung nach mein besonderes Talent?
- In welcher Situation bringe ich meine Fähigkeiten, meine Stärken, mein Talent am besten zum Ausdruck?
- Wann erscheine ich dir am glücklichsten?
- Wann wirke ich begeistert?
- Gibt es irgendetwas, was du an mir besonders schätzt?

Um ein noch besseres und anschaulicheres Resultat zu bekommen, fragen Sie außerdem auch zwei, drei Arbeitskollegen:

- In was bin ich am besten?
- Wann mache ich den Eindruck, dass ich mit mir im Einklang bin?

- Zu welchem Thema würdest du mich freiwillig aufsuchen, weil ich darin offenbar etwas drauf habe?

Noch einmal: Bei so einem Gespräch sollen nicht Schmeicheleien, sondern ein kritisches Feedback und die neutrale Einschätzung im Vordergrund stehen. Sie wollen schließlich auf einem anderen Kanal erfahren, welche besonderen Fähigkeiten Ihnen zugeordnet werden.

Vergleichen Sie anschließend Ihre Liste der Talente und Stärken mit den Angaben der anderen. Was stimmt überein, wo gibt es eklatante Abweichungen? Stellen Sie fest, ob Sie womöglich Ihre Talente unterschätzt haben.

Der Stärken-Test 3+7

Erkenne dich selbst! Wer mehr über sich weiß, ist im Vorteil: Er oder sie über- oder unterschätzt sich seltener, kann Risiken besser einschätzen, bessere Zukunftsprognosen in Bezug auf die individuelle Leistung abgeben, sich selbstbewusster präsentieren und optimal entfalten. Der Psychologe Charles Jackson schreibt in seinem Buch »*Testen und getestet werden*«: »Warum sollte sich jemand für Unterschiede zwischen einzelnen Menschen interessieren? Ganz einfach: Weil diese Unterschiede direkte und praktische Konsequenzen für jeden von uns haben.«

Die Qualität eines Tests

Gerade in den letzten Jahren, auch unterstützt durch Erkenntnisse der Genetik, erleben Testverfahren einen wahren Boom. Der Nutzen guter Tests ist dabei unbestreitbar, zum Beispiel bei der Förderung von Kindern, der Berufs- und Studienwahl, der Personalauswahl, beruflicher Neuorientierung oder der Psychodiagnostik.

Gerade in einer Zeit, in der viele neue Testverfahren angeboten werden, ist es wichtig, auf Qualität zu achten. Seriöse Testverfahren müssen bestimmte Gütekriterien erfüllen.

Die wichtigsten Gütekriterien:

Gütekriterium	Testverfahren	Beispiel: Uhr
Objektivität	Testleiter/in und Testort haben keinen Einfluss auf das Testergebnis	Es spielt keine Rolle, wo die Zeit gemessen wird und wer misst.
Reliabilität/ Zuverlässigkeit	Tests mit Vergleichsgruppen und mit derselben Gruppe nach gewisser Zeit ergeben ähnliche Testergebnisse.	Die Uhr misst die Zeit, z.B. im Vergleich mit einer Atomuhr, auf Sekunden genau.
Validität/ Gültigkeit	Der Test misst, was er vorgibt zu messen, z.B. logisches Denken, Verantwortungsbewusstsein oder Flexibilität.	Die Uhr misst die Zeit (und nicht Masse oder Temperatur).

Auch die Normierung eines Tests ist wichtig, denn nur der Vergleich mit einer repräsentativen Gruppe erlaubt eine Aussage darüber, ob zum Beispiel eine Stärke wirklich hoch ist oder nur so empfunden wird.

Wer etwas messen will, braucht einen Bezugspunkt. Wenn Sie in einem Test eine bestimmte Punktzahl erreichen, können Sie dieses Ergebnis erst einordnen, wenn Sie die Ergebnisse einer sehr großen Gruppe kennen, der Sie angehören. Das kann zum Beispiel die Altersgruppe, die Berufsgruppe oder der ganze Kulturkreis sein.

Die Fremdwahrnehmung in kleinen Gruppen schwankt in der Regel. So werden wir in den meisten Fällen vom Ehepartner anders gesehen als von Kollegen, von Vereinsmitgliedern anders als von engen Freunden. Welche Beurteilung ist also die richtige? Außerdem verfolgen Interessengruppen oft auch eigene Ziele bei der Beurteilung – was das Ergebnis zusätzlich verfälschen kann.

Deshalb ist ein großer, unabhängiger Vergleich – das heißt: ein guter Test – sehr nützlich. Er kann wichtige Orientierung geben.

Eine kurze Geschichte der Psychodiagnostik

Im 18. und 19. Jahrhundert glaubten manche Wissenschaftler, die sogenannten Phrenologen, schon aus kleinen Abweichungen der Kopfform Persönlichkeitsmerkmale herauslesen zu können. Es gibt aus dieser Zeit Abbildungen, da tragen Menschen eine Art Drahthelm auf dem Kopf mit einer Vielzahl von Schrauben. Diese allzu wörtlich genommene »Psychometrie« (Messung des Geistes) lieferte keine brauchbaren Ergebnisse, sie hat in der heutigen Forschung keinen Platz mehr.

Das Bedürfnis, psychische Störungen, Verhaltensmuster, Persönlichkeitsmerkmale, spezielle Eignungen, besondere Fähigkeiten oder Intelligenz zu erfassen, ist jedoch geblieben. Die Wissenschaft, die sich mit der Analyse und Beschreibung individueller Unterschiede beim Menschen befasst, nennt sich deshalb auch »Differenzielle Psychologie«. Sie ist etwa 150 Jahre alt, im Vergleich zu anderen Wissenschaften (zum Beispiel Philosophie oder Mathematik) also noch recht jung.

In den letzten Jahrzehnten wurde hier vieles erforscht, entdeckt, beschrieben und entwickelt. Immer mehr wird klar, dass es dabei um nicht weniger als die Suche des Menschen nach sich selbst geht, und gerade diese »Selbsterkenntnis« gewinnt zunehmend an Bedeutung.

Die frühen Versuche

Erste dokumentierte Versuche, Intelligenz und andere Persönlichkeitsmerkmale zu messen, unternahm der Naturforscher Sir Francis Galton. Seine Methoden wirken aus heutiger Sicht unbeholfen, teilweise absurd, aber es waren schließlich allererste Gehversuche.

Er testete Intelligenz zum Beispiel, indem er mit einer Pfeife die größte Tonhöhe herausfand, die jemand noch hören konnte. Je höher man hörte, desto intelligenter war man. In einem anderen Test ließ er Teilnehmer bestimmen, ob gleich aussehende Schachteln mit Gewehrpatronen oder Watte schwerer waren, oder er testete die Empfindsamkeit für Rosenduft.

Als der New Yorker Psychologe James McKeen Cattell 1890 prüfte, wie solche Testergebnisse zum Beispiel mit Schulnoten und anderen

Leistungen in Verbindung stehen, konnte wie zu erwarten kein Zusammenhang nachgewiesen werden.

1905 entwickelte der Franzose Alfred Binet und sein Kollege Theodore Simon den ersten Intelligenztest. Im Auftrag des französischen Kultusministeriums versuchten sie, die geistigen Fähigkeiten bei Kindern so zu erfassen, dass eine Vorhersage über den Schulerfolg möglich war. Binet und Simon testeten Wortschatz, Sprachverständnis und das Erkennen von Zusammenhängen. Beispiel: Was haben eine Orange, eine Birne und ein Apfel gemeinsam? Dieser Test war damals so erfolgreich, dass eine Weiterentwicklung davon noch heute, vor allem in den USA, unter dem Namen *Stanford/Binet-Test* angewendet wird. 1911 prägte der deutsche Wissenschaftler William Stern den allseits bekannten Begriff des Intelligenzquotienten, kurz IQ. War das durch Tests ermittelte Intelligenzalter höher als das biologische Alter, so lag der IQ über dem Durchschnitt (über 100), und umgekehrt. Intelligenz wurde als Akzeleration (»seiner Zeit voraus sein«) oder Retardierung (»zurückgeblieben sein«) ausgedrückt.

> Der IQ-Formel nach Stern:
>
> $$\frac{\text{Intelligenzalter} \times 100}{\text{Lebensalter}} = \text{IQ}$$

Die Erweiterung des Spektrums

David Wechsler führte 1939 die nach ihm benannte *Wechsler-Skala* ein. Es ist das an der Gauß'schen Normalverteilung orientierte Intelligenz- und Verteilungsmodell, das wir heute größtenteils verwenden. Von einem Durchschnittswert 100 bewegt sich die Verteilung nach links (geringerer Wert) und nach rechts (höherer Wert), und zwar in so genannten Standardabweichungen.

Diese Darstellung ist deswegen interessant, weil sie genau zeigt, wo Sie stehen, egal, ob nun logisches Denken, Teamfähigkeit oder Mobilität getestet wird. Sie sehen im Diagramm nicht nur Ihr Testergebnis als absoluten Wert, sondern auch, wie viel Prozent aller Personen niedrigere oder höhere Werte erzielt haben. Der wohl bekannteste in

Deutschland verwendete Einzel-IQ-Test, der auf dieser Skala basiert, ist der *Hamburg/Wechsler-Intelligenztest*, kurz *HAWIE*.

Im Laufe der folgenden Jahre und Jahrzehnte kristallisierten sich einige klassische Bereiche heraus, die mit Intelligenztests ermittelt werden. Dazu gehören: logisches Denken, sprachliche Fähigkeiten, räumliches Vorstellungsvermögen und teilweise praktisches Geschick.

Das Spektrum der getesteten Leistungs- und Persönlichkeitsmerkmale wurde ständig erweitert. Neuere Ansätze von Robert J. Sternberg und Howard Gardner fordern, noch mehr unabhängige »Intelligenzen« zu berücksichtigen, zum Beispiel Musikalität, Kreativität, kinästhetische, emotionale und sogar spirituelle Fähigkeiten.

Warum »Stärken-Test 3+7«?

Der *Stärken-Test 3+7*, den das Münchner Institut für Begabungsanalyse *youngworld* entwickelt hat, basiert auf zwei Annahmen:

Erstens: Menschen lassen sich nicht graduell auf einer einzigen Skala von »talentiert« bis »nicht talentiert« darstellen, sondern verfügen über unterschiedliche, unabhängige Begabungen. Leistungen in einem Begabungsbereich lassen nicht automatisch Schlüsse auf andere Bereiche zu. Theoretische Grundlagen dafür liefern unter anderem Forschungsergebnisse der Psychologen Robert J. Sternberg und Howard Gardner.

Zweitens: Jeder Mensch verfügt über weitgehend stabile Persönlichkeitsmerkmale, die ihn einmalig und unverwechselbar machen. Diese typischen, stabilen Merkmale geben Aufschluss darüber, wie Sie Ihren Lebenswandel nach Ihrer individuellen Persönlichkeitsstruktur gestalten können. Theoretische Grundlagen dafür liefern die Erkenntnisse der psychologischen Persönlichkeitsforschung.

Warum Leistung und Persönlichkeit zählen

Unser *Stärken-Test 3+7* erfüllt alle Gütekritierien und verfolgt einen so genannten ressourcenorientierten Ansatz. Der Schwerpunkt liegt also auf den Stärken, dem Potenzial, und weniger auf Defiziten.

Wir haben uns im *Stärken-Test 3+7* für drei Leistungsbereiche und sieben Persönlichkeitsbereiche entschieden.

- Bei den Leistungstests müssen Aufgaben gelöst werden und es geht darum, Ihre Maximalleistung zu ermitteln, also: Wo stehen Sie mit Ihrer Leistung im Vergleich mit anderen?
- Bei den Persönlichkeitsfaktoren geht es dagegen um Ihr typisches Verhalten und Ihre typischen Eigenschaften, also: Was zeichnet Sie als Persönlichkeit aus?

Beide, Leistungs- und Persönlichkeitsfaktoren, ergänzen sich und tragen in Kombination zu einer besonders guten Selbsteinschätzung bei. Es geht um die unverwechselbaren Merkmale, die Sie von anderen unterscheidbar und erkennbar machen. Sie drücken Ihre Individualität und Einmaligkeit aus.

Wir haben sehr darauf geachtet, Persönlichkeitsbereiche auszuwählen, die wissenschaftlich definiert und stabil sind und nicht – wie etwa Stimmungen – oft wechseln. Ein standardisierter Test wie der *Stärken-Test 3+7* ist ein umfangreiches Hilfsmittel zur Selbsterkenntnis. Solche Tests bedürfen zwar einer relativ aufwändigen Entwicklung, sind aber oft in der Anwendung ökonomischer, genauer und effizienter als subjektive diagnostische Methoden.

Der Stärken-Test 3+7

wurde in Zusammenarbeit mit der Universität Augsburg,Fachbereich Pädagogik, entwickelt und validiert.

Die Aussagekraft eines Stärken-Tests

Im *Stärken-Test 3+7* wurden drei offensichtliche Talente nicht berücksichtigt. Warum erfassen wir Logik, Sprache und Kreativität, aber nicht praktische Begabung oder Musikalität? Warum Sportlichkeit, aber nicht Sporttalent? Wir sind der Meinung, dass Feinmotorik, Musikalität oder Sporttalent bei einem Großteil der Leser entweder bereits positiv in Erscheinung getreten sind und beruflich oder privat ausgelebt werden, oder aufgrund ihrer geringen Ausprägung nicht aufgefallen sind.

Bei einem 35-jährigen Mann zum Beispiel würden wir bezüglich der Sportlichkeit, Musikalität oder praktischen Begabung keine wirklich neuen, für das Berufsleben relevanten Erkenntnisse gewinnen. Er wird kein Pianist mehr und auch kein Hochleistungssportler, wenn er es nicht schon vorher war. In anderen Bereichen wie dem logischen Denken, der Kreativität oder der sprachlichen Fähigkeit macht es durchaus Sinn, Erkenntnisse zu gewinnen, um sie dann im Berufsleben zu berücksichtigen. Dort können sie tatsächlich Konsequenzen nach sich ziehen, die sich auf die eigene Persönlichkeit auswirken.

Wir wollen und können Ihnen mit dem *Stärken-Test 3+7* kein perfektes Persönlichkeitsprofil liefern. Aber wir wollen und können Ihnen Hinweise zum Erkennen und zur Verbesserung Ihrer Stärken geben.

Der Stärken-Test 3+7

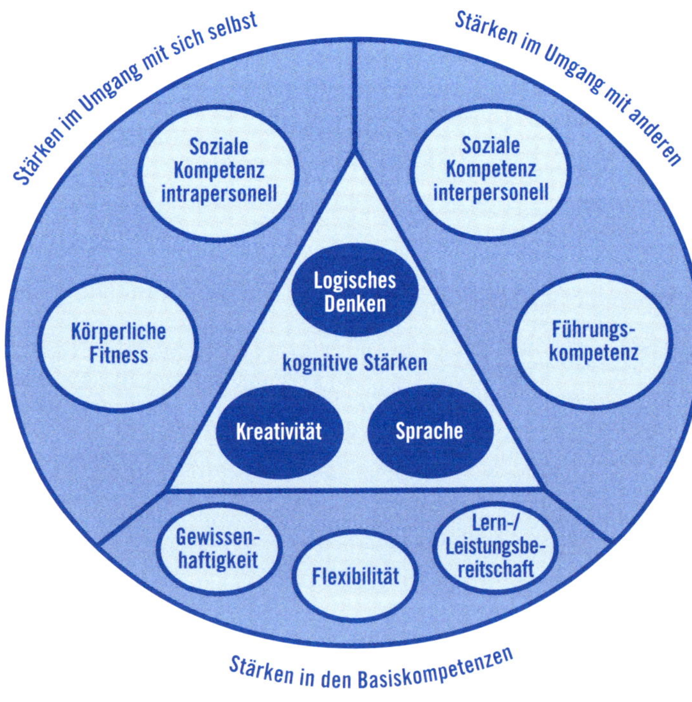

Worauf es beim Stärken-Test 3+7 ankommt

Der Leistungstest

Ihre kognitiven Stärken

1 Sprache

2 Logik

3 Kreativität

Der Persönlichkeitstest

Ihre Stärken im Umgang mit anderen

1 **Interpersonelle soziale Kompetenz**

Teamfähigkeit, Kontaktfreudigkeit, Verträglichkeit

2 **Führungsverantwortung**

Verantwortungsbewusstsein, Selbständigkeit, Initiative, Durchsetzungsvermögen

Ihre Stärken im Umgang mit sich selbst

3 **Intrapersonelle soziale Kompetenz**

Gelassenheit, Frustrationstoleranz, Konfliktfähigkeit

4 **Körperliche Fitness**

Gesundheitsbewusstsein, Sportlichkeit, körperliche Belastbarkeit

Ihre Stärken in den Basiskompetenzen

5 **Flexibilität**

Flexibilität, Mobilität

6 **Lern- und Leistungsbereitschaft**

Lernbereitschaft, Leistungsbereitschaft, Offenheit für Erfahrungen

7 **Gewissenhaftigkeit**

Gewissenhaftigkeit, Beharrlichkeit

Wie Sie diesen Stärken-Test 3+7 mit Gewinn nutzen

Der Stärken-Test 3+7

Bei diesem Test kann, anders als in Begleitung eines Testleiters, nicht überprüft werden, ob Sie sich an die Testanweisungen halten. Sie können also die Ergebnisse jederzeit manipulieren. Wir weisen aber darauf hin, dass mit jeder Manipulation das »wahre« Testergebnis verfälscht wird und am Ende nur einer/eine betrogen ist: Sie selbst. Den besten Nutzen ziehen Sie aus dem Test, wenn Sie sich exakt an die Anweisungen halten. Also: Machen Sie sich nichts vor, dann erhalten Sie in den getesteten Bereichen eine solide Rückmeldung, die Sie beruflich und privat nutzen können.

Wie der Test aufgebaut ist

Der Weg zu Ihrem Stärkenprofil ist gar nicht so schwer. Für unseren *Stärken-Test 3+7* benötigen Sie rund eineinhalb Stunden Zeit. In sechs Schritten sind Sie am Ziel.

- Schritt 1: Der Leistungstest (ab Seite 88)
- Schritt 2: Der Persönlichkeitstest (ab Seite 100)
- Schritt 3: Die Punkte für den Leistungstest ermitteln (Seite 108)
- Schritt 4: Die Auswertung des Persönlichkeitstests (Seite 111)
- Schritt 5: Ihre Ergebnisse mit Hilfe der (Norm-)Tabelle ermitteln (ab Seite 113)
- Schritt 6: Ihr persönliches Profil erstellen (ab Seite 116)

Was Sie zum Leistungstest wissen sollten

Es gibt drei Begabungsbereiche mit je fünf Aufgabenarten. In jeder Aufgabenart gibt es vier Aufgaben mit ansteigendem Schwierigkeitsgrad, sodass jeweils 4 Punkte erreicht werden können. Höchstpunktzahl pro Begabungsbereich, zum Beispiel Kreativität, ist also 20.

Pro Begabungsbereich werden etwa 15 bis 20 Minuten benötigt.

Es ist sehr wichtig, dass die angegebenen Zeiten der einzelnen Aufgaben, zum Beispiel 30 Sekunden, nicht überschritten werden, sonst ist der ganze Test nur ein Zeitvertreib ohne wirkliche Aussage.

Zwischen den Aufgaben können Pausen je nach Bedarf eingelegt werden. Selbstverständlich können Sie den Test aber auch am Stück machen. Sie sollten für die Durchführung ausgeruht und konzentriert sein.

Seien Sie bitte nicht enttäuscht, wenn Sie einige Aufgaben nicht vollständig beantworten können. Nur wenn Sie eine ganz besondere Stärke in diesem Begabungsbereich haben, können Sie auch wirklich jede Frage erfolgreich beantworten.

Was getestet wird – und was nicht

Sprache

Beim Sprachtest widmen wir uns in erster Linie dem so genannten »lebendigen Wortschatz«. Sie erfahren dadurch, wie viele Vokabeln Ihnen tatsächlich für den Gebrauch zur Verfügung stehen, und wie kreativ Sie den Wortschatz einsetzen.

Was bei diesem *Stärken-Test 3+7* nicht erfasst werden kann, ist zum Beispiel, wie ausgereift Ihre Rhetorik ist oder wie gut Sie bei einem Vortrag ankommen. Auch wird nicht getestet, wie gut Sie Inhalte vermitteln, überzeugen oder dichten können. Allerdings ist ein umfangreicher lebendiger Wortschatz die Grundlage für gute Vorträge, unterhaltsame Rhetorik und effektiven Unterricht.

Der lebendige Wortschatz ist ein elementarer Bestandteil der sprachlichen Fähigkeiten. Je größer Ihr Wortschatz, desto besser schreiben Sie Briefe und Bücher, desto besser können Sie sich bei einer Präsentation oder in einer Verhandlung ausdrücken und desto besser können Sie auch ein Produkt verkaufen. Deshalb ist es interessant und aufschlussreich, die eigene sprachliche Begabung zu kennen. Mit Hilfe dieses Sprachtests lassen sich Hinweise auf eine besondere sprachliche Begabung ablesen.

Logik

In diesem Leistungstest prüfen wir das Erkennen einfacher und komplexerer Gesetzmäßigkeiten, räumliche Logik in zeitlichen Dimensionen, Sprachlogik, also die Fähigkeit, logisches Denken in Sprache umzusetzen, und räumliches Denken. Logik wird so in verschiedenen Aspekten erfasst. Und seien Sie beruhigt: Wir testen dabei kein erlerntes mathematisches Wissen oder Fähigkeiten im Rechnen. Der Test liefert dafür eindeutige Hinweise auf Ihre Fähigkeiten im logischen Denken.

Kreativität

Wir testen Kreativität im *Stärken-Test 3+7* hauptsächlich über die Sprache. Hier lassen sich Ausprägungen der Kreativität wie Ideenflüssigkeit, Originalität und Erfindungsreichtum gut abbilden. Sie finden Übungen, in denen Sie viele Ideen produzieren, über das »Normale hinaus denken«, Worte erfinden und ergänzen sollen. Nicht erfasst wird in diesem Test Ihre zeichnerische und musikalische Kreativität. Das Ergebnis dieses Tests liefert jedoch gute Hinweise auf Ihre Kreativität im privaten und beruflichen Alltag.

Was Sie zum Persönlichkeitstest wissen sollten

Der Persönlichkeitstest besteht aus 160 Fragen. Das klingt nach viel Arbeit. Aber keine Bange, in einer knappen halben Stunde sind Sie durch. Und nur so können Sie sicher sein, dass Ihnen dieser Test auch wirklich brauchbare Aussagen liefert.

Bitte bearbeiten Sie alle Fragen und lassen Sie keine aus. Das ist wichtig für die Auswertung. Wenn Sie sich also bei einer Frage nicht ganz sicher sind, kreuzen Sie das an, was für Sie am ehesten zutrifft.

Und noch etwas: Seien Sie ehrlich und spontan. Die erste Anwort, die Ihnen in den Sinn kommt, ist meist die Beste.

Und nun viel Spaß und Erfolg!

Der Leistungstest: Sprache

1. Aufgabenart: Wortsalat

Anweisung: In den Buchstabenreihen unten verbergen sich sinnvolle, bekannte Wörter. Welche? Bitte tragen Sie das Wort daneben ein! Zur Vereinfachung sind die Anfangsbuchstaben jeweils unterstrichen.

Beispiel: A S U <u>M</u> – M A U S

Zeit: 3 Minuten

1. M E L U <u>B</u> ____________________
2. S T R E <u>H</u> B ____________________
3. U R E D E <u>F</u> ____________________
4. T O P <u>S</u> A N N ____________________

2. Aufgabenart: Großer Wortschatz

Anweisung: Ersetzen Sie die folgenden Wörter durch einen anderen Ausdruck gleicher Bedeutung, der jeweils nur aus sechs Buchstaben besteht.

Beispiel: Ausfuhr = Export

Zeit: 2 Minuten

1. DICHTUNG ____________________
2. BELASTUNG ____________________
3. BEGABUNG ____________________
4. SUMPF ____________________

3. Aufgabenart: Lebendiger Wortschatz

Anweisung: Fügen Sie bitte in die Mitte der unten aufgeführten Anfangs- und Endsilben die fehlenden Buchstaben (Anzahl der Unterstriche) ein, sodass sich jeweils 2 sinnvolle Wörter ergeben.

Beispiel: A R Z (N E I) G U N G – 2 getrennte Wörter, Arznei und Neigung, sind entstanden. Machen Sie es nun bitte genau so.

Zeit: 2 Minuten

1. MONO (_ _ _) KAPPE

2. SPE (_ _) DE

3. SYN (_ _ _ _ _) IK

4. FER (_ _ _ _) AL

4. Aufgabenart: Reime

Anweisung: Finden Sie zu den unten aufgeführten Wörtern je zwei Reime. Es zählen nur sinnvolle Reimwörter mit der gleichen Anzahl von Silben wie die Vorlage.

Beispiel: Firmament – Parlament – Sakrament

Zeit: 3 Minuten

1. GRUND ______________________

2. HERMETISCH ______________________

3. SYNTHESE ______________________

4. MARKIERUNG ______________________

5. Aufgabenart: Wortflüssigkeit

Anweisung: Finden Sie zu den unten angegebenen Endungen möglichst viele Wörter. Ab sieben Wörtern gibt es jeweils den Punkt.

Zeit: 4 Minuten

1. -ICHT: ______________________

____

____

2. -ADE: ______________________

____

____

3. -ANZ: ______________________

____

____

4. -ANT: ______________________

____

____

Der Leistungstest: Logik

1. Aufgabenart: Logische Reihen

Anweisung: Am Ende der unten aufgeführten Zahlenreihen fehlt jeweils die letzte Zahl. Welche ist es? Bitte tragen Sie die richtige Zahl ein!

Beispiel: 2 4 8 16 32 (Regel: immer verdoppeln)

Zeit: 2 Minuten

1. 4 2 10 8 _

2. 26 15 7 28 17 9 36 _

3. 23 47 95 _

4. 7 3 12 8 _

2. Aufgabenart: Zahlenlogik

Anweisung: Welches Zahlenkreuz muss auf die ersten drei folgen? Es gibt immer nur eine richtige Lösung. Achten Sie darauf, wie sich die Zahlen von Kreuz zu Kreuz verändern. Bitte ankreuzen!

Zeit: 4 Minuten

1.

1	2	2	4	3	6	?	?
3	4	6	8	9	12	?	?

4	7	1	4	8	2	4	8	3	5	10	4
11	16		16	23		12	16		15	20	

2.

3	1	6	2	9	3	?	?
2	1	4	4	8	7	?	?

18	5	1	12	6	2	36	9	3	12	4	4
16	11		10	9		12	11		16	10	

3.

2	7	5	9	8	11	?	?
3	4	5	7	7	10	?	?

11	22	1	11	13	2	15	15	3	10	13	4
11	21		9	13		15	15		11	15	

4.

3	2	6	6	12	18	?	?
136	189	68	63	34	21	?	?

18	36	1	15	108	2	24	54	3	18	24	4
22	9		7	3		17	7		34	9	

3. Aufgabenart: Logisches Verständnis

Anweisung: Sie finden unten einige äußerst umständliche Zeitangaben. Finden Sie heraus, welcher Tag gemeint ist, und kreuzen Sie die richtige Lösung an!

Beispiel: Zwei Tage vor vorgestern war Mittwoch. Welcher Tag ist heute? Lösung: Sonntag

Zeit: 4 Minuten

1. Vor sechs Tagen war zwei Tage vor Sonntag. Welcher Tag ist morgen?

- SAMSTAG
- DIENSTAG
- FREITAG
- MITTWOCH

2. Welcher Tag war vorgestern, wenn der Tag nach übermorgen zwei Tage vor Donnerstag liegt?

- SONNTAG
- DIENSTAG
- MITTWOCH
- DONNERSTAG

3. Morgen ist es vier Tage her, dass übermorgen Freitag war. Welcher Tag ist heute?

MONTAG   SAMSTAG   SONNTAG   DIENSTAG

4. Vor drei Tagen war vorgestern Samstag. Welcher Tag war gestern?

SAMSTAG   FREITAG   DIENSTAG   MITTWOCH

4. Aufgabenart: Sprachlogik

Anweisung: Welcher Begriff passt am wenigsten zu den anderen? Bitte einkreisen!

Beispiel: BIENE   FLIEGE   WESPE   HUMMEL

Zeit: 60 Sekunden

1. ÄRGER   WUT   TRAUER   ZORN

2. UNRUHIG   SCHNELL   NERVÖS   HEKTISCH

3. TANNE   FICHTE   LÄRCHE   KIEFER

4. SÜDAMERIKA   EUROPA   CHINA   AUSTRALIEN

5. Aufgabenart: Räumliches Denken

Anweisung: Suchen Sie aus den Figuren (unten) die heraus, die man durch Drehen ineinander überführen kann. Bei jeweils einer ist das nicht möglich. Bitte diese Figur ankreuzen!

Zeit: 60 Sekunden

1 2 3 4 5

1.

2.

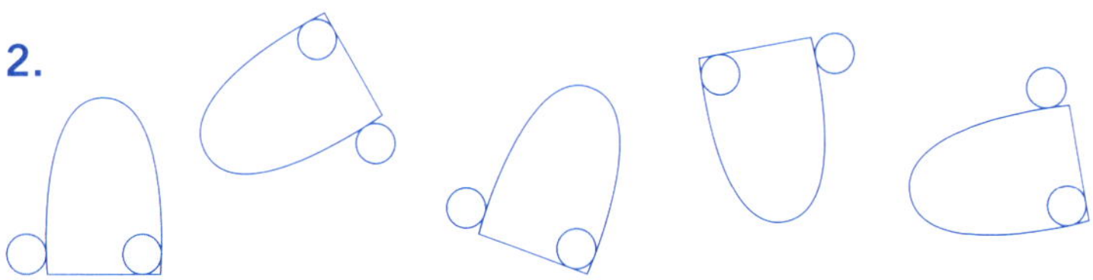

3.

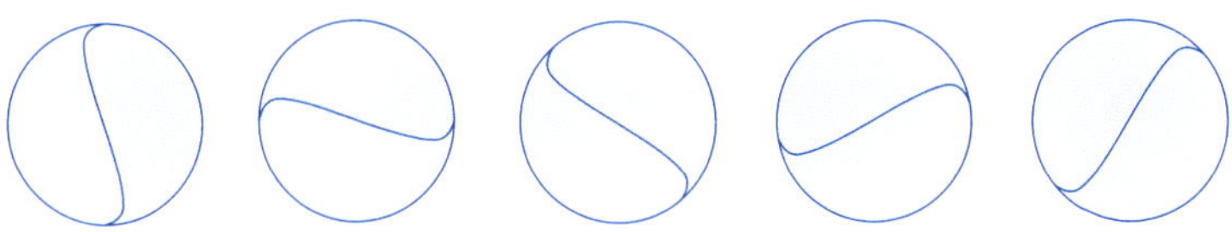

4.

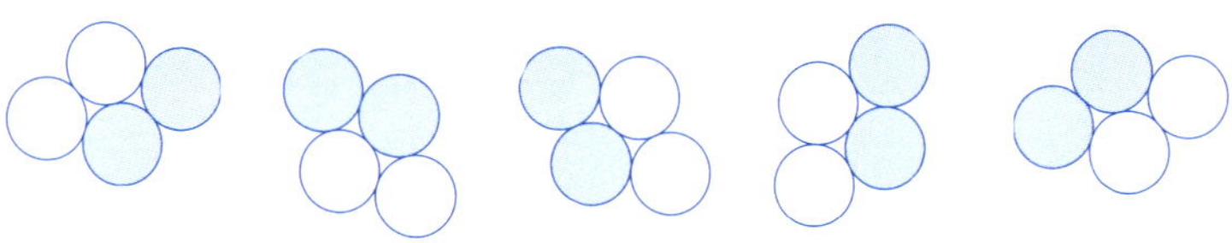

Der Leistungstest: Kreativität

1. Aufgabenart: Ideenflüssigkeit

Anweisung: Denken Sie sich Dinge aus, die in den Becher passen, und tragen Sie sie unten ein. Verdoppelungen zählen natürlich nur einmal. Einen Punkt gibt es für je 10 Ideen.

Zeit: 3 Minuten

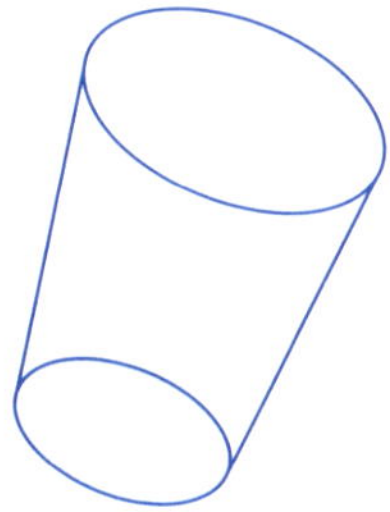

2. Aufgabenart: Ungewöhnliche Verwendungen

Anweisung: Sie finden nun unten Sätze, die Sie sinnvoll zu Ende führen sollen.

Beispiel: Ein Auto kann man auch dazu verwenden, um ...

... den Parkplatz trocken zu halten.

Machen Sie es nun genauso (oder besser)!

Zeit: 2 Minuten

1. **Ein Buch können Sie auch verwenden, um ...**

   ___

2. **Eine Flasche können Sie auch verwenden, um ...**

   ___

3. **Einen Fußball können Sie auch verwenden, um ...**

   ___

4. **Eine Tischplatte können Sie auch verwenden, um ...**

   ___

3. Aufgabenart: Sprachkreativität

Anweisung: In dem Topf rechts befinden sich verschiedene Buchstaben. Mit ihnen dürfen Sie nun das „R" unten in so viele Wörter wie möglich einbinden. Es spielt keine Rolle, ob das „R" dabei am Anfang, irgendwo in der Mitte oder am Ende steht. Einen Punkt gibt es für je 5 Ideen. Für ein Wort dürfen nur die im Topf befindlichen Buchstaben, so oft sie eben vorkommen, verwendet werden. Für das nächste Wort dürfen die Buchstaben dann aber erneut verwendet werden. Tragen Sie die gefundenen Wörter bitte unten ein!

Zeit: 4 Minuten

				R				

4. Aufgabenart: Namen ausdenken

Anweisung: Sie möchten eine Firma gründen, die neue, revolutionäre Putzmittel herstellt. Für Ihren Erfolg ist der Name des Produktes natürlich mit entscheidend. Wie viele zündende, aber sinnvolle Produktnamen fallen Ihnen ein? Einen Punkt gibt es für je 5 Ideen.

Zeit: 2 Minuten

5. Aufgabenart: Abkürzungen

Anweisung: Wer hat sich nicht schon mit unverständlichen Abkürzungen herumgeärgert. Machen Sie es doch einfach so: Denken Sie sich Ihre eigenen Bedeutungen aus. Bitte unten eintragen!

Zeit: 2 Minuten

1. AID

____

2. FPI

____

3. MBTI

____

4. MIKS

____

Ende des Leistungstests

Wichtig für das Ankreuzen beim Persönlichkeitstest:
Überlegen Sie bitte bei allen Aussagen, was für Sie am ehesten zutrifft. Lassen Sie bitte nichts aus.

1 = trifft überhaupt nicht zu
2 = trifft weniger zu
3 = trifft teilweise zu
4 = trifft weitgehenst zu
5 = trifft voll und ganz zu

Der Persönlichkeitstest: Ihr Umgang mit anderen

	1	2	3	4	5
○ Information ist das wichtigste Arbeitsmittel in einer Gruppe.					
⊙ Am liebsten finde ich selbst heraus, wie etwas funktioniert.					
○ Das Ziel jeder Auseinandersetzung im Team ist für mich der Konsens.					
◆ Die meisten Anregungen und Informationen bekomme ich aus persönlichen Gesprächen.					
■ Soziale Fürsorge ist nicht allein die Aufgabe des Staates.					
✶ In einer Leitungsposition werde ich auch unpopuläre Entscheidungen treffen.					
⊙ Eigenständig ein Unternehmen zu leiten wäre für mich erstrebenswert.					
○ Ein Team-Beschluss ist wichtiger als jede Einzelmeinung.					
✶ Eine mir übertragene Aufgabe nehme ich ernst.					
▌ Ich habe gute Ideen, die ich auch einbringe.					
▲ Es sind Menschen, die die Sachen voranbringen, nicht die Umstände.					
✶ Für den Erfolg meines Unternehmens ist meine persönliche Leistung wichtig.					
■ Gutes Betriebsklima ist mir sehr wichtig.					

	1	2	3	4	5
▌ Für mich gibt es keine ausweglosen Situationen.					
✶ Für meine Fehler stehe ich grade.					
◆ Ich arbeite lieber im Team als alleine.					
▲ Ich äußere meinen Standpunkt auch dann, wenn er von der Mehrheit nicht getragen wird.					
■ Ich respektiere auch gegensätzliche Meinungen.					
⊙ Ich nehme gerne Dinge in Angriff.					
✶ Ich halte mich an Versprechen.					
■ Ich bin hilfsbereit.					
◆ Ich bringe gerne Menschen zusammen, die sich zerstritten haben.					
▌ Ich entdecke schnell Verbesserungsmöglichkeiten.					
▲ Ich gebe nicht gerne klein bei.					
⊙ Ich weiß selbst, was gut für mich ist.					
◆ Ich halte mich für gesellig.					
▌ Ich melde mich zu Wort mit meinen Ideen.					
▲ Ich kämpfe für meine Überzeugungen.					
■ Ich muss nicht unbedingt Recht behalten.					
✶ Ich mache auf Missstände aufmerksam, selbst wenn sie mein Arbeitsgebiet nicht berühren.					
○ Im Team zu arbeiten ist mir wichtig.					
◆ Ich telefoniere gerne.					
○ Ich muss mich mit meiner Meinung nicht unbedingt durchsetzen.					
⊙ Ich weiß, wie ich Probleme angehen kann.					
▌ Ich organisiere gerne.					
■ Ich nehme Rücksicht auf ältere Menschen.					
▲ Ich betreibe Sportarten wettbewerbsorientiert.					
⊙ Wichtige Entscheidungen treffe ich allein.					
○ In einem Team ist jeder gleichberechtigt.					

	1	2	3	4	5
★ Ich traue mir zu, die Verantwortung für ein Projekt zu übernehmen.					
◆ Ich bin gerne unter Leuten.					
▌ Ich mache den ersten Schritt.					
■ Ich bin ein geduldiger Zuhörer.					
⊙ In neuen Situationen finde ich mich schnell zurecht.					
▌ Im Spiel und Sport zeige ich Initiative.					
▲ Wenn ich von der Sache überzeugt bin, ist mir fast jedes Mittel recht.					
★ Mein persönliches Handeln hat Auswirkungen auf die Lebensbedingungen zukünftiger Generationen.					
◆ Meine Freizeit verbringe ich gerne mit Menschen.					
▌ In der zweiten Reihe zu stehen ist nicht meine Sache.					
⊙ Mir übertragene Aufgaben erledige ich am liebsten alleine.					
▲ Sich durchsetzen zu können ist für mich auch eine sportliche Qualität.					
■ Ich sorge für den Zusammenhalt in der Gruppe.					
○ Durch den Austausch kommt man auf gute Ideen.					
◆ Ein persönliches Gespräch ist mir lieber als ein Brief.					
▲ Ich kämpfe auch auf verlorenem Posten.					
○ Es muss nicht jeder alles können.					

Der Persönlichkeitstest: Ihr Umgang mit sich selbst

		1	2	3	4	5
●	Menschen haben bei mir auch mal eine zweite Chance.					
D	Bei der Suche nach Konfliktlösungen zeige ich Geduld und Ausdauer.					
▼	Bei ersten Krankheitsanzeichen gehe ich zum Arzt.					
△	Bei Schwierigkeiten halte ich durch.					
●	Auch in kritischen Situationen bleibe ich ruhig.					
💧	Es gibt Sportarten, die ich besonders gut beherrsche.					
❖	Ich achte auf ausreichend Vitamine und Spurenelemente in der Nahrung.					
D	Es gelingt mir, Konflikte aus der Sicht aller Beteiligten zu sehen.					
△	Fehler zu machen gehört für mich zu jeder Aufgabe dazu.					
●	Aus der Ruhe schöpfe ich meine Kraft.					
❖	Ich achte auf gesunde Ernährung.					
💧	Ich betreibe unterschiedliche Sportarten aktiv, z.B. Joggen, Schwimmen, Radfahren usw.					
▼	Ich habe häufig Verspannungen.					
●	Ich bin in meinem Leben eher gelassen.					
❖	Ich achte auf mein Körpergewicht.					
D	Ich fliehe nicht vor Auseinandersetzungen.					
▼	Ich habe Gesundheitssorgen.					
△	Ich kann einiges an Frust aushalten.					
💧	Ich nutze Sport, um Stress abzubauen.					
●	Ich denke, vieles kann man nicht erzwingen.					
❖	Ich nutze Angebote der medizinischen Prävention.					
▼	Während einer körperlichen Arbeit muss ich viele Pausen einlegen.					

	1	2	3	4	5
△ Mich wirft nichts so leicht aus der Bahn.					
D Ich helfe den anderen auch im Konflikt, ihr Gesicht zu wahren.					
▼ Ich habe körperliche Beschwerden.					
❖ Ich informiere mich über Krankheitsrisiken.					
💧 Im Sport teste ich gerne meine Leistungsfähigkeit.					
△ Ich kann Kritik gut vertragen.					
D Ich meine, viele Konfliktursachen liegen im Verborgenen.					
● Ich meine, viele Ängste in der Gesellschaft sind übertrieben.					
❖ Ich verzichte auf Alkohol.					
💧 Nicht nur im Sport nutze ich Gelegenheiten, um fit zu bleiben, z.B. Treppensteigen statt Rolltreppe, Radfahren, Spaziergänge usw.					
△ Ich lasse mich ungern von meinen Zielen ablenken.					
D Ich spreche in Konfliktsituationen auch von meinen Gefühlen.					
💧 Ich lese Literatur/Zeitschriften zu Sport und Fitness.					
❖ Ich mache Gesundheits-Checks.					
▼ Ich werde schnell müde.					
● Meiner Zukunft sehe ich gelassen entgegen.					
△ Niederlagen sind für mich der Anlass, mich mehr anzustrengen.					
💧 Ich treibe regelmäßig Sport.					
▼ Viel zu stehen finde ich anstrengend.					
D In Konflikten lasse ich andere zu Wort kommen.					
❖ Ich setze konsequent mein Gesundheitswissen um.					
💧 Ich versuche mich sportlich zu verbessern.					
△ Ich ziehe meine Sachen auch gegen Widerstände durch.					
▼ Man sollte körperliche Belastungen vermeiden.					

	1	2	3	4	5
D Konflikte enthalten Energien, die man positiv nutzen kann.					
● Sich Sorgen zu machen überlasse ich lieber den anderen.					

Der Persönlichkeitstest: Ihre Basiskompetenzen

	1	2	3	4	5
▽ Wenn jemand aus meinem Tätigkeitsfeld krank wird, springe ich gerne ein.					
◇ Am liebsten würde ich bei einem internationalen Konzern arbeiten.					
▯ Auch andere Fachgebiete interessieren mich.					
◗ Bei Problemen jeder Art suche ich nach Lösungen.					
💧 Ein gutes Arbeitsergebnis ist mir persönlich sehr wichtig.					
▽ Es gibt für mich stets mehrere Wege zum Ziel.					
◎ Es ist mir wichtig, als zuverlässig zu gelten.					
□ Ich bin sehr wissbegierig.					
▯ Bei meiner Tätigkeit möchte ich möglichst viel Abwechslung.					
▽ Arbeit in zeitlich befristeten Projektgruppen finde ich interessant.					
◗ Dingen, die mich interessieren, gehe ich gerne auf den Grund.					
◇ Es macht mir nichts aus, in eine andere Stadt umzuziehen.					
💧 Für den Erfolg sind nicht die Umstände wichtig, sondern die innere Einstellung.					
▯ Ich arbeite mich gerne in ein neues Fachgebiet ein.					
▽ Für wichtige Projekte bin ich bereit, kurzfristig meinen Urlaub zu verschieben.					
□ Ich bin ein vielseitig interessierter Mensch.					
◗ Ich frage nach, bis ich die Antworten erhalte, die ich brauche.					

	1	2	3	4	5
💧 Ich bin dann besonders leistungsfähig, wenn ich eine Aufgabe eigenverantwortlich erledigen kann.					
◎ Ich gehe bei Arbeiten sehr systematisch vor.					
□ Mich interessieren Meinungen und Ansichten anderer Menschen.					
▯ Für eine fachliche Weiterbildung bin ich bereit, auf meine Freizeit zu verzichten.					
◇ Für einen interessanten Job würde ich meinen Wohnort wechseln.					
◗ Ich gebe nicht eher auf, bis ich eine Lösung gefunden habe.					
□ Ich besuche Kulturveranstaltungen und Lesungen.					
◎ Ich gehe mit fremden Sachen gewissenhaft um.					
▯ Ich gehe gerne Sachen nach, wenn ich etwas genau wissen möchte.					
▽ Ich halte mich für flexibel.					
□ Ich interessiere mich für Vorgänge in der Natur.					
💧 Ich kann konzentriert und effektiv arbeiten.					
◎ Ich halte mich an das, was ich versprochen habe.					
◇ Ich kann Menschen verstehen, die nie lange am selben Ort leben wollen.					
💧 Ich kann mir meinen Alltag ohne Arbeit nicht vorstellen.					
◗ Ich lasse mich durch Rückschläge nicht entmutigen.					
◎ Ich kontrolliere nach, damit sich bei der Arbeit keine Fehler einschleichen.					
▯ Ich lese Fachzeitschriften und bilde mich laufend fort.					
□ Ich lese viel und gerne.					
◇ Ich suche mir Aufgaben, bei denen ich häufig unterwegs bin.					
▽ Neuerungen am Arbeitsplatz nehme ich gerne auf.					

	1	2	3	4	5
◎ Ich setze mir Ziele und arbeite systematisch auf sie zu.					
□ Ich unterhalte mich gerne mit anderen Menschen.					
◗ Ich verfolge meine Ideen auch dann, wenn der Erfolg auf sich warten lässt.					
◇ Man sollte dorthin ziehen, wo es Arbeit gibt.					
💧 Mein eigener Leistungsanspruch motiviert mich am meisten.					
◎ Mit Arbeitsaufträgen gehe ich sehr gewissenhaft um.					
▯ Ich möchte intellektuell gefordert werden.					
▽ Unerwartete Herausforderungen beleben den Arbeitsalltag.					
◇ Neue Erfahrungen im Beruf sind mir wichtiger als eine vertraute Umgebung.					
💧 Mit dem Erreichten gebe ich mich nicht lange zufrieden.					
◗ Um erfolgreich zu sein, braucht man in erster Linie Durchhaltevermögen.					
▯ Mich interessieren Menschen, die viel wissen und können.					
□ Ich probiere gerne neue Speisen aus.					
◇ Wenn die Aufgabe es erfordert, gehe ich auch ins Ausland.					
◗ Wenn ich an eine Idee glaube, setze ich mich dafür auch ein.					
◎ Wenn ich eine Sache nicht erledigt habe, geht sie mir nicht aus dem Kopf.					
💧 Wenn ich mir ein Ziel gesetzt habe, können mich Rückschläge nicht aufhalten.					
▽ Wenn nötig, würde ich jedes Mitglied meiner Arbeitsgruppe ersetzen können.					

Ende des Persönlichkeitstests

Die Auswertung des Leistungstests

Sie haben jetzt alle Tests absolviert und sind sicher gespannt auf das Ergebnis. Um genau zu wissen, wie Sie in den einzelnen Begabungsfeldern abgeschnitten haben und wie Ihr Leistungsprofil aussieht, sind lediglich drei Schritte zu absolvieren.

Schritt 1: Ermitteln Sie Ihre Punktzahl

Für jede richtig gelöste Aufgabe erhalten Sie einen Punkt. Auf den folgenden beiden Seiten finden Sie die Lösungen, die Sie mit Ihren Ergebnissen vergleichen. Stimmen diese überein, dürfen Sie sich einen Punkt gutschreiben. Tragen Sie Ihre Punkte direkt in die Lösungstabelle ein. Sie finden dazu für jede Aufgabe einen Kreis, in den Sie eine 1 oder einen Strich eintragen.

Bei den Lösungen zur Sprache finden Sie bei den Aufgaben »Reime« und »Wortflüssigkeit« einige Lösungsvorschläge. Aber Sie erhalten natürlich für alle richtigen Lösungen Punkte.

Schritt 2: Punkte addieren

Nachdem Sie nun alle Punkte für Sprache, Logik und Kreativität ermittelt haben, tragen Sie die Summe für jedes Begabungsfeld am Ende der Tabelle (großer Kreis) ein. Die Summenwerte liegen immer zwischen 0 und 20.

Schritt 3: Punkte mitnehmen

Mit Hilfe dieser Summenwerte können Sie später in der Ergebnistabelle (Seite 114/115) Ihr Leistungsprofil ermitteln.

Die Auswertung des Persönlichkeitstests folgt auf Seite 111

Lösungen Leistungstest

	Sprache	Logik	Kreativität
1. Aufgabenart	**Wortsalat**	**Log. Reihen** (Regel)	**Ideenflüssigkeit**
	Blume	16 (-2+8)	ab 10 Ideen
	Herbst	25 (-11-8x4)	ab 20 Ideen
	Freude	191 (in einem Schritt: x2+1)	ab 30 Ideen
	Spontan	32 (-4x4)	ab 40 Ideen
2. Aufgabenart	**Großer Wortschatz**	**Zahlenlogik**	**Ungewöhnliche Verwendungen**
	Poesie	Nr. 3	1. Satz
	Stress	Nr. 4	2. Satz
	Talent	Nr. 2	3. Satz
	Morast	Nr. 3	4. Satz
3. Aufgabenart	**Lebendiger Wortschatz**	**Logisches Verständnis**	**Sprachkreativität**
	Monoton, Tonkappe Monopol, Polkappe	Freitag	5-9 Wörter
	Speer, Erde	Donnerstag	10-14 Wörter
	Synchron, Chronik	Samstag	15-19 Wörter
	Ferment, mental	Mittwoch	ab 20 Wörter
4. Aufgabenart	**Reime** (Punkt ab 2 Reimen)	**Sprachlogik**	**Namen ausdenken**
	Hund, Bund, Pfund, rund	Trauer	ab 5 Ideen
	Magnetisch, athletisch, phrenetisch, pathetisch	Schnell	ab 10 Ideen
	Prothese, Askese, Chinese, Kinese	Lärche	ab 15 Ideen
	Regierung, Legierung, Skalierung, Phrasierung	China	ab 20 Ideen

Lösungen Leistungstest

5. Aufgabenart

Sprache	Logik	Kreativität
Wortflüssigkeit (Punkt bei 7 oder mehr)	**Räumliches Denken**	**Abkürzungen**
Schicht, Sicht, nicht, Gicht, Pflicht, Absicht, Nachsicht, Vorsicht, Durchsicht, Draufsicht, Seitenansicht, Ansicht, Gedicht, Gericht	5	1. Abkürzung
Schokolade, schade, Schublade, Roulade, Lade, Rolllade, Parade, Gestade, Made, Gerade, Scharade, Rochade, Oblate	5	2. Abkürzung
Toleranz, Akzeptanz, Tanz, Kranz, Schwanz, Penetranz, Allianz, Varianz, Popanz, Monstranz	2	3. Abkürzung
Hydrant, tolerant, charmant, amüsant, penetrant, vakant, geplant, verplant, rasant	3	4. Abkürzung

Endergebnis

Sprache	Logik	Kreativität
Punktzahl	**Punktzahl**	**Punktzahl**

Die Auswertung des Persönlichkeitstests

Nachdem Sie hoffentlich alle 160 Fragen des Persönlichkeitstest beantwortet haben, können Sie diesen Test nun auswerten.

Der Persönlichkeitstest besteht aus 20 so genannten Skalen, dazu gehören zum Beispiel Persönlichkeitseigenschaften wie Teamfähigkeit und Mobilität.

Schritt 1: Ermitteln Sie Ihre Punktzahl

Im Fragebogen ist jedes Persönlichkeitsmerkmal durch ein Symbol gekennzeichnet. Jeweils acht Fragen, also auch acht Symbole, gehören zu einem Persönlichkeitsmerkmal. In der folgenden Tabelle (Seite 112) tragen Sie zunächst die Einzelwerte, dann den Gesamtwert für jede Persönlichkeitseigenschaft (Symbol) ein.

Schritt 2: Punkte addieren

Den Gesamtwert für jedes Persönlichkeitsmerkmal erhalten Sie durch Addition der Einzelwerte (acht gleiche Symbole).

Schritt 3: Punkte mitnehmen

Die 20 Gesamtwerte können Sie auf die Ergebnistabelle (Seite 114/115) übertragen und so Ihr Persönlichkeitsprofil ermitteln.

Die Auswertungstabelle des Persönlichkeitstests

		1	2	3	4	5	6	7	8	Gesamtwert
○	Teamfähigkeit									
◆	Kontaktfreudigkeit									
■	Verträglichkeit									
✶	Verantwortungsbewusstsein									
⊙	Selbstständigkeit									
▮	Initiative									
▲	Durchsetzungsvermögen									
●	Gelassenheit									
△	Frustrationstoleranz									
D	Konfliktfähigkeit									
❖	Gesundheitsbewusstsein									
♁	Sportlichkeit									
▼	Körperliche Belastbarkeit									
▽	Flexibilität									
◇	Mobilität									
▯	Lernbereitschaft									
💧	Leistungsbereitschaft									
□	Offenheit für Erfahrungen									
◎	Gewissenhaftigkeit									
◗	Beharrlichkeit									

Wie Sie Ihr Stärkenprofil ermitteln

Sie sind jetzt schon fast am Ziel. In der folgenden Tabelle (Seite 114/115) können Sie alle Ergebnisse – Leistung und Persönlichkeit – für Ihr Stärkenprofil erfahren.

1. Leistungsprofil

Nehmen Sie nacheinander die Gesamtwerte Ihres Leistungstests und suchen Sie dazu in der Ergebnistabelle die entsprechenden Spalten zu Sprache, Logik und Kreativität. In diesen Spalten finden Sie auch Ihren individuellen Gesamtwert, der zwischen 0 und 20 liegen muss. Suchen Sie nun die Spalte »Sprache« in der Ergebnistabelle. Dort finden Sie auch Ihren erreichten Punktwert. Markieren Sie diesen Punktwert und fahren Sie in dieser Zeile ganz nach links, bis Sie bei der Spalte »Prozentrang« angekommen sind. Diese Skala (zwischen 1 und 100) zeigt an, wieviel Prozent der Bevölkerung über beziehungsweise unter Ihrer Leistung liegen. Ihren Wert in der Prozentrang-Spalte können Sie in das Profil auf Seite 118 eintragen. Machen Sie das bitte gleich und markieren Sie Ihren Wert mit einem senkrechten Strich. Genauso gehen Sie nun auch mit den beiden anderen Leistungsfaktoren Logik und Kreativität vor.

2. Persönlichkeitsprofil

Hier läuft es ähnlich wie beim Leistungsprofil. Nehmen Sie jetzt nacheinander Ihre Gesamtwerte der Persönlichkeitseigenschaften, die alle zwischen 8 und 40 liegen, und lesen Sie in der Ergebnistabelle Ihren persönlichen Prozentrang-Wert ab.

Tragen Sie bitte wieder sofort den Prozentrang-Wert in das Profil auf Seite 118 ein. Machen Sie diesmal dicke Punkte, die Sie schließlich zu einer Linie verbinden können.

Wenn Sie diese Schritte abgeschlossen haben, ist Ihr Stärkenprofil fertig. Ab Seite 120 können nachlesen, was die einzelnen Ergebnisse für Sie bedeuten.

Prozentrang	Teamfähigkeit	Kontaktfreudigkeit	Verträglichkeit	Verantwortungsbewusstsein	Selbständigkeit	Initiative	Durchsetzungsvermögen	Gelassenheit	Frustrationstoleranz	Konfliktfähigkeit	Gesundheitsbewusstsein
1	8-13	8-13	8-14	8-14	8-14	8-13	8-13	8-13	8-14	8-13	8-13
2	14-19	14-19	15-20	15-20	15-19	14-18	14-16	14-19	15-19	14-18	14-18
3	20	20	21-22	21-22	20	19	17	20	20	19	19
6	21	21	23	23	21	20	18	21	21	20	20
9	22	22	24	24	22	21	19	22	22	21	21
12	23	23	25	25	23	22	20	23	23	22	22
16	24	24	26	26	24	23	21	24	24	23	23
20	25	25	27	27	25	24	22	25	25	24	24
24	26	26	28	28	26	25	23	26	26	25	25
31	27	27	29	29	27	26	24	27	27	26	26
36	28	28	30	30	28	27	25	28	28	27	27
42	29	29	31	31	29	28	26	29	29	28	28
50	30	30	32	32	30	29	27	30	30	29	29
65	31	31	33	33	31	30	28	31	31	30	30
80	32	32	34	34	32	31	29	32	32	31	31
87	33	33	35	35	33	32	30	33	33	32	32
92	34	34	36	36	34	33	31	34	34	33	33
96	35	35	37	37	35	34	32	35	35	34	34
97	36	36	38	38	36	35	33-34	36	36	35	35
98	37	37	39	39	37-38	36-37	35-37	37	37-38	36-37	36-37
100	38-40	38-40	40	40	39-40	38-40	38-40	38-40	39-40	38-40	38-40

Sportlichkeit	Körperliche Belastbarkeit	Flexibilität	Mobilität	Lernbereitschaft	Leistungsbereitschaft	Offenheit für Erfahrungen	Gewissenhaftigkeit	Beharrlichkeit	Sprache	Logik	Kreativität
8-12	37-40	8-13	8-13	8-14	8-14	8-13	8-14	8-15	0	0	0
13-15	34-36	14-18	14-17	15-21	15-21	14-19	15-21	16-21	0	1	1
16	31-33	19	18	22	22	20	22	22	1	2	2
17	30	20	19	23	23	21	23	23	2	4	4
18	29	21	20	24	24	22	24	24	4	5	5
19	28	22	21	25	25	23	25	25	5	6	6
20	27	23	22	26	26	24	26	26	6	7	7
21	26	24	23	27	27	25	27	27	7	8	8
22	25	25	24	28	28	26	28	28	8	9	9
23	24	26	25	29	29	27	29	29	9	10	10
24	23	27	26	30	30	28	30	30	10	11	11
25	22	28	27	31	31	29	31	31	11	12	12
26	21	29	28	32	32	30	32	32	12	13	13
27	20	30	29	33	33	31	33	33	13	14	14
28	19	31	30	34	34	32	34	34	14	15	15
29	18	32	31	35	35	33	35	35	15	16	16
30	17	33	32	36	36	34	36	36	16	17	17
31	16	34	33	37	37	35	37	37	17	18	18
32-34	15	35	34	38	38	36	38	38	18	19	19
35-36	13-14	36-37	35-37	39	39	37	39	39	19	20	20
37-40	8-12	38-40	38-40	39-40	40	38-40	40	40	20	20	20

Was der Stärken-Test 3+7 für Sie aussagt

Vermutlich werden Sie jetzt fragen: Was kann ich mit dem Ergebnis vom Leistungstest und Persönlichkeitstest anfangen?

Die folgenden beiden Tabellen sollen Ihnen eine Orientierung geben, was die einzelnen Ergebnisse für Sie bedeuten.

Leistungstest

Ausprägung der Leistungsmerkmale	Aussage und Bedeutung
Prozentrang 35 bis 64, mittlere Ausprägung	
Eher gegen 35, also unter 50	Diese Eigenschaft ist bei Ihnen eher gering ausgeprägt. Sie können versuchen, diese fehlende Stärke durch Training etwas auszugleichen. Diese kann für Ihre privaten und beruflichen Belange jedoch unbedeutend sein. Sie ist Ihnen dann zwar bewusst, aber Sie müssen sie nicht weiter beachten.
Eher gegen 64, also über 50	Mit diesem Talent können Sie durchaus etwas anfangen, wenn Sie bewusst daran arbeiten. Dieses Talent stellt vielleicht ein höheres Potenzial dar, als Sie bisher dachten, z.B. weil Sie es bisher eher wenig beachtet haben. Hier lohnt sich ein genauerer Blick.
Prozentrang über 65, hohe Ausprägung:	
über 65	Dieses besondere Talent sollten Sie nutzen und ausbauen. Achten Sie darauf, dass diese Stärke in Ihrem Privat- oder Berufsleben zum Tragen kommt. Es wäre sonst eine Verschwendung Ihrer Ressourcen.

Persönlichkeitstest

Die Aussagen und Interpretationstexte zu Ihren Ergebnissen beim Persönlichkeitstest sind in einem so genannten Polaritätsprofil (siehe nächste Seite) dargestellt. Bei der Interpretation helfen zwei Grundgedanken:

1. Eine schwache Ausprägung bei einem Persönlichkeitsmerkmal muss nicht Schwäche bedeuten.
2. Jede sehr starke Ausprägung hat nicht nur Vorteile. Jemand mit stark ausgeprägter Teamfähigkeit braucht meist auch das Team, um effektiv zu sein. Allein kann er keine optimalen Arbeitsergebnisse liefern.

Ausprägung der Persönlichkeitsmerkmale	Aussage und Bedeutung
Ausprägung bis Prozentrang 50, also unterdurchschnittlich	
Eher gegen 0, also unter 25	Der rechte Pol trifft für Sie fast ausschließlich zu – ein eindeutiges Persönlichkeitsmerkmal. Lesen Sie dazu die ⊕/⊖ Interpretation.
Eher gegen 50, also über 25	Die Ausprägung ist nicht eindeutig, tendiert aber zum rechten Pol. Lesen Sie bitte beide Interpretationen (rechts und links). Die ⊖ Interpretationen treffen für Sie eher nicht zu.
Ausprägung über Prozentrang 50, also überdurchschnittlich	
Eher gegen 50, also bis 75	Sie liegen mit Ihrem Ergebnis zwar auf der Seite des linken Pols, aber die Ausprägung ist nicht eindeutig. Lesen Sie beide Interpretationen (links und rechts). Die ⊖Interpretationen treffen für Sie eher nicht zu.
Eher gegen 100, also über 75	Der linke Pol trifft für Sie fast ausschließlich zu. Hier liegt ein deutliches Persönlichkeitsmerkmal. Lesen Sie dazu die ⊕ und ⊖Interpretation aufmerksam.

Ihr Leistungsprofil

	10	20	30	40	50	60	70	80	90	100
Sprache										
Logik										
Kreativität										

Ihr Persönlichkeitsprofil

	Eigenschaften	linker Pol
○	Teamfähigkeit	Ausgezeichnete/r Teamplayer/in
◆	Kontaktfreudigkeit	Leichter Zugang zu Menschen
■	Verträglichkeit	Sehr hilfsbereit, vetrauensvoll
✶	Verantwortungsbewusstsein	Kann Führungsverantwortung übernehmen
⊙	Selbständigkeit	Hohe Selbstständigkeit
▮	Initiative	Hohe Innovations-/Entscheidungskraft
▲	Durchsetzungsvermögen	Hohes Durchsetzungsvermögen, geht voraus
●	Gelassenheit	Gelassen auch unter Stress
△	Frustrationstoleranz	Gibt nicht auf, lernt aus Rückschlägen
D	Konfliktfähigkeit	Souveräner Umgang mit Konflikten
❖	Gesundheitsbewusstsein	Gesundheitsbewusst
💧	Sportlichkeit	Sportlich und fit
▼	Körperliche Belastbarkeit	Robuste Gesundheit, hohe Belastbarkeit
▽	Flexibilität	Äußerst flexibel
◇	Mobilität	Hohe Mobilität
▯	Lernbereitschaft	Sehr wissbegierig und lernwillig
💧	Leistungsbereitschaft	Überdurchschnittliche Leistungsbereitschaft
□	Offenheit für Erfahrungen	Sehr aufgeschlossen und interessiert
◎	Gewissenhaftigkeit	Kontrolliert, exakt, ordentlich
◗	Beharrlichkeit	Sehr engagiert und beharrlich

Ihr Stärkenprofil auf einen Blick

Hier können Sie jeweils die Ergebnisse Ihres Leistungstest und Ihres Persönlichkeitstests übertragen. Beide zusammen ergeben Ihr ganz persönliches Stärkenprofil.

100	90	80	70	60	50	40	30	20	10	0	rechter Pol
											Einzelkämpfer/in Kann sich allein am besten konzentrieren Kritische Grundhaltung, hinterfragend Übernimmt nicht gern Verantwortung Kollegial, anpassungsfähig Hohe Kontinuität und Durchhaltekraft Gemeinschaftlich, konsensorientiert
											Leidenschaftlich, menschlich-emotional Kennt die eigenen Grenzen Erkennt und löst Konflikte früh Genießerisch und tolerant Treibt wenig Sport, andere Prioritäten Teilt Kräfte ein, akzeptiert Grenzen
											Beste Leistung in beständigem Umfeld Möchte nicht viel unterwegs sein Pragmatisch, vertraut auf Bewährtes Strahlt Ruhe aus, lässt sich nicht hetzen Bodenständig, eigensinnig Locker, wenig zwanghaft Respektiert eigene Grenzen

Was das Ergebnis des Leistungstests für Sie bedeutet

Hohe Ausprägung bei sprachlichen Fähigkeiten: Prozentrang 65 und mehr

In einer Tätigkeit, die schwerpunktmäßig vom Umgang mit Sprache geprägt ist, fühlen Sie sich am wohlsten. Sie können dort erfolgreicher und in den meisten Fällen auch glücklicher sein als auf anderen Gebieten. Um dieses Talent zu entwickeln und anzuwenden, sollten Sie darauf achten, dass Ihre tägliche Beschäftigung tatsächlich mit Sprache zu tun hat und diese Stärke gefördert und genutzt wird.

Mittlere Ausprägung bei sprachlichen Fähigkeiten: Prozentrang 35 bis 64

Der von Ihnen erreichte Punktwert bei den sprachlichen Fähigkeiten liegt im Mittelfeld. Wenn Sie sich zu einer Tätigkeit hingezogen fühlen, die schwerpunktmäßig vom Umgang mit Sprache geprägt ist, können Sie hier durch entsprechende Motivation und Durchhaltevermögen durchaus berufliche Erfolge erzielen und einiges erreichen. Eine mittlere Begabung reicht aus, um viele sprachliche Berufe ordentlich zu erlernen. Und mit Hilfe notwendiger Techniken, geeigneter Hilfsmittel und geschickt eingesetzter persönlicher Stärken (siehe Persönlichkeitsfragebogen) können Sie Ihren Beruf äußerst professionell ausüben.

Hier haben wir nun einige Aufgaben und Tätigkeiten zusammen gestellt, die in erster Linie sprachliche Fähigkeiten erfordern:

- Texte verstehen, zusammenfassen, bearbeiten, recherchieren, auswerten oder selbst formulieren und erstellen; Texte übersetzen und in Fremdsprachen kommunizieren; beratende, therapeutische oder lehrende Berufe, bei denen Sie mit anderen Menschen kommunizieren und Inhalte und Zusammenhänge vermitteln; Führungstätigkeiten; Büro- und Geschäftskorrespondenz; Vorträge, Präsentationen

Eine Auswahl von typischen akademischen und nichtakademischen Berufen mit sprachlichem Schwerpunkt (aus Gründen der Vereinfachung wurde nur die männliche Form der Berufe verwendet. Sie gelten aber in exakt derselben Weise für Frauen):

- Journalist, Redakteur, Korrespondent; Schriftsteller, Autor, Drehbuchautor; Übersetzer, Dolmetscher; Lehrer, Trainer, Berater; Rechtsanwalt; Werbetexter; Verkäufer, Vertreter, Referent, Kaufmann, Manager; Bürokaufmann, Industriekaufmann, Werbekaufmann; Ansager, Moderator, Texter bei Radio und Fernsehen; Politiker, Diplomat

Hohe Ausprägung beim logischen Denken: Prozentrang 65 und mehr

Eine Ihrer Stärken ist das logische Denken. Sie sind besonders gut in der Lage, folgerichtig zu denken, zu abstrahieren, geschickt mit Symbolen und Zahlen umzugehen und vom Einzelfall auf das Allgemeine zu schließen. In einer Tätigkeit, die schwerpunktmäßig vom Umgang mit Zahlen, Kürzeln, Symbolen, aber auch hoher Abstraktion und Komplexität in der Sprache und im Denken allgemein geprägt ist, fühlen Sie sich am wohlsten.

Sie können dort erfolgreicher und in den meisten Fällen auch glücklicher sein als auf anderen Gebieten. Um dieses Talent zu entwickeln und anzuwenden, sollten Sie darauf achten, dass die tägliche Beschäftigung tatsächlich Ihre logische Denkfähigkeit herausfordert und damit fördert.

Mittlere Ausprägung beim logischen Denken: Prozentrang 35 bis 64

Der von Ihnen erreichte Punktwert beim logischen Denken liegt im Mittelfeld. Wenn Sie sich zu einer Tätigkeit hingezogen fühlen, die schwerpunktmäßig logisches Denken verlangt, können sie hier durch entsprechende Motivation und Durchhaltevermögen durchaus berufliche Erfolge erzielen und einiges erreichen. Eine mittlere Begabung reicht aus, um viele durch logisches Denken geprägte Berufe zu erlernen. Mit Hilfe notwendiger Techniken, geeigneter Hilfsmittel und geschickt eingesetzter persönlicher Stärken (siehe Persönlichkeitsfragebogen) können Sie Ihren Beruf äußerst professionell ausüben.

Hier haben wir nun einige Aufgaben und Tätigkeiten zusammen gestellt, die in erster Linie logisches Denken erfordern:

- arbeiten mit Zahlen, Symbolen, Kürzeln und Formeln; berechnen, konstruieren, messen, erkunden, erforschen, experimentieren, erfassen, katalogisieren, analysieren, schlussfolgern, bewerten, exakt arbeiten; Führungstätigkeiten; programmieren.

Eine Auswahl von typischen akademischen und nichtakademischen Berufen mit dem Schwerpunkt im logischen Denken:

- Mathematiker, Physiker, andere naturwissenschaftliche Berufe; Ingenieur, Statistiker, Statiker, Techniker; IT-Berufe; kaufmännische Berufe, zum Beispiel Dipl.-Kaufmann, Controller; Wirtschaftsprüfer, Steuerberater, Buchhalter; Marktforscher, Soziologe, Philosoph, Musiker, Dirigent; (kunst-) handwerkliche Tätigkeiten, zum Beispiel Tischler, Schlosser, Uhrmacher; Konstrukteur, Bauzeichner, Feinmechaniker, Elektroniker.

Hohe Ausprägung bei der Kreativität: Prozentrang 65 und mehr

Eine Ihrer Stärken ist die Kreativität. Sie sind besonders gut in der Lage, ungewöhnliche und unübliche, aber durchaus angemessene Lösungen für unterschiedliche Aufgaben zu finden. Sie zeichnen sich durch weitgehende Unabhängigkeit im Denken und Handeln aus und bevorzugen asymmetrische, dynamische, ja sogar chaotische Formen, gegenüber alldem, was regelmäßig, ordentlich und einfach ist. In einer Tätigkeit, die schwerpunktmäßig vom Umgang mit Ideen und Fantasie geprägt ist, fühlen Sie sich am wohlsten und können beruflich auch am meisten erreichen.

Sie können dort erfolgreicher und in den meisten Fällen auch glücklicher sein als auf anderen Gebieten. Um dieses Talent zu entwickeln und anzuwenden, sollten Sie darauf achten, dass in Ihrer täglichen Beschäftigung tatsächlich Ideen und ungewöhnliche Gedankengänge gefordert und gefördert werden.

Mittlere Ausprägung bei der Kreativität: Prozentrang 35 bis 64

Der von Ihnen erreichte Punktwert bei der getesteten Kreativität liegt im Mittelfeld. Wenn Sie sich zu einer Tätigkeit hingezogen fühlen, die schwerpunktmäßig kreatives Denken verlangt, können sie hier durch entsprechende Motivation und Durchhaltevermögen durchaus berufliche Erfolge erzielen und einiges erreichen.

Eine mittlere Begabung reicht aus, um viele schwerpunktmäßig durch Ideen und Querdenken geprägte Berufe ordentich zu erlernen. Und mit Hilfe notwendiger Techniken, geeigneter Hilfsmittel und geschickt eingesetzter persönlicher Stärken (siehe Persönlichkeitsfragebogen) können Sie Ihren Beruf äußerst professionell ausüben.

Hier haben wir nun einige Aufgaben und Tätigkeiten zusammen gestellt, die in erster Linie Kreativität erfordern:

- Ideen entwickeln und darstellen; Lösungen für komplexe Probleme finden, von Kunst bis Mathematik; erfinden, komponieren, texten, malen, bildhauen, arrangieren, interpretieren, choreographieren; Vereinfachungen in Technik oder Verwaltung entwickeln; Unternehmen gründen.

Eine Auswahl von typischen akademischen und nichtakademischen Berufen mit Schwerpunkt im kreativen Denken:

- Maler, Bildhauer, Komponist; Schriftsteller, Buch- und Drehbuchautor, Regisseur; Entwicklungsingenieur, Spieleentwickler, Wissenschaftler; Werbefachmann, Texter; Unternehmensgründer, Unternehmer; Filmemacher, Designer, Erfinder, Produktentwickler; Mitarbeiter von Kreativabteilungen in allen größeren Firmen.

Das Persönlichkeits-Profil: Ihr Umgang mit anderen

Interpersonelle Kompetenz

Prozentrang	> oder = 50	< 50
Teamfähigkeit	⊕ Sie sind ein guter Teamplayer. Ihre Anpassungsfähigkeit, Kompromissbereitschaft und Ihr Gemeinschaftssinn tragen zum Erfolg jeder Arbeitsgruppe oder Mannschaft bei. ⊖ Sie brauchen in gewisser Weise ein Team um sich herum, um sich wohl zu fühlen. Ihre Arbeitsergebnisse sind weniger gut und fruchtbar, wenn Sie sich allein durchschlagen müssen.	⊕ Sie sind ein Einzelkämpfer, der sich an einem weitgehend isolierten Arbeitsplatz, an der Spitze eines Unternehmens, in einem entlegenen Forschungsgebiet, als Solist oder in einer Einzelsportart am wohlsten fühlt und ausgezeichnet zurecht kommt. ⊖ Sie sind nicht immer bereit, im Arbeitsprozess auf andere zuzugehen, Kompromisse einzugehen oder sich der Meinung z.B. eines Teams anzupassen.
Kontaktfreudigkeit	⊕ Sie finden leicht Zugang zu Menschen, pflegen Kontakte und beherrschen die Konversation. Sie schätzen es, einen großen Freundeskreis zu haben. ⊖ Sie brauchen und suchen am Arbeitsplatz den Kontakt zu anderen. Bei vielen Tätigkeiten finden Sie den Umgang mit Kollegen, Partnern und Kunden jedoch nicht in dem Maße, wie Sie sich das wünschen.	⊕ Sie sind nicht auf Gesellschaft angewiesen, können sich allein sehr gut konzentrieren, was in vielen Berufsfeldern von Vorteil ist, und pflegen eher wenige, aber in der Regel intensive und dauerhafte Beziehungen. ⊖ Es fällt Ihnen nicht leicht, sofort Kontakt zu anderen herzustellen. Kundenakquisition/-betreuung gehören nicht zu den Tätigkeiten, die Sie sich aussuchen würden.
Verträglichkeit	⊕ Sie sind auf Harmonie bedacht und zeichnen sich durch besondere Hilfsbereitschaft, Wohlwollen und Verständnis anderen gegenüber aus. Sie sind weder egozentrisch noch misstrauisch, und man erhält von Ihnen einen hohen Vertrauensvorschuss. ⊖ Im Bestreben, es anderen recht zu machen, nachzugeben und für ein harmonisches Umfeld zu sorgen, laufen Sie Gefahr, sich selbst etwas zu vernachlässigen, Ihre eigenen Bedürfnisse aus den Augen zu verlieren.	⊕ Sie glauben nicht alles und bewahren sich eine gesunde Skepsis. Diese Eigenschaft hilft ihnen häufig, Dingen wirklich auf den Grund zu gehen. Für viele Forschungs- und Entwicklungstätigkeiten ist diese Eigenschaft Voraussetzung. ⊖ Sie suchen nicht den Kompromiss und passen sich selten an, was es Kollegen und Mitarbeitern nicht immer einfach macht. Bei manchen gelten Sie als wirklich misstrauisch.

Prozentrang	> oder = 50	< 50
Verantwortungsbewusstsein	⊕ Sie sind bereit und in der Lage, Verantwortung auch für andere zu übernehmen und die notwendigen Entscheidungen zu treffen. Damit besitzen Sie in diesem Bereich eine gute Eignung für Führungsaufgaben. ⊖ In besonders stark ausgeprägtem Maße kann diese Eigenschaft dazu führen, dass Sie sich für vieles und viele verantwortlich fühlen und sich damit überfordern.	⊕ Sie sind durchaus in der Lage, Verantwortung zu übernehmen. Sie möchten sich damit aber eher nicht belasten und schätzen die damit verbundene Freiheit. ⊖ Wenn es darum geht, Verantwortung für ein Projekt oder eine Gruppe zu übernehmen, sind Sie häufig nicht sicher, ob Sie dieser Aufgabe gewachsen sind und z.B. auch unangenehme Entscheidungen treffen können.
Selbständigkeit	⊕ Sie sind ein Macher und Gestalter, der am liebsten selbständig arbeitet. Sie gehen mit Zuversicht und hoher Eigenständigkeit an Ihre Aufgaben heran und vertrauen dabei auf Ihre eigenen Fähigkeiten. ⊖ Da Sie Entscheidungen gerne selbst treffen und gewöhnt sind, eigenverantwortlich zu denken, behagt es Ihnen nicht, wenn Sie Anweisungen von außen erhalten. Als Teil einer strengen Hierarchie werden Sie nicht glücklich.	⊕ Sie können sich in eine bestehende Hierarchie gut einfügen und haben selten Probleme mit Kollegen und Vorgesetzten, was Vorschriften, Regeln und Anweisungen betrifft. Sie sind ein loyaler Mitarbeiter, der nicht zu stolz ist, Fragen zu stellen oder gelegentlich um Hilfe zu bitten. ⊖ Oft brauchen Sie, um aktiv werden zu können, Orientierung und einen Anstoß von außen. Sie arbeiten besser und lieber, wenn Sie Rückendeckung von einem Vorgesetzten oder Kollegen haben.
Initiative	⊕ Sie zeichnen sich durch innovative Ideen und Entscheidungskraft aus. Oft ergreifen Sie die Initiative, tun den ersten Schritt und leiten mit Ihrem Engagement neue Entwicklungen ein. ⊖ Ihr Denken und Tun ist stark nach vorne gerichtet. Dabei kann es passieren, dass Sie bewährte Methoden nicht berücksichtigen. Damit werden Sie Kollegen verärgern und vielleicht gute Ansätze zu Unrecht über Bord werfen.	⊕ Sie sind im Unternehmen oft die tragende Kraft, weil Sie sich durch Kontinuität und Durchhaltevermögen auszeichnen. Dabei sind Sie eher daran interessiert, Bewährtes zu behalten und zu pflegen, als jeder neuen Idee nachzujagen. ⊖ Viele Unternehmen verlangen Ideen, Innovationen, Initiative und Querdenken. Sie jedoch stehen solchen Aktionen in der Regel erst einmal skeptisch gegenüber.

	Prozentrang	> oder = 50	< 50
Führungskompetenz	**Durchsetzungsvermögen**	⊕ Sie besitzen Durchsetzungsvermögen und die nötige Willenskraft, Ideen und Projekte zum Erfolg zu führen. Eine wichtige Führungseigenschaft! ⊖ Ihre Durchsetzungskraft kann, wenn sie nicht wohldosiert ist, auf Vorgesetzte und Kollegen bedrohlich wirken. Von Ihnen eingeschüchtert, könnten sich manche dazu genötigt fühlen, Sie eher zu bekämpfen als zu unterstützen, zumindest Ihnen aus dem Weg zu gehen.	⊕ Sie suchen eher den Konsens, als sich um jeden Preis durchzusetzen, und besitzen damit eine wertvolle Eigenschaft für Teamarbeit. ⊖ Sicher kommt es auch bei Ihnen vor, dass Sie von etwas wirklich überzeugt sind, von einer Idee, einer Ansicht, einem Produkt. Zu viel Suche nach Konsens oder Zurückhaltung könnte dafür sorgen, dass Sie sich mit Ihrer Überzeugung nie durchsetzen.

Das Persönlichkeits-Profil: Ihr Umgang mit sich selbst

Intrapersonelle Kompetenz	**Gelassenheit**	⊕ Sie kommen mit Termindruck und hoher Aufgabendichte ausgezeichnet zurecht. Sie behalten auch in Extremsituationen einen klaren Kopf. ⊖ Durch Ihre Gelassenheit können Sie in manchen Situationen kühl, distanziert und unbeteiligt wirken.	⊕ Sie gehen mit Leidenschaft an Ihre Aufgaben heran und zeigen auch im Berufsleben Ihre emotionale Seite. ⊖ Manchmal neigen Sie dazu, Dinge erzwingen zu wollen, und es kommt vor, dass Sie sich über zu vieles Sorgen machen. Es kann passieren, dass Sie zeitweise den Überblick verlieren. Das kann Ihre Arbeit beeinträchtigen.
Intrapersonelle Kompetenz	**Frustrationstoleranz**	⊕ Niederlagen und Rückschläge verkraften und verarbeiten Sie gut. Häufig gelingt es Ihnen sogar, daraus zu lernen und sie konstruktiv zu nutzen. Sie sind selten aufbrausend, sondern beherrscht. Im Team sind Sie gern gesehen. ⊖ Ihre Fähigkeit, Rückschläge, und frustrierende Ereignisse gut wegzustecken, kann für weniger Belastbare strapaziös sein. Manchmal halten Sie auch zu lange an einer Sache oder Beziehung fest.	⊕ Sie halten sich nicht lange mit Dingen auf, die Sie zu viel Zeit und Nerven kosten. Sie kommen daher mit dem, was Sie tun, schnell voran. ⊖ Manches, was Sie tun sollten oder müssten, bleibt auf der Strecke oder wird nicht mit der notwendigen Sorgfalt erledigt. Wenn es aus Ihrer Sicht zu schwierig und mühsam wird, fällt es Ihnen schwer, weiterzumachen. Das gilt auch für kollegiale Beziehungen.

Prozentrang	> oder = 50	< 50	
Konfliktfähigkeit	⊕ Sie sind in der Lage, mit Kritik und Konflikten souverän umzugehen, indem Sie sich weder sofort persönlich angegriffen fühlen noch den Mut verlieren. Sie sehen Konflikte als eine Chance, sich selbst weiterzuentwickeln, aber auch zum Beispiel zwischenmenschliche Probleme zu lösen. ⊖ Da Sie Kritik gut vertragen, erzielt sie bei Ihnen häufig nicht die beabsichtigte Wirkung. Auch kann es sein, dass Sie durch eine zu rationale und sachliche Sicht Konflikte erst spät wahrnehmen, während Ihr Gegenüber bereits frustriert ist.	⊕ Da Sie im Raum stehende Kritik und Konflikte nur schwer aushalten, tragen Sie meist schnell zu einer Klärung oder Lösung bei. Im günstigsten Fall treten Sie die Flucht nach vorn an und sprechen das Problem an. Von vielen werden Sie geschätzt, weil man bei Ihnen weiß, »woran man ist«. ⊖ Viele Berufe wie zum Beispiel Politiker oder Manager bringen es mit sich, dass Sie praktisch ständig mit Kritik und Konflikten zurecht kommen müssen, ohne sie lösen zu können. Sie müssen sie aushalten. Gerade das fällt Ihnen jedoch sehr schwer.	Intrapersonelle Kompetenz
Gesundheitsbewusstsein	⊕ Ihre Gesundheit ist Ihnen sehr wichtig. Sie achten darauf, was Sie tun und was Sie essen, um sie zu erhalten und zu verbessern. Sie lassen sich regelmäßig ärztlich untersuchen, auch prophylaktisch. Ein wichtiges Plus für Ihren Arbeitgeber oder Ihr eigenes Unternehmen. ⊖ Gesundheitsbewusstsein kann sich durch starke, mehr oder weniger freiwillige Einschränkungen und Regeln auch belastend auf Ihr Umfeld auswirken. Wenn auf bestimmte Teile der Ernährung oder Genussmittel verzichtet oder bestimmte Aktionen prinzipiell vermieden werden, kann das von manchen als ungesellig aufgefasst werden.	⊕ Sie lassen sich von der Gesundheitsindustrie nicht gerne vorschreiben, was Sie zu essen oder zu trinken haben, oder auf was Sie verzichten sollen, sondern genießen lieber, was Sie mögen und was Ihnen zusagt. Das macht Sie auch anderen gegenüber tolerant. Sie sehen das Thema Gesundheit weitgehend unverkrampft und trauen sich dadurch auch mehr zu. ⊖ Gesundheit ist für Sie persönlich und Ihre Arbeitskraft unerlässlich. Durch einen zu sorglosen Umgang setzen Sie sie eventuell einiges aufs Spiel.	Körperliche Fitness

	Prozentrang	> oder = 50	< 50
Körperliche Fitness	**Sportlichkeit**	⊕ Sie halten sich durch regelmäßigen Sport fit und leistungsfähig. Ein Pluspunkt in jedem Unternehmen! ⊖ Manche Sportbegeisterte übertreiben es und riskieren damit Verletzungen und Überlastungen. In schweren Fällen kann das zu Arbeitsausfällen führen.	⊕ Sie betreiben wenig Sport. Dadurch können Sie Ihre Prioritäten anderweitig setzen, zum Beispiel in der Familie oder am Arbeitsplatz. ⊖ Sport ist eine Maßnahme, die, klug und maßvoll ausgeübt, Gesundheit und Leistungsfähigkeit fördert, und auf die Sie verzichten. Achten Sie deshalb auf Ausgleich, indem Sie Bewegung in den Alltag integrieren, zum Beispiel durch Treppensteigen, regelmäßige Spaziergänge oder Erledigungen mit dem Fahrrad statt mit dem Auto.
	Körperliche Belastbarkeit	⊕ Sie sind selten krank oder klagen über körperliche Beschwerden. In vielen stressigen Jobs sind Sie daher für Unternehmen ein wertvolles Kapital. ⊖ Wer nie oder nur selten körperliche Beschwerden verspürt, kann zu einer gewissen Sorglosigkeit neigen. Gönnen Sie sich trotz bester Konstitution von Zeit zu Zeit Ruhe und Erholung!	⊕ Sie fühlen sich körperlich wenig belastbar und reagieren darauf, indem Sie Ihre Kräfte einteilen. Dadurch können Sie erstaunlich ausdauernd sein. Sie kennen aber auch Ihre Grenzen und suchen regelmäßig Ausgleich und Erholung. ⊖ Viele Tätigkeiten verlangen eine hohe körperliche Belastbarkeit – und damit sind nicht nur Handwerks- und Bauberufe gemeint. Gerade wenn regelmäßige Erholung nicht möglich ist, kommen Sie damit nur schwer zurecht.

Das Persönlichkeits-Profil: Ihre Basiskompetenzen

Flexibilität	**Flexibilität**	⊕ Sie sind in jeder Hinsicht flexibel und stellen sich auf Veränderungen schnell und gut ein. Sie nehmen auch unerwartete Herausforderungen gerne an und können sich vorstellen, Ihr Tätigkeitsfeld immer wieder zu erweitern. Für viele moderne Unternehmen besitzen Sie eine wichtige Eigenschaft.	⊕ Sie schätzen ein beständiges Umfeld und stehen Veränderungen eher skeptisch gegenüber. An einem überschaubaren und weitgehend konstanten Arbeitsplatz zeichnen Sie sich durch Verlässlichkeit, Konstanz und hohes Durchhaltevermögen aus.

Prozentrang	> oder = 50	< 50
Flexibilität	⊖ Andererseits lieben Sie die Abwechslung so, dass Sie auch nicht darauf verzichten möchten. An einem Arbeitplatz, der vielleicht eine gewisse Sicherheit bietet, der sich aber über Jahre hinweg kaum verändert, wären Sie nicht lange zu halten.	⊖ An vielen Arbeitsplätzen sind Sie mit ständigen Veränderungen und Unwägbarkeiten konfrontiert: anderes Büro, neue Software, neues Team, neue Vorgesetzte, andere Vorgehensweisen, unregelmäßige Arbeitszeiten. Vielleicht sind Sie in der Lage, sich auf diese Dinge einzustellen, glücklich macht es Sie nicht. Und Sie werden sich nach Möglichkeit beruflich in ruhigere Gewässer begeben.
Mobilität	⊕ Sie sind besonders für Tätigkeiten geeignet, die eine hohe Mobilität erfordern. Standortwechsel, Kundenbesuche, häufiges Unterwegs-Sein, oder auch Auslandsaufenthalte machen Ihnen wenig aus. ⊖ Da Sie gerne unterwegs sind, suchen Sie auch nach entsprechenden Tätigkeiten. Bei sehr statischen, immer gleichen Arbeitsbedingungen fällt Ihnen leicht die Decke auf den Kopf.	⊕ Sie legen wenig Wert darauf, beruflich viel unterwegs zu sein. Da Sie auch eher ungern und selten den Wohnort wechseln, können Sie für Ihren Arbeitgeber eine feste Größe werden, mit der er bei guter Zusammenarbeit viele Jahre rechnen kann. ⊖ Viele mobile berufliche Tätigkeiten, zum Beispiel Verkäufer, Referent, Unternehmer, Freiberufler oder Wartungstechniker kommen für Sie kaum in Frage. Sie sind einfach nicht gerne unterwegs.
Lernbereitschaft	⊕ Sie verfügen über eine hohe Lernbereitschaft, sind aufnahmefähig und intellektuell anspruchsvoll. Sie sind jederzeit bereit, sich fachlich weiterzubilden und neue Wissensgebiete zu erschließen. ⊖ Jede Eintönigkeit, zum Beispiel in Form von sich wiederholenden Routinetätigkeiten, ist nichts für Sie. Sie brauchen die geistige Herausforderung, den Input, die Weiterentwicklung.	⊕ Sie sind ein Praktiker, ein Tüftler, der so lange nach Lösungen sucht, bis es klappt. Sie vertrauen dabei in erster Linie auf Ihre Erfahrung. Sie schätzen die praktische Umsetzung und gewissenhafte Anwendung des Gelernten. ⊖ In manchen Branchen überschlagen sich neue Entwicklungen. Sie mögen es nicht, viel Zeit mit Fortbildung, dem Vertiefen von Fachwissen und Einlesen in neue Wissensgebiete zu verbringen.

	Prozentrang	> oder = 50	< 50
Lern- und Leistungsbereitschaft	**Leistungsbereitschaft**	⊕ Sie zeichnen sich durch hohe Motivation und Leistungsbereitschaft aus. In beruflichen Tätigkeiten engagieren Sie sich überdurchschnittlich. Bedenken, Sie könnten zu wenig leisten, sind bei Ihnen unbegründet. ⊖ In Führungspositionen und im Team können Sie auf Mitarbeiter oder Kollegen durch Ihren hohen Leistungsanspruch enormen Druck ausüben. Durch die Tatsache, dass Sie mit erbrachten Leistungen nicht lange zufrieden sind, kann in Ihnen, aber auch für Ihr Umfeld spürbar, eine gewisse Unruhe entstehen.	⊕ Sie sind aller Wahrscheinlichkeit nach ein gern gesehener, angenehmer Zeitgenosse, der Lockerheit und Ruhe ausstrahlt und das Leben genießen kann. Sie legen Wert auf Phasen der Ruhe und des Ausgleichs und unterwerfen sich nicht dem Diktat der Arbeit. ⊖ Sie lassen sich nicht zu Arbeitsmarathons hinreißen und sind auch zu einer zeitlich begrenzten Selbstausbeutung zur Erreichung eines beruflichen Ziels nicht bereit. Das kann Ihrer Gesundheit nutzen, aber Ihre Karriere ins Stocken bringen.
	Offenheit für Erfahrungen	⊕ Sie verfügen über viel Fantasie, hohe Aufgeschlossenheit, soziales und kulturelles Interesse sowie ein unabhängiges Urteilsvermögen. Sie eignen sich bei entsprechender Ausbildung ideal, um gehobene Kontakte zu pflegen und unternehmerisches Neuland zu erschließen. ⊖ Sie brauchen die neuen Eindrücke. Wissen, Menschen, Sprachen, Kulturen. Eine Tätigkeit, bei der Sie das nicht finden, werden oder wollen Sie aufgeben.	⊕ Sie halten Ihre emotionalen Reaktionen meist im Zaum und stützen sich bei der Lösung von Problemen gern auf Bekanntes und Bewährtes. Sie wissen im Allgemeinen, was Sie mögen und brauchen, und verlangen nicht ständig nach einer neuen Erfahrung. Ihre Einstellung würden viele als eher konservativ bezeichnen. ⊖ Sie stehen progressiven Methoden im Allgemeinen skeptisch gegenüber und wollen nicht ständig etwas Neues ausprobieren. Das lässt Sie vor allem in schnelllebigen Branchen gelegentlich schwerfällig erscheinen.
Gewissenhaftigkeit	**Gewissenhaftigkeit**	⊕ Ihnen gelingt es durch hohe Selbstdisziplin und Pflichtbewusstsein, Arbeitsprozesse zu planen, zu organisieren und durchzuführen. Sie arbeiten sehr zielstrebig, ordentlich und exakt.	⊕ Sie sind nicht penibel oder zwanghaft ordentlich und stellen keine übertrieben hohen Ansprüche an sich und Ihre Kollegen. Diese Einstellung ist für andere meist sehr angenehm, weil sie sich nicht kontrolliert und überwacht fühlen.

Prozentrang	> oder = 50	< 50
Gewissenhaftigkeit	⊖ In starker Ausprägung kann Ihre Gewissenhaftigkeit auf manche pedantisch wirken, weil sie einen gewissen Perfektionsanspruch mit sich bringt. Auf viele andere üben Sie dabei – möglicherweise unbewusst – Druck und Kontrolle aus.	⊖ Ihre Lockerheit kann im Extremfall auf andere gleichgültig und chaotisch wirken. Viele Arbeitsprozesse erforden eine exakte und fehlerlose Vorgehensweise. Hier werden Sie auf Schwierigkeiten stoßen, wenn Sie nicht bewusst gegensteuern.
Beharrlichkeit	⊕ Sie verfolgen Ihre Ziele mit großem Engagement und lassen sich nicht leicht davon abbringen. Sie überstehen so manche schwierige Phase besser als viele andere, ohne aufzugeben. Auch kann Ihre Ausdauer und Beharrlichkeit ansteckend für andere sein. Damit verfügen Sie über eine wichtige Eigenschaft erfolgreicher Projektleiter und Unternehmensgründer. ⊖ Obwohl Sie durch Ihr Durchhaltevermögen in der Regel andere mit motivieren, kann es auch sein, dass bei sehr schwierigen Herausforderungen andere regelrecht von Ihnen »abgehängt« werden. Auch besteht in manchen Fällen die Gefahr, dass Sie sich zu sehr an einer Aufgabe festbeißen und dabei vielleicht den Zeitpunkt eines sinnvollen Abbruchs übersehen.	⊕ Sie haben die Fähigkeit, Aufgaben, die zu schwierig werden und Sie Ihrer Ansicht nach zu überfordern drohen, loszulassen und sich etwas anderem zuzuwenden. Sie können Ihre Grenzen einschätzen und respektieren, ohne das Gefühl zu bekommen, versagt zu haben. Aufgaben, die Sie zu überfordern drohen, können Sie auch anderen überlassen. ⊖ Wenn es hart auf hart kommt, wenn Projekte aussichtslos erscheinen, wenn das Erreichen der gesteckten Ziele in weite Ferne rückt, wenn Ihnen die Arbeit mühsam, langwierig und fruchtlos vorkommt, dann neigen Sie dazu, aufzugeben. Sie sind dann nicht überzeugt, genug Durchhaltevermögen zu besitzen, um weiterzumachen. Es lassen sich jedoch durchaus anspruchsvolle Tätigkeiten finden, die diese Grenzen nicht permanent tangieren.

Zusammenfassung

Wer seine Talente nutzen will, muss sie erkennen

Jeder von uns hat sein ganz individuelles Talent-Profil, das es zu entdecken gilt. Manche Talente haben Sie vielleicht schon – intuitiv oder ganz bewusst – zu einer Stärke ausgebildet, die von anderen geschätzt wird. Andere Talente aber schlummern im Verborgenen – wie eine breite Straße voller Möglichkeiten, deren Zufahrt vor Jahren verschüttet wurde. Und manche Ihrer Talente nehmen Sie vielleicht als Selbstverständlichkeit hin, nicht als eine besondere Fähigkeit – dabei könnten Sie viel mehr daraus machen. Der erste Schritt auf dem Weg zu einem starken Leben: die eigenen Talente und Stärken zu erkennen.

Wie ich meine Talente und Stärken erkenne

Wie erkenne ich meine individuellen Talente und Stärken? Das war die zentrale Fragestellung dieses Kapitels. Ein Selbstcheck ist die Basis: Doch diese Selbsteinschätzung reicht als Basis für ein starkes Leben nicht aus.

Um ein solides Fundament der Beurteilung zu schaffen, unterscheiden wir darum drei verschiedene Sichtweisen.

- Erstens: die Selbsteinschätzung durch den Selbst-Check;
- Zweitens: die Fremdeinschätzung durch Kollegen, gute Freunde oder aufgeschlossene Bekannte;
- Drittens: der von Experten entwickelte *Stärken-Test 3+7*.

Wie der *Stärken-Test 3+7* hilft

Vielleicht haben Sie sich bereits – auch mit Hilfe von Freunden und Bekannten – ehrlich analysiert und wichtige Erkenntnisse gesammelt. Darüber hinaus macht der komplexe *Stärken-Test 3+7* Ihre Talente und Stärken vergleichbar. Wichtig: Es geht nicht darum, mögliche Schwächen und Defizite herauszufiltern. Der Test zeigt Ihnen Ihre Top 5 der Stärken: Ihren besten Leistungsbereich und Ihre vier herausragenden persönlichen Stärken.

Auf einen Blick: Das individuelle Talent- und Stärken-Profil

Auf dieser Seite können Sie alle Erkenntnisse, die Sie in diesem Kapitel gewonnen haben, eintragen.

Meine größten Talente und Stärken

Wie ich mich selbst sehe	Wie mich andere sehen

Mein Ergebnis vom Stärken-Test 3+7: Die TOP 5 der Stärken

Was ich kann – die Beschreibung der Stärken

Auf den folgenden 12 Seiten finden Sie noch einmal eine Zusammenfassung aller relevanten Stärken, die in Ihrem Leistungs- und Persönlichkeitstest eine Rolle gespielt haben. Sie haben jetzt Gelegenheit, Ihre Top 5-Stärken anzukreuzen und entsprechend der Auswertung Seite 114/115 Ihre Prozentzahl einzutragen. Darüber hinaus werden Sie auch aus allen Ergebnissen und Interpretationen des Tests einen Nutzen ziehen. Denn für alle Stärken – unanbhängig von der persönlichen Ausprägung – bekommen Sie Aussagen darüber, was sie bedeuten, worauf Sie achten sollten und was Sie damit anfangen können.

Sprache

Hier treffen Personen zusammen, die den sprachlichen Ausdruck beherrschen. Sie zeichnen sich durch einen besonders umfangreichen Wortschatz, hohe Sprachflüssigkeit und durch leichtes Erlernen von Fremdsprachen aus. Personen, deren Stärken in diesem Bereich liegen, bietet sich eine Vielzahl von Möglichkeiten – als Schriftsteller, Autor, Journalist oder Sprachwissenschaftler, aber auch als Trainer, Seminarleiter, Lehrer, Berater oder Redner, sowie als Verkäufer, Anwalt, Diplomat oder Übersetzer. All diese Berufe verbindet die Liebe zum geschriebenen oder gesprochenen Wort, zur Kunst des Formulierens und Überzeugens, sowie der Glaube an die Macht der Sprache.

Logik

Gute Testergebnisse zeigen, dass jemand das Denken in Zusammenhängen beherrscht. Unter dieser Form des Denkens verstehen wir die Fähigkeit, folgerichtig zu denken, zu abstrahieren, geschickt mit Symbolen und Zahlen umzugehen und vom Einzelfall auf das Allgemeine zu schließen. In einer komplexen und schnelllebigen Arbeitswelt ist diese Fähigkeit von großem Vorteil.

Personen mit gutem logischen Denken sind besser in der Lage, Veränderungen rechtzeitig zu erkennen und die richtigen Konsequenzen für ihr Verhalten zu ziehen. Sie erkennen Zusammenhänge besser und schneller, ob in Forschung, Beratung, Verwaltung, Konstruktion oder Management. Mit modernen Kommunikationsmitteln, technischen Geräten, Computersoftware und -hardware finden sich gute Logiker besser als viele andere zurecht. Auch der Umgang mit immer mehr Kürzeln und Symbolen fällt ihnen leichter, und sie begrüßen den Fortschritt. Durch ihre Fähigkeit, Situationen rational und logisch zu betrachten, kommen sie selbst mit radikalen Veränderungen (etwa einer Umstrukturierung ihres Unternehmens) besser als andere zurecht. Sie haben außerdem den Durchblick und den Blick für »das Ganze«.

Kreativität

Kreative Menschen haben die Fähigkeit, ungewöhnliche und unübliche, aber durchaus angemessene Lösungen für unterschiedliche Aufgaben zu finden. Personen mit hoher Kreativität zeichnen sich durch eine besonders große schöpferische Energie aus, die sich bereits in früher Kindheit meist in Zeichnungen, ungewöhnlicher Zimmergestaltung und unkonventionellen, unerwarteten Ideen äußert, später aber neben Gemälden, Skulpturen, Fotos, Installationen oder multimedialen Werken alle Bereiche des Lebens umfassen kann. Auch gute Verkäufer, Landwirte, Rechtsanwälte und Physiker erlangen durch gute Ideen entscheidende Vorteile. Dabei ist sowohl die Anzahl der Lösungen als auch ihre Originalität von Bedeutung.

Kreativität ist keine isolierte Eigenschaft, die sich nur bei bestimmten Aufgabenstellungen äußert, sie durchdringt vielmehr alle lebenswichtigen Bereiche des menschlichen Handelns und Denkens. Das hervorstechendste charakteristische Merkmal der schöpferischen Persönlichkeit ist die Unabhängigkeit im Denken und Handeln. Als eine weitere typische Eigenschaft kreativer Personen lässt sich die Bevorzugung des Komplexen vor der Einfachheit nennen, die Vorliebe für asymmetrische, dynamische, ja sogar chaotische Formen, gegenüber alldem, was regelmäßig, ordentlich und einfach ist.

Der Persönlichkeitsbereich

1. Interpersonelle Kompetenz – die Stärken im Umgang mit anderen

Hier möchten wir mit Ihnen zusammen herausfinden, welche typischen Verhaltensmuster Sie gegenüber anderen auszeichnen. Die Erkenntnis darüber ermöglicht Ihnen, sich Ihre Tätigkeiten möglichst nach Ihrer Persönlichkeit auszurichten. Es spielt durchaus eine Rolle, ob Sie ein Teamplayer sind oder eher ein Einzelkämpfer, ob Sie gerne Verantwortung übernehmen oder Sie das eher belastet, ob Sie gerne Menschen führen oder sich lieber alleine mit einer Aufgabe befassen.

Teamfähigkeit

Personen mit hoher Teamfähigkeit tragen wesentlich zum Erfolg einer Gruppe bei oder ermöglichen ihn sogar erst. Dazu gehört eine gewisse Anpassungsfähigkeit und Kompromissbereitschaft, um sich mit formellen und informellen Gegebenheiten des Teams, der Familie, der Abteilung oder der Mannschaft arrangieren zu können. Dazu gehört auch die Verlässlichkeit in den vereinbarten Aufgaben, Zielen und Rollen. Für diese Personen ist aber auch eine bestimmte Umgebung wichtig: eine flache Hierarchie, die sich mehr über Teamgeist als über eine strenge Linienstruktur definiert, und die Möglichkeit, Projekte gemeinsam mit anderen, in geteilter Verantwortung, zu bearbeiten und zum Erfolg zu führen. Ihre Stärke ist, dass sie in der intensiven Zusammenarbeit mit anderen, im Team, zur Höchstform auflaufen.

Kontaktfreudigkeit

Die Stärke von Personen mit hoher Kontaktfreudigkeit ist der Zugang zu Menschen, die Lust und Freude an der Konversation. Kontaktfreudigkeit gewinnt zunehmend an Bedeutung. In allen Berufen, bei denen es darauf ankommt, das Verhalten anderer zu interpretieren, Kontakt aufzunehmen, zu überzeugen, zu führen, zu beraten und zu betreuen, ergeben sich dadurch Vorteile. Aufmerksamkeit und Verständnis zu vermitteln fällt kontaktfreudigen Menschen nicht schwer, ohne Scheu gehen sie auf andere Menschen zu, und schnell gewinnen sie ihr Vertrauen. Ein Arbeitsplatz, um diese Vorteile zu nutzen, wäre zum Beispiel als Verkäufer, Berater, Seminarleiter, Lehrer, Personalverantwortlicher, Diplomat, Pädagoge, Psychologe oder Seelsorger. Diese Stärke entfaltet sich dort am besten, wo es gilt, Menschen zu erreichen, und wo dieser Aspekt einen gewichtigen Teil des Erfolgs ausmacht.

Verträglichkeit

Durch Verträglichkeit zeichnen sich in erster Linie Personen mit guten kommunikativen Fähigkeiten aus. Ein zentrales Merkmal von Personen mit hohen Werten ist ihr Altruismus (Rücksicht auf andere Personen, Uneigennützigkeit). Sie begegnen anderen mit Verständnis, Wohlwollen und Mitgefühl, sind bemüht, anderen zu helfen, und gehen davon aus, dass diese sich ebenso hilfreich verhalten werden. Sie neigen zu zwischenmenschlichem Vertrauen, zu Kooperation, zu Nachgiebigkeit, und sie haben ein starkes Harmoniebedürfnis. Sie sind nicht egozentrisch und misstrauisch gegenüber den Absichten anderer Menschen. Sie verhalten sich eher kooperativ.

2. Führungsverantwortung

Zum Persönlichkeitsbereich Führungsverantwortung zählen die Stärken: Verantwortungsbewusstsein, Selbstständigkeit, Initiative und Durchsetzungsvermögen.

Verantwortungsbewusstsein

Verantwortung kann sich auf Personal, zum Beispiel eine Abteilung, eine Forschungsgruppe, ein Team, auf Patienten, Klienten, Geschäftspartner, aber auch auf vertrauliche Daten und hohe Materialwerte beziehen. Personen mit hohem Verantwortungsgefühl sind in der Lage, den Verantwortungsbegriff über die eigene Person hinaus auszudehnen. Deshalb eignen Sie sich besonders für Führungsaufgaben, Projektleitung, Unterricht, andere Lehrtätigkeiten, Beratung, Coaching, Personalleitung, Ausbildung, Unternehmensführung, anwaltliche Vertretung, richterliche oder politische Entscheidungen. Ihre Stärke ist, dass sie sich für Personen und Dinge verantwortlich fühlen können, die ihr eigenes Leben nicht unmittelbar tangieren, und dieser Verantwortung auch gerecht werden können.

Selbständigkeit

Personen mit hoher Selbständigkeit schätzen sich als besonders eigenverantwortlich und risikobereit ein. Sie haben oft den Wunsch und auch die Eignung, ein eigenes Unternehmen zu gründen oder freiberuflich zu arbeiten. Sie fügen sich nicht gerne in bestehende Unternehmensstrukturen ein, außer sie bekommen die Chance, eigenverantwortlich einen Bereich oder Projekte zu leiten. Sie übernehmen gerne Verantwortung und fühlen sich für ein selbst bestimmtes Leben gewappnet. Sie sehen sich als Macher, der lieber mit viel Beharrlichkeit, Kreativität und Überzeugungskraft seinen eigenen, vielleicht steinigen Weg beschreitet, obwohl sich weniger anstrengende Alternativen bieten. Sie vertrauen eigenen Fähigkeiten. Das hilft, mit Zuversicht Probleme zu lösen und sich Herausforderungen zu stellen. Sie gehen bereits zu Beginn einer Aufgabe vom Gelingen aus und wissen, dass sie fähig sind, gegebenenfalls auf Schwierigkeiten zu reagieren.

Initiative

Personen mit hohen Punktwerten bei der Initiative schätzen sich als aktiv, kreativ und motiviert ein. Sie haben Ideen und gründen Projekte, Initiativen, Unternehmen. Sie zeichnen sich durch eine unabhängige und innovative Meinungsbildung aus. Sie sind besonders geeignet, Entscheidungen zu treffen und Beschlüsse zu fassen. Sie tun den ersten Schritt und sind bereit, Pionierarbeit zu leisten. Oft sind ihre Initiative und ihre Tatkraft der Beginn neuer Entwicklungen.

Durchsetzungsvermögen

Personen mit hohem Durchsetzungsvermögen zeichnen sich durch den starken Willen aus, mit dem sie Ziele verfolgen. Sie stehen für die

Durchsetzung von Ideen, Programmen und Projekten. Oft geraten gute Ideen mangels Personen mit hohem Durchsetzungsvermögen in Vergessenheit. Häufig ist Führungskraft die Voraussetzung für den Erfolg einer Idee oder einer Maßnahme.

3. Intrapersonelle Kompetenz – die Stärken im Umgang mit sich selbst

Hier geht es uns darum, Ihnen mit Hilfe dieses Tests Ihre Art zu spiegeln, mit sich selbst umzugehen, zum Beispiel im Falle von Kritik, Konflikten, anderen Belastungssituationen oder einfach mit Ihrem Körper. Das Ergebnis kann und soll Ihnen helfen, Ihre derzeitigen Tätigkeiten daraufhin zu überprüfen, ob Sie Ihrer persönlichen Art, Ihrer Persönlichkeit entsprechen und ob Ihre intrapersonellen Stärken (Gelassenheit, Frustationstolerenz, Konfliktfähigkeit) auch richtig zur Geltung kommen.

Gelassenheit

Menschen, die hier hohe Werte erreichen, zeichnen sich durch ausgeprägte Stressresistenz aus. Plant man zum Beispiel, Karriere zu machen im Sinne eines finanziellen, beruflichen, gesellschaftlichen Aufstiegs, dann wird diese Eigenschaft besonders nützlich sein. Sie äußert sich zum Beispiel in der besseren Verarbeitung von Termindruck und Zeitnot jeglicher Art in Verbindung mit hoher Aufgabendichte. Wenn es erforderlich wird, schneller als üblich zu arbeiten, zu ungünstigen Zeiten zu agieren und parallel zur Arbeit Aufgaben fehlerlos zu erledigen, sind sie gegenüber anderen im Vorteil. Auch kommen Personen mit hoher Gelassenheit mit psychischem Druck besser zurecht, zum Beispiel in Konkurrenz mit Kollegen, bei Existenzängsten, Erfolgsdruck und anderen belastenden Ausnahmesituationen.

Hohe Gelassenheit ist besonders wichtig für Soldaten und Polizisten in Sondereinsätzen, Piloten, Menschen mit hoher Personal- oder Etatverantwortung, Unternehmer, Politiker, Eltern, Manager, Schauspieler, Solo-Musiker, Börsenmakler. Ihre Stärke ist, dass sie auch in Extremsituationen einen klaren Kopf behalten.

Frustrationstoleranz

Personen mit hoher Frustrationstoleranz können besser mit Niederlagen und Rückschlägen umgehen: Eine nicht bestandene Prüfung, der Verlust des Arbeitsplatzes, die Trennung vom Partner, das Scheitern beruflicher Ziele, die Ablehnung von Förder- oder Forschungsmitteln, das Ende eines missglückten Projekts. Personen mit großer Frustrationstoleranz erleben Niederlagen nicht weniger heftig als andere, sie lassen sich davon aber weniger beeinflussen. Sie bleiben am Ball, verlieren weniger leicht den Halt, werfen nicht alles hin, sondern verarbeiten ihre emotionale Anspannung konstruktiv und schaffen es vielleicht sogar, Kraft für die Zukunft daraus zu schöpfen.

Konfliktfähigkeit

Personen mit hoher Konfliktfähigkeit kommen mit Kritik und innerer Anspannung besser zurecht als andere. Wenn Menschen zusammen leben oder arbeiten, kommt es immer zu Meinungsverschiedenheiten, Streit und Kritik. Obwohl all das selbstverständliche Bestandteile menschlichen Umgangs sind, reagieren Menschen sehr unterschiedlich darauf. Konfliktfähige Menschen sind dabei nicht automatisch weniger harmoniebedürftig als andere, sie fassen aber Streit und Kritik weniger als persönlichen Angriff auf, sondern als Aufgabe, die es zu lösen gilt, als Chance, sich selbst weiterzuentwickeln.

4. Körperliche Fitness

Personen, die hier hohe Werte erreichen, achten auf ihre Gesundheit. Sie entscheiden bewusst, was und wie viel sie essen, bewegen sich viel und halten sich durch Lesen oder Seminare zum Thema Ernährung auf dem Laufenden. Sie legen Wert auf regelmäßige Gesundheits-Checks und präventive Untersuchungen beim Arzt.

Gesundheitsbewusstsein

Personen mit hohem Gesundheitsbewusstsein interessieren sich für die Funktion und die Erhaltung der Gesundheit des menschlichen

Körpers. Sie sind besonders geeignet für Berufe der medizinischen Versorgung, der medizinischen Forschung, alternativen Heilmethoden oder der Ernährungs- und Gesundheitsberatung. Mittlerweile erfasst dieser Bereich rund 300 Berufe, von Arzt und Krankenschwester über Ernährungsberater und Fitnesstrainer bis zu Masseur und Physiotherapeut.

Sportlichkeit

Personen mit hoher Punktzahl bei der Sportlichkeit legen Wert auf die eigene Fitness, nicht zuletzt, um gesund und leistungsfähig zu bleiben. Sie haben Freude an der sportlichen Bewegung, sind mit einer oder mehreren Sportarten vertraut und meist selbst seit langem aktiv. Sie sind besonders im professionellen Sport geeignet, wo sich viele Möglichkeiten bieten: als Leistungssportler, Trainer, Übungsleiter, Sportlehrer, Sportjournalist, Sportarzt und Fitnessberater. Körperlich-sportliche Herausforderungen finden sich aber auch bei der Polizei, der Bundeswehr, Sicherheits- und Rettungsdiensten.

Körperliche Belastbarkeit

Personen, die hier hohe Werte erzielen, erleben und klagen selten über Körperbeschwerden. Und hohe Belastbarkeit bedeutet hier tatsächlich auch geringere Krankheitshäufigkeit. Viele negative Erscheinungen des modernen Lebens, die den Körper belasten, werden besser verarbeitet als bei anderen, zum Beispiel Überstunden, hektisches, unregelmäßiges Essen, lange Autofahrten, Jetlag, häufiges Sitzen, Aufregung und Ärger.

Die Stärken in den Basiskompetenzen

Unter Basiskompetenzen haben wir in diesem *Stärken-Test 3+7* drei elementare Persönlichkeitsfaktoren zusammengefasst:

- Flexibilität,
- Lern- und Leistungsbereitschaft
- und Gewissenhaftigkeit.

Die Art und Weise, wie sich diese Bereiche in Ihrer Persönlichkeit wiederfinden, hat großen Einfluss auf die für Sie idealen Arbeitsbedingungen. Für einen Buchhalter, Steuerprüfer oder Controller ist geradezu penible Genauigkeit unabdingbar, ein Lehrer kann dadurch zum Albtraum seiner Schüler werden. Ein sehr mobiler Mensch ist als Außendienstmitarbeiter oder Kundenbetreuer genau am richtigen Platz. An einem Arbeitsplatz, der langjährige Beständigkeit und Ausdauer an einem Ort verlangt, wird er kaum glücklich. Jemand, der jedes neue Wissen in sich aufnimmt wie ein Schwamm, wird sich in der Computerbranche oder der Medizin richtig wohl fühlen. Müsste er dagegen in mühsamer Kleinst- und Feinstarbeit eine Uhr zusammenbauen, die ein kleines Vermögen kostet, würde ihn das wahrscheinlich verrückt machen.

5. Flexibilität

Flexibilität

Personen mit hoher Flexibilität haben in unterschiedlichsten Situationen des gegenwärtigen und zukünftigen Arbeitslebens klare Vorteile. Im Bewusstsein, dass die Zeiten der 25- und 30-jährigen Firmenjubiläen (leider) weitgehend vorüber sind, sind sie offen für kleine und große Veränderungen.

Umstellungen auf Unternehmensebene werden in Zukunft öfter, schneller und tiefgreifender vonstatten gehen, und Flexibilität ist dabei für den Einzelnen ein wichtiges Erfolgskriterium. Ob nun Abteilungen aufgelöst oder umstrukturiert werden, ob Standorte verlegt werden, vielleicht sogar ins Ausland, ob Mittel für Ihr Forschungsprojekt gekürzt oder gestrichen werden, ob Sie als Unternehmer für alles zuständig sind oder sich als Freiberufler schnell auf unterschiedlichste Projekte und Klienten einstellen müssen: Flexible Personen kommen damit besser zurecht als andere. Ihre Stärke ist, dass Sie schneller, besser und lieber auf Veränderungen reagieren als andere, während weniger Flexible eher zurückweichen und in ruhigere Gewässer wechseln, bevor sie an einer solchen Aufgabe scheitern.

Mobilität

Zur Flexibilität gehört auch Mobilität. Durch hohe Mobilität erwachsen an vielen modernen Arbeitsplätzen deutliche Vorteile. Personen mit hoher Mobilität können sich vorstellen, an verschiedenen Standorten eines Unternehmens tätig zu sein, als Freiberufler für unterschiedliche Unternehmen zu arbeiten, oder gar ständig mit ihrem »Arbeitsplatz« unterwegs zu sein.

Sie besitzen damit eine besondere Eignung für Berufe wie Referent, Verkäufer, Redner, Trainer, Servicetechniker oder Unternehmensberater, aber auch, wenn sie unterwegs sind, zum Beispiel zu Forschungszwecken, als Geologe, Biologe, Archäologe, Vulkanologe, Ökologe oder Ethnologe.

Sie scheuen auch keine Auslandsaufenthalte und würden gerne als Repräsentant eines Unternehmens, im Auftrag einer Universität oder als Diplomat einige oder längere Zeit anderswo verbringen. Ihre Stärke ist, dass sie mit häufigen, dauerhaften und gravierenden Ortswechseln besser zurechtkommen als viele andere.

6. Lern- und Leistungsbereitschaft

Lernbereitschaft

Personen mit hoher Lernbereitschaft beschreiben sich als überdurchschnittlich intellektuell, anspruchsvoll und lernwillig. Diese Eigenschaft bringt ihnen vor allem in wissenschaftlichen Tätigkeiten Vorteile, aber auch in schnelllebigen Branchen wie Telekommunikation, EDV, Computerentwicklung, Elektronik oder Medizin – hier potenziert sich das Fachwissen am schnellsten.

Obwohl lebenslanges Lernen für alle Berufe von gewisser Bedeutung ist, ist es für manche geradezu Programm. Dazu zählen alle Forschungstätigkeiten, aber auch die Computer- und Hightech-Branche und der Kunst- und Kulturbetrieb. Intellektueller Anspruch schließt auch die Bereitschaft mit ein, sich in einem Fachgebiet ständig auf dem Laufenden zu halten. Lernfreudige Menschen haben Freude an der Erkenntnis, der Erweiterung ihres Fachwissens und -könnens und der Erschließung neuer Wissensgebiete. Den intellektuellen Wettbewerb scheuen sie nicht, ebenso wenig die oft erforderliche hohe Spezialisierung auf ein Gebiet. Ihre Stärke ist die geistige Aufnahmebereitschaft und Beweglichkeit. An ihrem Arbeitsplatz besitzen sie eine besondere Eignung zu recherchieren, zu forschen, zu untersuchen, zu vergleichen, zu verfassen, zu kommentieren, zu beurteilen, zu beraten, zu unterrichten, zu analysieren und zu dokumentieren.

Leistungsbereitschaft

Personen mit hoher Leistungsbereitschaft besitzen eine hohe Grundmotivation zum aktiven Handeln, das heißt, sie benötigen nicht zwingend günstige Bedingungen, um Leistung zu zeigen. Vieles kann dazu dienen, ihnen die nötige Energie für ihre berufliche Tätigkeit zu verleihen. An einem Arbeitsplatz, der die Fähigkeit verlangt, leistungsfähig und produktiv zu sein, ohne dafür unmittelbar belohnt zu werden, haben sie gegenüber anderen Vorteile.

Diese Vorteile sind nicht an bestimmte Berufsgruppen gebunden, charakterisieren aber für ihren Arbeitsplatz eine Tätigkeit, bei der sie weitgehend auf sich gestellt sind, zum Beispiel als Wissenschaftler, Sportler, Unternehmensgründer, Schauspieler, Moderator oder Politiker. Besonders leistungsbereite Menschen sind immer dann im Vorteil, wenn sie etwas alleine tun müssen, wenn sie Vorreiter sind, Neuland betreten, irgendwo der Beste sind oder werden wollen, oder gehobene Führungspositionen anstreben. Ihre Stärke ist die weitgehende Unabhängigkeit von äußeren Motivatoren, so geraten sie auch gegenüber Unternehmen, Personen oder bestimmten Bedingungen weniger in Abhängigkeit. Sie definieren sich stark über ihre persönliche Eigenleistung und sind bereit, sich überdurchschnittlich zu engagieren, was die meisten Unternehmen zu schätzen wissen.

Offenheit für Erfahrungen

Personen mit hoher Offenheit für Erfahrungen geben an, über ein reges Fantasieleben zu verfügen, ihr Gefühlsleben intensiv wahrzunehmen und an vielen persönlichen und öffentlichen Vorgängen interessiert zu sein. Sie beschreiben sich als wissbegierig, intellektuell, fantasievoll, experimentierfreudig und künstlerisch interessiert. Sie sind eher bereit, auf neuartige soziale, ethische und politische Wertvorstellungen einzugehen. Sie sind unabhängig in ihrem Urteil, verhalten sich häufig unkonventionell, erproben neue Handlungsweisen und bevorzugen Abwechslung.

7. Gewissenhaftigkeit

Gewissenhaftigkeit

Die Grundlage dieser Persönlichkeitseigenschaft ist die Selbst- und Impulskontrolle, die sich auf den aktiven Prozess der Planung, Organisation und Durchführung von Aufgaben bezieht. Personen mit hohen Punktwerten beschreiben sich als zielstrebig, pünktlich, ordentlich, genau und penibel.

Der sozial erwünschte Aspekt dieser Eigenschaft liegt in ihrer Beziehung zu akademischen und beruflichen Leistungen. Diese Personen sind selten nachlässig, gleichgültig und unbeständig, sondern verfolgen ihre Ziele mit einem großen Engagement.

Beharrlichkeit

Personen, die hier einen hohen Wert erreichen, zeichnen sich durch überdurchschnittliche Beharrlichkeit und Durchhaltevermögen aus. Berufliche Vertreter für diese Schlüsselqualifikation sind zum Beispiel Forscher, Künstler, Entwicklungshelfer, Sozialarbeiter und allgemein Visionäre, die Neuland betreten oder erschließen, die Firmen gründen, Auslandsvertretungen aufbauen und ungewöhnliche, schwierige und langwierige Projekte verwirklichen.

Selbst kleine Erfolge dienen ihnen als Motivation und sie nehmen, um ihre Ziele zu erreichen, mehr Unannehmlichkeiten in Kauf als viele andere. Ihre Stärke und ihr Vorteil ist, dass sie mit Rückschlägen besser zurechtkommen, sich nicht so leicht entmutigen lassen, länger durchhalten und aus Niederlagen eher gestärkt hervorgehen.

03

Was bedeutet Erfolg für mich? Was treibt mich an? Und wie kann ich mich wirkungsvoll motivieren? Was sind meine Werte? Was ist meine Vision? In welchen Lebensrollen verfolge ich welche Ziele?

Was ich will

Sie haben sich jetzt ausführlich mit Ihrem Selbstbild beschäftigt, durch Fremdeinschätzung und durch einen umfangreichen Test erfahren, welche Talente in Ihnen schlummern und was Ihre Stärken sind. Beim nächsten Schritt kommt es darauf an, zu klären, was Sie persönlich vom Leben erwarten: Was will ich wirklich? Was treibt mich an? Welche Werte leiten mich? Wo will ich eigentlich genau hin? Was ist also meine Vision? Und was sind die konkreten Ziele in meinem Leben? Welche Rollen spiele ich im Leben? Wie kann ich Klarheit in die verschiedenen Lebensrollen bringen und meine Talente und Stärken wirkungsvoll einbringen?

Hatten Sie schon einmal ein Klassentreffen? Dann kennen Sie diese Szene bestimmt. Man hat sich also lange nicht gesehen. Man trifft auf vertraute Gesichter (»Mensch, du hast dich ja gar nicht verändert«) und auf Gesichter, bei denen man länger überlegen muss (»Hhm, sag mal, bist du nicht...«). Jeder möchte sich von seiner besten Seite präsentieren. Man strahlt, man kommt ins Plaudern. Und dann kommt sie garantiert, diese unvermeidliche »Na-wie-geht-es-dir-denn-so-Frage«.

Was ist aus den Talenten geworden?

Wie es anderen im Leben geht, wie sich die Lebensläufe alter Bekannter entwickeln, was sie aus ihren Talenten machen – dafür kann ein Klassentreffen wunderbarer Anschauungsunterricht sein.

Zum Beispiel Peter. Was haben wir ihn immer beneidet. Im Sport war er ein As. Das brachte ihm Vorteile bei den Mädchen. In Englisch und Französisch, sogar in Mathematik und Physik pendelte er immer zwischen gut und sehr gut. Keiner sonst stand so gut da. Besonders ein Talent war bei ihm unübersehbar: Peter konnte erstklassig zeichnen, vor allem Karikaturen. Er wollte damals Kunst studieren, Zeichner, Karikaturist oder Cartoonist werden, am liebsten gleich bei Walt Disney.

Was für ein ernüchterndes Wiedersehen. Nichts von dem, was er damals wollte, hatte er gemacht. Schlimmer noch: Er hatte es nicht einmal probiert. Abgebrochenes Studium, jahrelang gejobbt, hier ein bisschen Fotografieren, dort ein bisschen Unterricht an der Volkshochschule. Peter, der Sunnyboy von früher, sah jetzt alt und grau aus. Wo war sein Feuer? Er wirkte kleinlaut und müde – und unglücklich.

Vergebenes Talent

Zum Beispiel Christine. Schüchtern und unscheinbar wie sie war, kam sie in der Klasse nie über den Status des Mauerblümchens hinaus. Obwohl auch sie über Qualitäten verfügte: Eine wunderbare Stimme und sie spielte sehr gut Geige – soweit wir das beurteilen konnten. Was wir sicher wussten: Sie übte damals täglich. Musik war ihre Welt und sie wollte die Musik gerne zu ihrem Beruf machen. Sie studierte dann auch Musik und Mathematik – und wurde Lehrerin.

Na ja, beim Klassentreffen gab sie zu, Lehrerin sei nicht gerade der Traumberuf. Immerhin könne sie alle paar Jahre eine längere Kur beanspruchen, wegen »psychischer Erschöpfung«. Nein, auch Christine wirkte alles andere als glücklich.

Genutztes Talent

Ganz anders zum Beispiel Alex. Er war immer hilfsbereit und hatte ein Händchen im Umgang mit anderen. Alle mochten ihn. Auch jetzt schien er mit sich und der Welt im Reinen zu sein. Damals wollte er unbedingt Arzt werden, später einmal mit Praxis in der Kleinstadt. Den Numerus clausus hatte er mit Ach und Krach geschafft. Doch sein Medizinstudium absolvierte er mühelos.

Jetzt hatte Alex tatsächlich seine eigene Praxis und dazu reichlich Patienten. Denn bei diesem Doktor fühlen sie sich gut aufgehoben, er hat stets ein Ohr für sie und nicht nur vier Minuten Zeit – wie manch anderer Arzt.

Erfolg bedeutet Lebenserfolg

Peter und Christine hatten wenig, nein, sie hatten fast nichts aus ihren Talenten gemacht. Jetzt standen ihnen Frust und Resignation ins Gesicht geschrieben. Denn dieses Leben, das sie heute leben, sollte damals bestimmt nicht ihr Leben werden.

Anders Alex. Er lebte seine Stärken. Sein Leben schien erfüllt. Er war konsequent seiner Berufung gefolgt und hatte sie zum Beruf gemacht. Er macht das, was er am besten kann – und er macht es sehr gut. Und das wiederum macht ihn glücklich. Er führt ein erfolgreiches Leben.

Erfolg muss nicht unbedingt heißen, viel in Ihrem Leben zu erreichen – verglichen mit anderen. Erfolg heißt vielmehr, das Beste aus dem Leben zu machen – verglichen mit den Möglichkeiten und Talenten, die zur Verfügung stehen.

Erfolg heißt, Talente zu nutzen, sie zur Stärke zu machen – und diese Stärken zu leben.

Die Konkurrenz von Herz und Verstand

Talente müssen manchmal lange Wege gehen – und Umwege. Bärbel Mohr zum Beispiel wusste lange nicht, was sie eigentlich wollte. Nach dem Abitur hatte sie andere Menschen beobachtet, die quasi über Nacht reich geworden sind mit dem Vertrieb ökologischer Produkte. Das wollte sie auch und wurde »praktische Betriebswirtin«. Damit lag sie leider daneben, denn ihre Stärke, so sagt sie rückblickend, war eindeutig nicht das Verkaufen. »Was im Nachhinein besonders auffällt, ist, dass mein Verstand und mein Herz jahrelang an ganz unterschiedlichen Orten nach dem Glück und der beruflichen Erfüllung gesucht haben, und Recht behalten hat immer das Herz. Nur, bis mir das endlich auffiel, dauerte es.«

Lange Zeit glaubte sie, man könne den wahren Wunschberuf nur mit viel Geld verwirklichen. Und Geld verdienen könne man nur mit Dingen, für die man sich mühsam Fähigkeiten aneignen müsse, während Dinge, die man »einfach so« kann, nichts bringen. Denn das könne dann ja jeder.

Heute weiß Bärbel Mohr es besser: »Ich hatte übersehen, dass die Dinge, die ich wirklich kann, die meinen Talenten und Fähigkeiten entsprechen, nur bei mir so leicht von der Hand gehen. Jemand anderes, dessen Talente woanders liegen, muss sich dafür anstrengen. Und ich muss mich anstrengen, um Dinge zu lernen, die mir nicht liegen.«

»Bestellungen beim Universum«

Sie arbeitete als Fotografin, Fotoredakteurin, Layouterin, Journalistin und begann schließlich, Lebensfreude-Seminare zu geben und eine eigene Zeitschrift zu machen. Genau das machte ihr Spaß. Sie sagt: »Ich glaube, das wichtigste Talent ist es, zu erkennen und zu fühlen, was mir jetzt gerade am meisten Spaß macht. Denn genau dabei habe ich am meisten Kraft und die besten Ideen.«

Musste sie auch haben, denn zum ersten Seminar, vor acht Jahren, kam keiner, und zum zweiten kamen gerade mal fünf Teilnehmer. Aber ab dem dritten lief es. Die Nachfrage bei ihrer »*Positive Factory*« ist groß. Inzwischen ist Bärbel Mohr ein Star in der Esoterik-Szene. Von ihren Büchern wurden schon über 600 000 Exemplare verkauft.

Dabei hatte sie das erste Buch bloß für Leute geschrieben, die nicht verstanden hatten, was genau sie mit »Bestellungen beim Universum« meinte. Das kopierte Manuskript machte die Runde, verkaufte sich im ersten Jahr über 500-mal, ehe ein Verlag auf das Talent der Autorin setzte.

> Deine größten Talente musst du dir nicht erarbeiten – sie sind ein Geschenk des Lebens an dich. *Bärbel Mohr, Autorin*

Bärbel Mohr hat ihr Leben auf ihre Stärke, nämlich auf fantasievolles Schreiben und Erzählen, ausgerichtet. Sie lebt ihre Stärken – und sie kann gut davon leben.

Ihr Zwischenfazit klingt sehr ermutigend: »Wenn mir etwas Spaß macht, gibt es mir so viel Kraft, dass ich Hindernisse nicht als Hindernisse empfinde, sondern als eine Herausforderung, deren Bewältigung mir Freude macht und Energie gibt – statt nimmt.«

Das Außergewöhnliche geht keinen einfachen Weg

Zum Beispiel Caroline Link. Auch sie hat eindrucksvoll bewiesen, was möglich ist, wenn sich Talent, Leidenschaft und Beharrlichkeit finden – das ist eine starke Kombination. Niemand wollte ihren ersten Spielfilm finanzieren. Doch die junge Regisseurin glaubte an ihren schwierigen Stoff: die Geschichte eines Mädchens, das ihren taubstummen Eltern die Welt erklären und übersetzen muss. Sie musste hart für ihr Projekt kämpfen, zähe Verhandlungen führen, immer wieder Enttäuschungen und Rückschläge verkraften, ehe aus ihrer Idee schließlich doch ein Film wurde und aus dem Film »*Jenseits der Stille*« ein überraschender Publikumserfolg.

Trotzdem, es lief für sie nicht wesentlich leichter, den Film »*Nirgendwo in Afrika*« zu realisieren. Wieder ein schwieriger Stoff. Und dann wollte sie unbedingt an entlegenen Originalschauplätzen drehen, am Mount Kenya. Wieder musste Caroline Link verdammt harte, zähe Kämpfe durchstehen, um für ihren Film das nötige Geld aufzutreiben, sie musste chaotische Zustände vor Ort in den Griff kriegen und mehrere finanzielle und meteorologische Katastrophen überstehen. In ihrer persönlichen Disposition ist Unbill allerdings berücksichtigt: »Das Außergewöhnliche geht keinen einfachen Weg.« Ihr Film wurde mit dem Oscar ausgezeichnet. Sie hätte sich in Hollywood feiern lassen können. Stattdessen verbrachte sie diesen großen Tag daheim in München, bei ihrem kranken Kind. Das zählte mehr für sie.

Inzwischen stehen für Caroline Link alle Türen offen. Doch am Tag nach dem Triumph stellte sie nüchtern fest: »Die größte Gefahr ist jetzt, dass ich vergesse, was mich erfolgreich gemacht hat – nämlich meine ganz eigene Art, die Dinge anzugehen.« Ein Satz, der in jedem Drehbuch für Erfolg stehen könnte.

Was ist für mich Erfolg?

Sicherlich möchte jeder ein reiches, ein glückliches – ein erfolgreiches Leben führen. Doch was heißt eigentlich Erfolg? Diese Frage sollten Sie unbedingt für sich klären.

Erfolg heißt, ein selbst gestecktes Ziel zu erreichen. Auf diese Definition, die so auch im Lexikon steht, haben sich all jene geeinigt, die sich ernsthaft mit Erfolg beschäftigen. Sie müssen also herausfinden, was Sie wirklich wollen, was Sie begeistert und was Ihnen am meisten Spaß macht. Und vor allem auch, was Sie am besten können.

Erstens, weil das, was Sie begeistert und Ihnen Spaß macht, leicht fällt. Und weil es zweitens die Chance erhöht, dass es außergewöhnlich gut gerät – also zum Erfolg wird. Jedes erfolgreiche Resultat erhöht die persönliche Zufriedenheit. Und schließlich ist Zufriedenheit der Stoff, aus dem Lebensglück und Lebenserfolg entstehen.

Was will ich? Welches Ziel will ich erreichen? Was kann ich einbringen? Was liegt mir? Was bin ich bereit zu tun? Fest steht: Jeder Erfolg beginnt im Kopf. Die persönliche Zielsetzung ist für den Erfolg ganz wesentlich. Schließlich hängt jedes Erfolgserlebnis davon ab, ob das Ergebnis mit den selbst gesetzten Erwartungen übereinstimmt.

»Erfolg kommt von er-folgen«

»Erfolg ist ein Weg, kein Ziel«. »Erfolg hat nur, wer etwas tut, während er auf den Erfolg wartet«. »Erfolg ist eine Chance, verpackt in harte Arbeit«. Es gibt viele kluge Sätze zum Phänomen Erfolg. Weisheiten dieser Art können durchaus wichtige Wegweiser sein. Wer jedoch den Erfolg wirklich will, muss den Weg schon selber gehen und sollte gewisse Spielregeln einhalten. Was zu tun ist, um Erfolg zu haben, genau dies leben erfolgreiche Menschen ja vor. Prinzipiell kann jeder einen ähnlichen Weg einschlagen – auf seine Weise, mit seinen Möglichkeiten.

Spielregeln für den Erfolg

Erfolgreiche Menschen sind außerordentlich aktiv

Was passiert denn, wenn Sie weiterhin untätig bleiben? Nichts von dem, was Sie wollen. Trägheit und Aufschieberitis sind die größten Erfolgsverhinderer. Nur durch Initiative, den ersten Schritt, wird etwas in Gang gesetzt. Sie bekommen Feedback. Feedback stärkt die Motivation, die Begeisterung, das Selbstvertrauen – und all das erzeugt natürlichen Rückenwind für mehr Aktivität.

Erfolgreiche Menschen geben immer ihr Bestes

Der Milliardär Paul Getty brachte sein Erfolgsrezept auf einen kurzen Nenner: »Sich mehr anstrengen!« Ehrgeiz und die Macht des entschiedenen Wollens lassen keine halben Sachen zu. Bestleistungen sind nur möglich, wenn Sie das Beste geben, aus jeder Situation das Beste machen. »*The Winning Edge*« (Der entscheidende Vorsprung), lautet eine der amerikanischen Management-Theorien: Die Besten ihres Faches sind nämlich alle nur ein klein bisschen besser als der Durchschnitt. Aber: Drei Prozent Bessersein sind entscheidend für den Erfolg.

Erfolgreiche Menschen sehen Probleme als Chance

Keiner hat gerne Probleme. Aber Probleme sind nun einmal ein unangenehmer, unvermeidlicher Teil des Lebens und eine Quelle der Unzufriedenheit. Probleme sind Hindernisse auf dem Weg zum Ziel. Doch keiner kann vor Problemen weglaufen. Fest steht: Sie wachsen an Widerständen. Sie können Probleme am besten lösen, wenn Sie aktiv werden, Einfluss nehmen, also das Problem konstruktiv anpacken.

Erfolgreiche Menschen wollen einzigartig sein

Fragen Sie sich: Was kann ich besser als andere? Was kann ich sogar exzellent? Was habe ich zu bieten, das andere nicht bieten können? Wenn es um Platzierung eines neuen Produktes geht, fragen Werbeleute sofort nach dem USP (Unique Selling Proposition), dem einzigartigen Verkaufsargument. Tatsächlich sind erfolgreiche Menschen mindestens in einer Sache einzigartig.

Erfolgreiche Menschen leben ihre Stärken

Jeder Mensch hat Talente. Diese Fähigkeiten sind beständig und einzigartig. Das Kunststück des Erfolgs liegt darin, dass Sie Ihre Talente entdecken und dass Sie Ihr Leben um diese Talente herum gestalten und sie durch Wissen und Können zu einer Stärke zu entwickeln.

Erfolgreiche Menschen ergänzen ständig ihr Wissen

Je mehr Sie wissen, je mehr Sie dazulernen, je mehr Wissen Sie sich aneignen, umso mehr entwickeln Sie Ihre persönlichen Fähigkeiten, umso mehr wächst Ihr Selbstvertrauen – und Ihr Marktwert. Erfolgreiche Menschen sind offen für Neues und Veränderungen. Sie sind aufgeschlossen für neue Informationen und neue Ideen. Sie kleben nicht an alten Vorstellungen.

Erfolgreiche Menschen trainieren ständig ihr Können

Ohne Disziplin geht es nicht. Das beste Beispiel dafür sind Spitzensportler. Sie leben es erfolgreich vor: Wer in einer Sache wirklich Spitzenleistungen bringen will, muss die einzelnen Schritte der Fertigkeit wieder und wieder einüben und trainieren.

Erfolgreiche Menschen tun das gerne, was sie tun

Alles, was Sie tun, sollten Sie gerne tun. Denn das, was Sie mit Freude machen, was Ihnen Spaß macht, fällt leichter. Und was Ihnen leicht fällt, wird auch besser. Können Sie gute Eltern sein, können Sie mit Ihrem Partner gut auskommen, können Sie gut im Job sein – können Sie also erfolgreich sein, wenn es an der inneren Haltung hapert? Nein! Alles im Leben ist Einstellungssache. Sie macht Menschen zu Gewinner- oder Verlierertypen. Sie können wählen, was Sie wollen. Und Sie sollten wollen, was Sie gewählt haben.

Erfolgreiche Menschen haben eine klare Lebensvorstellung

Sie besitzen Wegweiser für ihren persönlichen Erfolg. Diese bestehen aus Wünschen, Träumen, ihrer Vision in Verknüpfung mit ihren Wertvorstellungen und definierten Lebensrollen. Je klarer die Basis für den eigenen Lebensentwurf, desto klarer auch die Aktionspläne – und desto zielgerichteter der Weg in ein erfülltes Leben.

Lebe ich mein Leben – oder werde ich gelebt?

Der Schauspieler Manfred Krug (»*Liebling Kreuzberg*«) hat auf die Frage, warum er wohl so ein guter Schauspieler sei, einmal geantwortet: »Ich spiele immer mich selbst, deswegen bin ich so gut.« Authentisch sein – darauf kommt es an.

Die alles entscheidende Frage für Lebensglück lautet: Lebe ich mein eigenes Leben – oder werde ich gelebt? Kann ich das ausleben, was in mir steckt, kann ich meine Talente und Stärken ausspielen – oder muss ich mich auf einem Terrain tummeln, das mir nicht wirklich liegt? Kann ich wirklich nach meinen eigenen Vorstellungen und Wünschen leben – oder lebe ich so, wie das von mir erwartet wird? Von den anderen, vom Partner, der Familie, vom Chef, von der so genannten Gesellschaft. Lebe ich nach den Regeln der anderen?

> Diejenigen, die in der Welt vorankommen, gehen hin und suchen sich die Verhältnisse, die sie wollen, und wenn sie sie nicht finden, schaffen sie sie.
>
> *George Bernard Shaw, Schriftsteller*

Die frühkindliche Prägung

Diese Gefahr ist groß. Kinder lernen früh die Bedürfnisse ihrer Eltern zu erspüren und passen sich bewusst oder unbewusst an. Und um in der Ausbildung und im Beruf voranzukommen, glänzen viele durch Wohlverhalten und vernachlässigen eigene Bedürfnisse, erkannte die Psychoanalytikerin Alice Miller (»*Das Drama des begabten Kindes*«). Dieses Muster bleibt oft lebenslang erhalten – gelernt ist gelernt.

Der Münchner Sozialpsychologe Dieter Frey beklagt: »Viele begnügen sich fast schickalsergeben mit dem, was das Leben für sie vorgesehen zu haben scheint«.

Dabei ist Passivität schädlich für das Selbstbewusstsein – »denn wer sich um Erfolge bringt, traut sich auch bald keine mehr zu.« Das Ende vom Lied: Die eigene Energie sinkt gegen Null – und damit auch die Chance auf gute Gefühle, Lebensglück und Lebenserfolg.

Das Potenzial abrufen

Warum sind so viele Menschen frustriert und gelangweilt? Was hat sich da bloß aufgebaut, das viele so deprimiert sind? Von der Volkskrankheit Depression sind hierzulande bereits Millionen Menschen betroffen. Mediziner aller Fakultäten sind sich einig, dass Erkrankungen der Psyche und des Körpers vor allem dann auftreten, wenn der Mensch gegen seine Natur lebt. Es erschöpft auf Dauer, wenn man sein Licht unter den Scheffel stellt und seine wahren Bedürfnisse verleugnet. Es wirkt sich negativ auf die Persönlichkeit aus, wenn Wünsche missachtet werden und – wie Fußballtrainer das neuerdings gerne ausdrücken – »das Potenzial nicht abgerufen wird«. Dann kann sich innere Leere aufbauen, Selbstmitleid und Entfremdung stauen sich. Nicht selten entwickeln sich daraus Depressionen oder Neurosen.

> Sich selbst treu zu sein ist eine Herausforderung an das Leben.
> *C. G. Jung, Psychoanalytiker*

Eine von der *American Medical Association* veröffentlichte Statistik erzählt das ganze Drama auf banale, aber beängstigende Weise. Montagmorgens zwischen neun und zehn Uhr passieren die meisten Herzinfarkte, also dann, wenn Millionen Arbeitnehmer gerade aus dem Wochenende an ihren Arbeitsplatz zurückgekehrt sind. Sie finden sich in einer Situation wieder, die sie meistens langweilt oder anödet, die sie jedenfalls nicht mögen und häufig sogar hassen. Wenn Erfüllung und Spaß fehlen, kann der Arbeitsplatz ein grandioser Ort schrecklicher Selbstverleugnung sein.

Fallbeispiel eines großen Fußballtalents

Das prominente Beispiel von Sebastian Deisler, der wegen schwerer Depressionen in einer psychiatrischen Klinik behandelt werden musste, war für viele Außenstehende zunächst schwer zu begreifen. Der Fußballprofi vom FC Bayern München hatte doch alles: Talent, einen Millionenvertrag, Perspektive, Ruhm. Doch was nützt das, wenn einer offenbar gegen seine Natur lebt? Der sensible, verschlossene Junge aus dem südbadischen Turmringen bei Lörrach hatte schon früh die Kontrolle über seine Karriere verloren. Als 15-Jähriger wechselte er ins beschauliche Mönchengladbach. Vier Jahre später kaufte ihn Hertha BSC. Da wurde er bereits als Superstar (»Basti Fantasti«) gesehen.

Sebastian Deisler verstand den Rummel nie und war immer vom Wirbel um seine Person genervt: »Ich will doch nur Fußball spielen«. Schließlich stieg das Teenie-Idol sogar noch zum Hoffnungsträger und Heilsbringer für die Fußball-Nationalmannschaft auf. Ebenso hilflos wie vergeblich versuchte er immer, seinem Schicksal als öffentliche Figur zu entfliehen.

Im Sommer 2002 holte ihn Bayern München für 9,5 Millionen Euro. Seine Rolle als Führungsspieler konnte der Einzelgänger bisher nicht erfüllen. Zusätzlich zu den hohen Erwartungen von außen setzte er sich selbst zu sehr unter Druck. In fünf Jahren erlitt er 15 schwere Verletzungen und musste fünf Mal operiert werden – weil sein Körper regelmäßig rebellierte. Nachträglich lieferte ein Satz, den Sebastian Deisler einmal gesagt hat, die Erklärung: »Ich wurde einer, der ich nie sein wollte«.

Die hohen Kosten des »ungelebten Lebens«

Der Psychosomatiker Viktor von Weizsäcker schrieb schon vor über fünfzig Jahren über das Phänomen des »ungelebten Lebens«, dass die »unmöglichen Pläne, die nie getanen Taten wirksamer sind als das, was geschehen ist«.

Viele der Krankengeschichten beginnen ganz banal: Unausgelebtes wird häufig zum Auslöser für Schuldgefühle oder Selbstvorwürfe, für Frustration und Resignation – und das schlägt sich dann irgendwann negativ auf die Gesundheit nieder.

Es gibt eine ganze Reihe somatischer Anzeichen, die als Warnsignale unterschätzt oder falsch zugeordnet werden: Magenkrämpfe und Magengeschwüre, erhöhter Blutdruck, chronische Müdigkeit oder Schlaflosigkeit, Rückenschmerzen, Ohrensausen (Tinnitus), Migräne, Alkoholismus, Impotenz.

Es ist ein fundamentaler Unterschied, ob man nur arbeitet, um Geld zu verdienen, oder genau das macht, was Freude bringt und Energie gibt. Wer ständig unter seinen Möglichkeiten lebt – aus welchen Gründen auch immer –, wer seine innere Berufung ignoriert, lebt gefährlich.

Berufung – die Vorladung des Schicksals

Berufung? Ist das nicht ein Begriff aus der Bibel, also ziemlich antiquiert? Berufung – allenfalls Künstler berufen sich heutzutage noch darauf. Trotzdem ist Berufung nichts Ungewöhnliches. Jeder Mensch ist zu etwas berufen. Darunter ist jene innere Kraft zu verstehen, Talente und Stärken, die versuchen, uns in eine bestimmte Richtung zu drängen, klärte das Magazin *Psychologie heute* in einer Titelstory auf. »Wer nicht erkennt, was >sein Ding< ist, wer sich seiner Berufung verweigert, zahlt dafür einen hohen Preis.«

Als »Vorladung des Schicksals« erklärt James Hillman, ein Schüler des großen Psychotherapeuten C. G. Jung, die Berufung. Er vertritt die interessante These, dass niemand als Durchschnittstyp geboren wird. In jedem sei von Geburt an ein unverwechselbarer Charakter angelegt, eine individuelle Mischung von Eigenschaften, Talenten und Begabungen. Um seelisch und körperlich gesund zu bleiben, müsse jeder seinen Charakter als Schicksal respektieren – und ausleben.

Jeder besitzt das Potenzial, etwas Besonderes zu sein. Leider vernachlässigen viele ihre besonderen Talente, opfern sie für faule Kompromisse, gehen den bequemen Weg. Wer seine Berufung aus den Augen verliert, wird sich selbst fremd. »Werde, der du bist!«, forderte Nietzsche.

> Wir leben, um unsere Begabungen zu entfalten, einen persönlichen Plan zu erfüllen und um eine Spur unserer Erdentage zu hinterlassen. *James Hillman, Psychotherapeut*

Die Frage ist: Warum gehen Sie jeden Morgen zur Arbeit? Weil Sie müssen, das heißt: weil Sie Geld verdienen müssen? Weil Sie nichts Besseres vorhaben? Oder weil Sie Arbeit nicht als lästige Pflicht, sondern als selbstverständlichen Teil des Lebens empfinden, der auch Spaß machen kann? Freude beflügelt mehr als Geld. »Was motiviert Sie zu Höchstleistungen?«, hat das Marktforschungsinstitut *Forsa* für eine Studie gefragt. Nur die Hälfte der befragten 20- bis 39-jährigen Beschäftigten gab Geld allein als Köder an. Für die meisten ist »Spaß an der Sache« die beste Motivation.

Was treibt mich an?

Was setzt menschliches Handeln wirklich in Gang und wie wird es aufrechterhalten? Mit kaum einer anderen Frage beschäftigen sich die Menschen so viel und so intensiv: Was treibt mich an? Ist es Geld oder Unabhängigkeit, Neugier, Sexualität, Status oder Macht, oder vielleicht der tiefe Wunsch nach Liebe, Familie, Ehre, Anerkennung?

Für Boris Becker zum Beispiel war diese Sucht nach Anerkennung die stärkste Triebfeder. Früher wurde er wegen seiner roten Haare gehänselt, was ihn kränkte. Schon als Kind schwor er sich: »Euch allen zeig ich es einmal!« Auch später war er immer sauer, wenn man ihn auf Nebenplätzen spielen ließ. Warum? Er brauchte einfach die große Kulisse Center Court, liebte das Bad in der Menge – der Beifall des Publikums beflügelte ihn zu Höchstleistungen.

»Was treibt Sie an?«, fragte ein Reporter Ian Thorpe, den zur Zeit besten Schwimmer der Welt. Seine Antwort: »Es ist einfach der Wunsch, mich zu steigern. Das ist mein einziges Ziel, dafür arbeite ich hart. Das ist es, was mich jeden Tag antreibt. Die anderen spielen für mich überhaupt keine Rolle. Wenn ich irgendwann mit dem Sport aufhöre, will ich die Gewissheit haben, dass ich alles aus mir herausgeholt habe.«

Schwimmtraining ist eine einsame Schinderei. Aber Thorpe, Olympiasieger und vielfacher Weltmeister, weiß ganz genau, was er will und warum er sich täglich im Training schindet.

Warum – vor allem auf diese Frage kommt es an. Wenn die Antwort nicht attraktiv ist, wird man sich kaum Mühe geben, sich anzustrengen. Vermutlich wird man etwas gar nicht erst ernsthaft beginnen, denn es gäbe keinen ausreichenden Beweggrund – man wäre nicht motiviert.

Mythos Motivation

Wenn es um Motivation geht, ist ein Missverständnis immer noch weit verbreitet: dass uns primär andere Menschen oder Belohnungen motivieren sollen, können oder müssen. Wer nur darauf setzt, denkt völlig falsch. Motivation ist auch keine menschliche Eigenschaft, sondern das Ergebnis eines persönlichen Prozesses. Und deshalb kann jeder langfristig wirksame Motivation nur in sich selbst finden.

Wirkliche Motivation bedeutet: Ich will!

Motivation hängt also besonders von der inneren Bereitschaft ab – und nur teilweise von bestimmten Außenreizen. Es muss ein Motiv vorhanden sein, um Motivation entwickeln zu können. Ein Motiv kann bewusst oder unbewusst sein. Es bezieht sich immer auf bestimmte Handlungsziele. Wir sprechen dann vom Antrieb, dem inneren Drang, einer Neigung, Sehnsucht, dem Streben und Wollen. Motivation ist das in uns, was uns auf bestimmte Weise antreibt und bewegt – dass wir uns so und nicht anders verhalten.

> Das zu sein, was wir sind, und das zu werden, wozu wir in der Lage sind zu werden, ist der einzige Zweck des Lebens.
>
> *Baruch Spinoza, Philosoph*

Erfolgreich erbrachte Leistungen erzeugen neue Motivation. Deshalb ist die bewusste Entwicklung der eigenen Talente ein guter Weg, um die eigene Motivation zu stärken.

Motivation – das Motiv für Aktion

Was Motivation in Gang setzen kann, hat Ion Tiriac einmal bewiesen. Den meisten wurde er erst bekannt als cleverer Manager von Boris Becker. Er selbst war jedoch ein erfolgreicher Tennisspieler, zusammen mit Illie Nastase bildete er jahrelang das beste Doppel der Welt. Und als Jugendlicher spielte er zudem erfolgreich Eishockey, war sogar im Kader der rumänischen Nationalmannschaft.

Gleich im ersten Trainingslager wurde Ion Tiriac auf eine harte Probe gestellt. »Du, Tiriac«, sagte der Trainer, »siehst du die Berge hinter dir? Ganz da oben gibt es einen Laden. Hol mir doch von dort eine Packung Zigaretten.« Kaum hatte es der Trainer gesagt, lief Tiriac schon los, über die Wiesen, durch den Wald, kletterte über Felsen, kaufte die Zigaretten, rannte zurück, stolperte, fiel hin, rappelte sich wieder auf, rannte weiter und gab dem Trainer schließlich die Packung Zigaretten.

»Nein, Tiriac«, meckerte der Trainer, »ich wollte nicht die Zigaretten in der grünen Packung, ich wollte die in der roten Packung.«

Wie hat der junge Tiriac damals wohl reagiert?

»Ich wartete gar nicht darauf, was mir der Trainer für neue Instruktionen gab. Ich nahm ihm die grüne Packung aus der Hand, achtete darauf, dass ich lächelte, als ich ihn ansah. Und dann rannte ich noch schneller los als beim ersten Mal. Ich wollte ihm zeigen, dass man meinen Willen nicht brechen kann und ich unbedingt ins Team wollte und dass mich davon nichts abhalten kann – auch nicht, noch einmal den Berg hochzulaufen und wieder zurück.« Er kam ins Team.

Der Faktor Motivation (»Ich will«) spielt bei der Entwicklung persönlicher Stärke ebenfalls eine ganz wichtige Rolle. Die vollständige Formel muss also lauten:

Stärke = Talent + Wissen + Können + Wollen

Motivation – die treibende Kraft

Das »Wollen«, also die eigene Leistungsbereitschaft, die Motivation, ist die treibende Kraft im Leben, die Gefühle und Handlungen bestärkt, erfolgreich zu sein. Motivation, sagt Volkes Stimme treffend, ist der Stachel im Hintern, der Ausdauer verleiht und Widrigkeiten zu überwinden hilft. Nur wenn ich etwas wirklich tun will, wenn ich mich für etwas einsetzen will, wenn ich etwas erreichen will, weil es mir ein echtes Bedürfnis ist – dann bin ich motiviert. Motivation heißt:

- Ich muss es wirklich wollen.
- Ich muss daran glauben, dass ich es schaffe.
- Ich muss beharrlich am Ball bleiben.

Allgemeine und spezifische Motivation

Mit allgemeiner Motivation wird der Wunsch bezeichnet, etwas zu erreichen, etwas zu gestalten, zu bewirken und zu schaffen. Dieser Wunsch ist grundsätzlich in jedem Menschen vorhanden – wenn auch unterschiedlich stark ausgeprägt. Manche entwickeln die Energie eines Bunsenbrenners, andere brennen schwach wie eine Kerze. Es ist die spezifische Motivation, die dafür ausschlaggebend ist, dass sich ein Mensch für ein bestimmtes Ziel engagiert – und wie stark. Zwar ist das Motiv nur subjektiv von Bedeutung, doch es entscheidet über die Ausdauer und das Maß der Energie, das zum Erreichen des Ziels eingesetzt wird.

Das Basismodell der Motivation

Um die Frage »Warum handelt der Mensch so?« zu beantworten, lassen Sie uns einen Blick auf das wohl am häufigsten zitierte Motivationsmodell werfen: die so genannte Bedürfnispyramide, die der russische Psychologe Abraham Maslow schon vor 50 Jahren entwickelt hat.

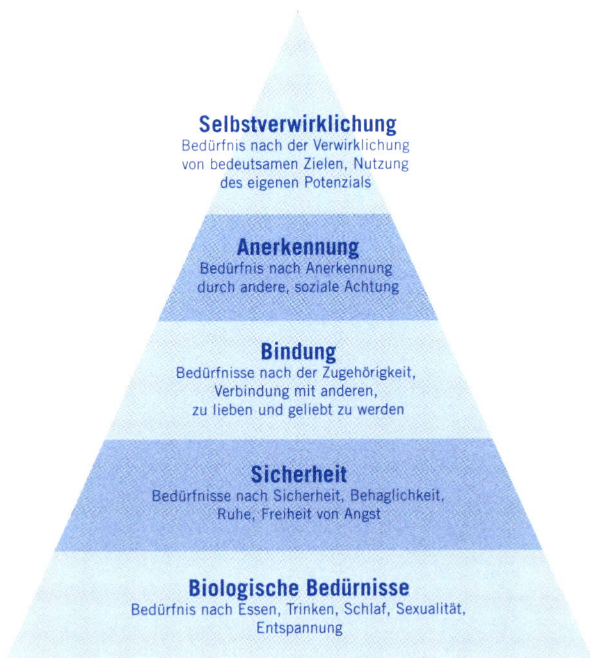

Anhand seiner Studien entwickelte er die Theorie, das die wesentlichen menschlichen Bedürfnisse angeboren und in einer Reihenfolge angeordnet sind, die vom »primitivsten« bis zum »humansten« führt.

Seine wichtigsten Konstruktionsprinzipien waren dabei:

- Unterteilung in Motivgruppen statt in einzelne Motive
- Einteilung der Motivgruppen in ein hierarchisches System

Dabei gilt immer, dass zuerst Bedürfnisse der niedrigen Stufe befriedigt sein müssen, bevor ein höheres Bedürfnis aktiviert wird und zum weiteren Handeln auffordert. Sind jedoch die Bedürfnisse einer Stufe befriedigt, ist die motivierende Wirkung verloren und die nächsthöhere Stufe wird aktiviert.

Die einzelnen Bedürfnisstufen

- Die physiologischen Bedürfnisse, also das reine biologische Überleben: Der Mensch braucht Luft, Essen, Trinken, Wärme, Schlaf und auch Geschlechtsverkehr. Um dies sicherzustellen, muss er sich seine Umgebung entsprechend einrichten, indem er sich Unterkünfte schafft und für seinen Unterhalt sorgt.
- Das Bedürfnis nach Sicherheit: Hier steht der Schutz vor negativen Einflüssen wie Krankheit, Angriffen und von allem was man bereits in der ersten Stufe erreicht hat, im Vordergrund. Es geht aber auch um Ordnung und geregelte Verhältnisse, auf die man sich verlassen kann.
- Das Bedürfnis nach Zugehörigkeit: In der dritten Stufe geht es um soziale Aspekte. Hier suchen Menschen ihren Platz in der Gemeinschaft, die ihnen ein soziales Zuhause bietet. Darüber hinaus geht es aber auch um gefühlsbetonte Kontakte wie Liebe, Zuneigung und Freundschaft mit anderen Menschen.
- Das Bedürfnis nach Wertschätzung: Hier geht es um die Anerkennung durch andere Menschen (Status, positives Feedback, Beförderung), das Selbstvertrauen und die positive Selbstbewertung, also die subjektive Bewertung der Arbeit, des Arbeitsklimas.
- Das Bedürfnis nach Selbstverwirklichung: In dieser Stufe geht es um das Ziel der Selbstverwirklichung, der freien Entfaltung der indivi-

duellen Fähigkeiten und der eigenen Persönlichkeit. Man will so sein und handeln, wie man ist. Der Poet will dichten und der Musiker musizieren. Es geht um die Verwirklichung des eigenen Leistungsvermögens, das Streben nach Kreativität und schöpferischer Tätigkeit.

Auch wenn Kritiker darauf hinweisen, dass nur die instinktiven Bedürfnisse berücksichtigt werden, also höherwertige Motive wie spirituelle Bedürfnisse, Bedürfnisse nach Ästhetik oder Wissen unberücksichtigt bleiben, liefert Abraham Maslow ein einfach überzeugendes Instrument, das auch heute noch weitgehend gültig ist und auf das sich Praktiker gerne beziehen.

Das System der Motivation

Professor Dr. Dr. Manfred Spitzer, Direktor der Psychiatrischen Universitätsklinik Ulm, Diplompsychologe und promovierter Philosoph, erklärt: »Unser Gehirn berechnet kontinuierlich voraus, was als Nächstes geschehen wird. Tritt ein Ereignis ein, was sich positiv vom Erwarteten abhebt, wird im Gehirn ein Signal empfangen, das besagt: Das Resultat dieser oder jener Sequenz von Eindrücken oder Verhaltensweisen war besser als erwartet. Wenn dieses Signal im Gehirn produziert wird, sorgt es dafür, dass gelernt wird. So optimiert der Organismus im Laufe der Zeit sein Verhalten. Jede positive Erfahrung verbucht das Gehirn als Gelerntes. Bei jeder positiven Bewertung schüttet das gehirneigene Belohnungssystem Dopamin aus«. Wie Serotonin ist auch der Botenstoff Dopamin für die guten Gefühle zuständig, die uns Lust, Genuss und Sympathie erleben lassen.

Professor Spitzer: »Dieses System bewirkt, dass Menschen von Natur aus motiviert sind. Sie können gar nicht anders, denn in ihren Gehirnen arbeitet ein effektives Belohnungssystem.«

Das persönliche Lebenskonzept als Wegweiser

Um das »Wollen«, also die eigene Leistungsbereitschaft und die Motivation, zu fördern, hilft ein schlüssiges Lebenskonzept. Ein persönli-

Dopamin ist ein Neurotransmitter, also ein Botenstoff, der eine wichtige Rolle im Belohnungssystem spielt. Unter dem Einfluss von Dopamin lernt das Gehirn, Zusammenhänge herzustellen. Dopamin ist daran beteiligt, unsere Wachheit zu steuern und die Aufmerksamkeit zu lenken. Es steigert Neugierde, Lernvermögen und Fantasie, Kreativität und Lust auf Sex. Das Gehirn schüttet diesen Botenstoff immer dann aus, wenn wir etwas oder jemanden begehren. Dopamin ist das Molekül des Wollens.

ches Lebenskonzept ist der entscheidende Schlüssel für dauerhafte Motivation und gibt immer eine klare Antwort auf diese alles entscheidende Frage: »Was will ich?«

Für die Entwicklung eines Lebenentwurfs, der auf den persönlichen Talenten und Stärken basiert, hilft es, wenn Sie bereit sind, sich auf die folgenden fünf Schritte einzulassen:

1. Erkennen Sie Ihre Werte
2. Entwickeln Sie Ihre Vision
3. Entdecken Sie die vier Lebensbereiche
4. Definieren Sie Ihre Lebensrollen
5. Finden Sie Ihre Ziele

Erkennen Sie Ihre Werte

Was Sie gerne anziehen, welchen Wagen Sie fahren, wen Sie schließlich heiraten, wie Sie Ihre Kinder erziehen, welche Politik Sie unterstützen und womit Sie Ihren Lebensunterhalt verdienen, das alles hängt auch von den Werten ab, die Sie unbewusst oder bewusst vertreten.

Werte sind die Grundlage, die Ihr Verhalten in ganz unterschiedlichen Lebenssituationen bestimmt. Werte geben dafür einen klaren Handlungsrahmen. Werte, die sich nicht im Verhalten widerspiegeln, sind leer. Werte sind das ethische und moralische Gerüst einer Gesellschaft.

Alle Traditionen, Regeln, Sitten und Gebräuche einer Gesellschaft spiegeln die Werte wider, auf denen sie aufbaut.

Klar, gesellschaftliche Veränderungen und aktuelle Trends führen zu neuen Leitbildern – und somit auch zu einem Wertewandel.

Was sind Werte?

Werte sind persönliche Überzeugungen, der Maßstab fürs Gewissen. Mit ihrer Hilfe wird entschieden, was richtig und falsch, was erlaubt und was verboten, was in oder out ist. Werte geben wichtige und notwendige Orientierung – für uns selbst, wie wir unser Leben leben, wie wir uns verhalten und mit anderen Menschen zusammenleben. Werte sind Richtlinien für Entscheidungen. Sie bestimmen das Tun und den Weg, der eingeschlagen wird, und sind somit auch die Basis für einen verlässlichen Umgang miteinander.

> **Glückliche und erfolgreiche Menschen** zeichnen sich dadurch aus, dass sie eine klare Vorstellung von ihrem Leben haben – sie verfügen über ein klares Lebenskonzept. Es ist der Ursprung dauerhafter Motiviation.

Wenn Ihr Leben bewusst auf Werten basiert, werden Sie vermutlich mehr Leidenschaft, Engagement und Beharrlichkeit in das investieren, was Sie tun. Werte drücken aus, was Menschen für besonders wichtig halten. Auf Dauer entstehen Zufriedenheit und Glück nur, wenn Sie Ihre Werte befriedigen.

Werte sind ein äußerst wirksames Mittel der Motivation. Wenn Sie eine schlechte Angewohnheit verändern wollen, so können Sie das sehr schnell erreichen, wenn Sie diese Veränderung als Zeichen für die Erfüllung eigener Werte ansehen.

Dabei ist es noch relativ einfach, nach eigenen Werten zu handeln, solange es nicht wehtut und man sich sicher fühlt. Der eigentliche Test wird erst dann bestanden, wenn werteorientiertes Verhalten keine unmittelbare Anerkennung oder Dankbarkeit bringt oder sogar Opfer erbracht werden müssen.

Werte sind die Basis für Visionen und Ziele

Es gibt keinen wirklichen Erfolg, wenn man nicht seinen wichtigsten Werten treu bleibt. Wer keine Befriedigung seiner Werte erfährt, ist versucht, Pseudoziele zu erreichen. Das ist auf Dauer sowohl anstrengend als auch frustrierend. Denn über kurz oder lang machen zum Beispiel Ziele wie Geld, Status, Karriere allein nicht glücklich, wenn sie nicht dazu dienen, wichtige Werte zu befriedigen. Sie helfen nur so lange als Motivator, wie man damit beschäftigt ist, sie zu erlangen. Auch Ersatzbefriedigungen wie Alkohol, Drogen, übermäßiges Essen, stundenlanges Fernsehen taugen nicht. Plötzlich gibt es Tage, da möchte man am liebsten gar nicht erst aufstehen. Und immer häufiger stellt sich die Frage: Was hat das, was ich tue, eigentlich mit mir zu tun?

> Nur ein Wert in Aktion ist wirklich wertvoll. Werte haben nur dann eine Bedeutung, wenn sie Ihre Entscheidungen des alltäglichen Lebens beeinflussen. Ansonsten haben Ihre Werte keinen Wert.

Oder noch ganz andere Fragen stellen sich: Warum geht es mir nicht gut, obwohl ich doch so viel erreicht habe? Warum packt mich die Unlust bei dem, was ich mache? Warum hat mein (Arbeits-)Tag einen so schalen Beigeschmack? Ist es nicht eigentlich etwas ganz anderes, was mich treibt? Und was ist das? Und warum mache ich es nicht? Das aktuelle Leben steht mit den wesentlichen Werten in Konflikt.

Mein Freund Martin lebt seine Werte – und ist glücklich. Er arbeitet als Unternehmensberater und Trainer. Martin hätte die Möglichkeit, sehr viel mehr Geld zu verdienen – bei seinen Fähigkeiten. Doch Geld bedeutet ihm nicht viel. Neuer Sportwagen? Er fährt seinen alten Passat. Trotzdem ist Martin ein glücklicher Mensch, denn er lebt mit seiner Frau Susl und Sohn Stefan so, wie er immer leben wollte: in Villach am Ossiacher See. Oft macht er mittags mit der Arbeit Schluss, beschäftigt sich mit seiner Familie, geht in die Berge oder zum See. Er ist die Zufriedenheit in Person, denn er lebt seine Werte – Familie, Lebensfreude, Gesundheit. Sie sind in seiner Vision und seinen Zielen enthalten.

Werte

Familienleben, Gerechtigkeit, Leistung, Liebe, Menschlichkeit, Anerkennung, Dankbarkeit, Schönheit, Gesundheit, Ordnung, Verständnis, Spaß, Begeisterung, Zärtlichkeit, Geselligkeit, Hilfsbereitschaft, Wahrheit, Status, Stärke, Sparsamkeit, Hingabe, Kontrolle, Genuss, Geduld, Respekt, Reichtum, Ehrlichkeit, Güte, Zuverlässigkeit, Toleranz, Ruhm, Freude, Fröhlichkeit, Heiterkeit, Gelassenheit, Lebenslust, Wahrhaftigkeit, Wissen, Macht, Ästhetik, Religiosität, Klarheit, Selbstbewusstsein, Frieden, Souveränität, Freiheit, Selbstachtung, Harmonie, Mut, Vertrauen, Wille, Pünktlichkeit, Kreativität, Natur, Respekt, Gemeinschaft, Einfachheit, Begeisterungsfähigkeit, materielle Sicherheit, Weisheit, Einfluss, Bescheidenheit, innere Zufriedenheit, Verbundenheit, Bildung, Ausgeglichenheit, Wachstum, Disziplin, Höflichkeit, Loyalität, Flexibilität, Fleiß, Karriere, Beziehungen, Optimismus

Welche Werte sind mir persönlich wichtig?

Das eigene Wertesystem ist nicht starr, es verändert sich im Laufe des Lebens immer wieder. Wer einschneidende Erfahrungen macht, wird die Welt mit anderen Augen sehen. Alte Werte rutschen ab in der Prioritätenliste, neue Werte drängen nach vorne. Es kann also nicht schaden, von Zeit zu Zeit nach den aktuellen Werten zu fragen.

Das Erkennen der eigenen Werte ist ein ganz entscheidender Schritt, um die eigene Identität zu finden. Nehmen Sie sich also Zeit: Bestimmen Sie Ihre wichtigsten Werte. (Als Hilfestellung dient vielleicht der oben stehende Wertekatalog). Kreuzen Sie an, was für Sie unverzichtbar ist. Gehen Sie in sich und fragen Sie sich:

- An welchen Werten orientiere ich mich?
- Welche Werte begleiten mich schon ein Leben lang?
- In welcher Reihenfolge sind mir die Werte wichtig?
- Stehen manche meiner Werte in Konkurrenz zueinander?
- Lebe, handle und entscheide ich nach meinen Werten?

Werte und Wertvorstellungen können sich im Laufe des Lebens durchaus verändern. Zum Beispiel wenn wir eine Familie gründen. Plötzlich sehen wir die Welt mit anderen Augen, setzen andere Prioritäten – und entdecken ganz neue Werte.

Wertvorstellungen und Überzeugungen sind ein stabiles Fundament und gleichzeitig ein fruchtbarer Boden für Ihre psychische und seelische Entwicklung. Nur wenn Werte und Ziele harmonisch zusammenpassen, kann Glück entstehen. Die individuellen Antriebs- und Werteprofile beeinflussen auch Beziehungen. So fühlen Sie sich intuitiv zu jenen Menschen hingezogen, mit denen Sie ähnliche Werte teilen. Sie können letztlich nur in Partnerschaften glücklich werden, in denen die wirklich wichtigsten Lebensmotive und Lebensziele übereinstimmen.

Wichtige Werte für mich	

- Schreiben Sie die Werte, die Sie angekreuzt haben, in obige Liste.
- Schauen Sie sich alle Werte noch einmal in Ruhe an. Welche sind für Sie wirklich unverzichtbar?
- Bewerten Sie: Welcher Wert ist Ihnen sehr wichtig? Welcher ist weniger wichtig?

Reduzieren Sie die Zahl Ihrer Werte auf fünf. Und legen Sie fest, welche Werte oberste Priorität für Sie haben, indem Sie sie gegeneinander abfragen. Tragen Sie Ihre wichtigsten Werte auf der nächsten Seite ein.

Meine fünf wichtigsten Werte

Wer seine wichtigsten Werte kennt, steht auf einem festen Fundament. Es wird Ihnen jetzt auch leichter fallen, Ihre Ziele zu formulieren. Zuvor sollten Sie allerdings noch weit über den Tag hinaus schauen.

Glück und Erfolg sind nur möglich, wenn Sie im Einklang mit Ihren Werten leben. Echtheit und innere Stimmigkeit sind eine entscheidende Voraussetzung für die Entwicklung von Wertvorstellungen.

Entwickeln Sie Ihre Vision

In meinen Seminaren zitiere ich gerne den französischen Schriftsteller Antoine de Saint-Exupéry (»*Der kleine Prinz*«), der auf wunderbare Weise umschrieben hat, welche Bedeutung Visionen haben: »Wenn du ein Schiff bauen willst, so trommle nicht Menschen zusammen, um Holz zu beschaffen, Werkzeuge vorzubereiten, Aufgaben zu vergeben und die Arbeit einzuteilen, sondern lehre die Menschen die Sehnsucht nach dem weiten, endlosen Meer.«

Vision – im Fremdwörter-Lexikon findet sich folgende Erklärung: »In jemandes Vorstellung besonders in Bezug auf die Zukunft entworfenes Bild.« Vision – das klingt ein bisschen abgehoben und sehr weit weg.

Dabei ist es für das eigene Leben sehr wichtig, Visionen zu entwickeln. Eine treffende Definition kommt von Profesor Dr. Hans Hinterhuber

(Universität Innsbruck): »Eine Vision ist der bewusst gewordene Wunschtraum einer veränderten Umwelt und Innenwelt.« Für mich bedeutet Visionen entwickeln so etwas wie das Auswickeln der großen Wünsche und Träume fürs Leben. Eine Vision löst im Idealfall wirklich dieses innerliche Sehnen bei allen Beteiligten aus, das Antoine de Saint-Exupéry entworfen hat.

Die Suche nach dem Sinn

In der Botanik wird zwischen Pflanzen, die tief wurzeln, und solchen, die flach wurzeln, unterschieden. Spätestens bei einem Sturm zeigen sich die Qualitäten von Tiefwurzlern – sie fallen nicht so leicht um wie Flachwurzler. Das, was wir Sinn des Lebens nennen, gibt dem Menschen gewissermaßen die Wurzeln. Wer über verlässliche Werte verfügt und feste Überzeugungen hat, wer seinen Lebenssinn und sein Lebensziel gefunden hat, den wird so schnell auch nichts umwerfen, weil er fest im Leben verwurzelt ist.

Die Sinnfrage (»Was will ich mit meinem Leben anfangen?«, »Worum geht es mir?«) kann Ihnen niemand beantworten – nur Sie selbst. Deswegen sollten Sie sich immer wieder diese zentrale Frage stellen: Was will ich wirklich?

Eine Vision stiftet den Sinn, den Sie brauchen, um Ihr Leben spannend und lebenswert zu finden. Es stimmt, was Professor Dr. Gertrud Höhler, eine begehrte Beraterin für das europäische Top-Mangement, sagt: »Niemand ist imstande, über längere Zeit Einsatz zu bringen, ohne den Sinn zu erkennen.«

Die Strahlkraft einer Vision

John F. Kennedy (amerikanischer Präsident von 1961 bis 1963) formulierte zu Beginn seiner Amtszeit die Vision, in den nächsten zehn Jahren würde der erste Amerikaner den Mond betreten. Das war ein Prestigeduell ersten Ranges in Zeiten des Kalten Krieges – und eine sehr ehrgeizige Vision. Die Geschichte hat gezeigt, dass diese Vision in der amerikanischen Gesellschaft, bei Forschern und NASA-Wissenschaftlern ungeheure Kräfte mobilisierte. Teams der NASA arbeiteten bis zu 18 Stunden täglich, sie übernachteten in Schlafsäcken im Labor, um den Zeitplan zu erfüllen. Alle waren stolz, dabei zu sein. Charles Garfield, ehemaliger NASA-Chefpsychologe, beschrieb diesen Zustand später als »Märchenland der Motivation«. Und tatsächlich: Am 21. Juli 1969 betrat der Amerikaner Neil Armstrong als erster Mensch den Mond.

> Wenn das Leben keine Vision hat, nach der man strebt, nach der man sich sehnt, die man verwirklichen möchte, dann gibt es auch kein Motiv sich anzustrengen.
>
> *Erich Fromm, Psychologe*

Mit der Proklamation der Mars-Mission im Januar 2004 wollte US-Präsident George W. Bush erreichen, dass seiner Nation noch einmal ein ähnliches Kunststück gelingt. Verständlich, angesichts der Turbulenzen, die durch den Irak-Krieg entstanden sind.

Visionen sind Perspektiven und Aussichten für die Zukunft. Diese Bilder sind in jedem von uns schon angelegt, sie sind vielleicht aber verschüttet. Jetzt müssen sie nur eingefangen und ausgewickelt werden – Konturen bekommen. Der Schweizer Marketing-Professor Kasimir M. Magyar brachte es auf den Punkt: »Visionen zeugen Zukunft, sie machen Unmögliches denkbar und Denkbares möglich.«

Wo will ich in 10 Jahren stehen?

Eine Vision ist schon etwas sehr Großes, das zu Beginn fast unerreichbar scheinen darf. Sie sollte jedoch gerade noch machbar sein. Aber auch Visionen dürfen nicht zum Dogma werden, sondern sollten in angemessenen Zeitabständen überprüft und weiterentwickelt werden. Mit einer Vision geben Sie die Richtung vor, in die Sie sich entwickeln wollen. Die Vision drückt die zentralen Leitfragen fürs Leben aus:

- Was sind meine Träume?
- Wo will ich (beziehungsweise die Firma) in 5 bis 10 Jahren stehen?
- Was ist mir im Leben wirklich wichtig?
- Welchen Sinn sehe ich in meinem Leben?

Ohne Vision droht Zukunftsblindheit

Wer nicht in die Zukunft schaut, ist bald weg vom Fenster. Wenn Sie eine Vision für sich oder für Ihr Team, für Ihr Unternehmen oder Projekt entwickeln wollen, dann sorgen Sie dafür, dass es wirklich eine Vision wird und nicht nur ein »Visiönchen«. Sie sollten gemeinsam ein attraktives, erstrebenswertes Bild vor Augen haben. Jede Vision muss auf die wichtigsten Werte Bezug nehmen. Wenn Sie etwas vollkommen Unmögliches entwerfen, wäre das eine Utopie. Nur wer sich mit einer Vision identifiziert, ist auch bereit, dafür außergewöhnlichen Einsatz zu bringen.

Oft kann es mehrere Monate dauern, und es braucht zahlreiche Entwürfe, bis Ihre Vision entwickelt ist. Übrigens: Entwickeln bedeutet in diesem Zusammenhang nichts anderes als das »auszuwickeln«, was bereits vorhanden ist.

Formulieren Sie Ihre Vision in der Gegenwartsform. Beschreiben Sie sie, als ob Sie sie bereits verwirklicht hätten. Sie präsentieren Ihrem Gehirn damit feste Tatsachen und nicht wünschenswerte Möglichkeiten.

> Verschiedene Übungen und Beispiele zur Entwicklung Ihrer Vision finden Sie im Internet unter www.lebe-deine-staerken.com

Das Leben ist nicht eindimensional. Nachdem Sie sich also mit Ihrer Vision beschäftigt haben – und bevor Sie versuchen, für Ihr persönliches Lebenskonzept ganz konkrete Ziele zu formulieren –, ist es zunächst einmal wichtig, sich die verschiedenen Lebensbereiche zu verdeutlichen, in denen Sie Ihre Talente und Stärken leben können.

Entdecken Sie die vier Lebensbereiche

Wie finde ich Glück, Zufriedenheit und ein erfülltes Leben? Diese entscheidende Frage hat sich vor gut zehn Jahren auch der iranische Arzt Professor Dr. Nossrat Peseschkian gestellt. Er forschte in 16 verschiedenen Kulturkreisen, was denn für ein erfülltes Leben ausschlaggebend ist und welche Bereiche den persönlichen Lebenserfolg tragen und prägen. Er entwickelte ein einleuchtendes und vernünftiges Modell, das auf vier Säulen steht:

1. **Beruf und Finanzen** (also Arbeit, Leistung, Weiterbildung, Wohlstand)
2. **Gesundheit und Fitness** (also gesunde Ernährung, Sport und Bewegung, Erholung und Entspannung)
3. **Familie und soziale Kontakte** (also Ehe oder Partnerschaft, Kinder, Freunde, Verwandte, Bekannte, soziales und politisches Engagement)
4. **Sinn und Kultur** (also die Lebensaufgabe und der Lebenssinn, kulturelles Interesse)

Ist der Bereich Sinn und Kultur für Sie schwer greifbar? Dann definieren Sie ihn einfach mit »Ich« oder »Ich selbst«. Fragen Sie sich beispielsweise: Will ich tanzen, singen oder Sprachen lernen? Wenn ja, welche? Will ich mich weiterbilden? Was ist mein Lebenssinn? Oder: Was sind meine wichtigsten Werte?

Die Basis für die Lebensbalance

In seinen Forschungen zu den Wechselwirkungen von Psyche, Körper und sozialem Umfeld betont Professor Peseschkian die Notwendigkeit, für alle vier Bereiche angemessene Aufmerksamkeit zu finden. Es geht hierbei nicht um die Quantität, also nicht um gleich viel Energie und Zeit für Gesundheit, für die Familie und für den Job. Das wäre ohnehin im Alltag kaum einzurichten.

Sie müssen sich auch zugestehen, dass besondere Ereignisse, die Lebensphase, Talente und Stärken eine entscheidende Rolle spielen. Denn was geschieht, wenn Sie zwar ein ausgewogenes Leben führen, doch nicht das tun können, was Sie gut können, was Ihnen Spaß macht, was Ihren Talenten und Stärken entspricht? Sie leben zwar in Balance, doch Ihr Leben läuft untertourig.

Zudem ist nicht jeder Bereich des Lebens geeignet, alle Aspekte Ihrer persönlichen Vision zu berücksichtigen. Diplompsychologe Rainer Niermeyer von *Kienbaum und Partner* meint dazu: »Der Mensch kann einen bestimmten Mangel in einem Lebensbereich sehr gut verkraften, wenn er in einem anderen Bereich die Möglichkeit hat, dies auszugleichen.«

Ist mein Leben in der »Stärken-Balance«?

Sie dürfen dabei natürlich nicht eine verhältnismäßige Ausgewogenheit aus dem Auge verlieren. Darüber hinaus funktioniert dieser Ausgleich nur, wenn dieser andere Bereich Sie wirklich erfüllt, wenn Sie also hier Ihre besonderen Fähigkeiten ausspielen können.

Fatal wird es immer dann, wenn die Balance gestört ist und Sie im stark belasteten Lebensbereich nicht das (er)leben können, was Sie gut und gerne machen. Die Folge: Man ist erst unzufrieden und gereizt. Schließlich brennt man aus (Burnout-Syndrom).

Fragen Sie sich also: Habe ich die Möglichkeit, meine Talente und Stärken in den einzelnen Lebensbereichen zu (er)leben?

Vielleicht entdecken Sie Ihr Talent fürs Malen und Singen erneut – und praktizieren und trainieren diese Fähigkeiten auch wieder. Gut, Sie werden damit vielleicht kein Geld verdienen. Aber es könnte immerhin der Schlüssel für besondere Lebensfreude in Ihrer Freizeit, im Bereich »Ich selbst« sein.

Definieren Sie Ihre Lebensrollen

Warum betrachten Sie das Leben nicht ganz einfach als ein Spiel, als ein spannendes Spiel. Sehen Sie die vier Lebensbereiche doch als Spielfelder. Auf jedem dieser vier Spielfelder sollten Sie präsent sein – und zwar auf verschiedene Weise. Stellen Sie sich also einfach vor, welche verschiedenen Rollen Sie im Spiel des Lebens erfüllen wollen. Und auch, welchen Erwartungen Sie gerecht werden müssen.

Zum Beispiel im Lebensbereich Beruf und Finanzen. Unternehmer, Geschäftsführer, Manager oder Volontär, Angestellter, Mentor, Teammitglied oder Einzelkämpfer, Macher oder Umsetzer, Antreiber oder Ideengeber – es gibt viele Rollen, die Sie im Job übernehmen können oder ausfüllen müssen.

Oder zum Beispiel im Lebensbereich Familie und soziale Kontakte. Vater und Freund, Tochter oder Mutter, Bruder oder Schwester, Tante, Onkel oder Enkel, Partner und Geliebter, Vereinsvorstand, Blitzableiter, Ratgeber oder Kummerkasten – besonders in Ihrem privaten Umfeld sind Sie in viel mehr Rollen gefragt, als Ihnen im ersten Moment möglicherweise bewusst ist.

Klar, je mehr Rollen Sie bewusst oder unbewusst wahrnehmen, desto mehr Verpflichtungen haben Sie und desto mehr Forderungen müssen Sie erfüllen. Der Managementtrainer Stephen R. Covey behauptet: Man könne nur sieben Rollen bewusst und effektiv managen.

Spielen Sie doch künftig nur die Rollen, die Sie wirklich spielen wollen und in denen Sie richtig gut sind. Legen Sie Rollen ab, die Ihnen nicht passen. Unzufriedenheit, Zeitdruck entsteht oft, wenn man zu viele Rollen spielt. Machen Sie jetzt für sich eine Bestandsaufnahme:

Welche Lebensrollen spiele ich aktuell?

Lebensbereich Beruf und Finanzen	Lebensbereich Gesundheit und Fitness

Lebensbereich Familie und Kontakte	Lebensbereich Sinn und Kultur

Bringen Sie Klarheit in Ihre Lebensrollen

- Können Sie jede dieser Rollen wirklich ausfüllen?
- In welcher Rolle fühlen Sie sich besonders wohl, weil Sie hier Ihre Stärken ausspielen können? Mit welcher Rolle sind Sie überfordert?
- Welche Rolle möchte Sie im Grunde gar nicht (mehr) spielen?
- Welche Rollen laufen ohne Engagement nebenher?
- Auf welche Rolle können Sie verzichten?
- Welche zusätzliche Rolle würden Sie künftig gerne übernehmen?

Jetzt überlegen Sie im nächsten Schritt, was Sie in jeder Rolle in den nächsten Jahren erreichen wollen. Am schnellsten werden Sie sich Ihrer Vision nähern, wenn Sie Ihre Ziele innerhalb Ihrer Lebensrollen auf Ihren Talenten und Stärken aufbauen.

Finden Sie Ihre Ziele

Wenn Sie nicht genau wissen, wohin Sie wollen, müssen Sie sich nicht wundern, wenn Sie irgendwo ankommen. Mit Sicherheit werden Sie jedoch nicht Ihr Ziel finden. Es ist, als würden Sie ohne Stadtplan durch eine fremde Stadt fahren. Das Gehirn braucht Ziele, und zwar klare Ziele. Erst durch Ziele können Visionen Wirklichkeit werden.

Ohne Ziel sind und bleiben Sie orientierungslos. Mittelmäßigkeit, Unlust, Langeweile, frustrierende Zustände lassen sich nur mit einer klaren Zieldefinition besiegen. Zielklarheit aber sorgt für die nötige Energie. Der Persönlichkeitstrainer Brian Tracy beziffert: »Zielklarheit ist 80 Prozent des Erfolgs«. Ziele sind konkrete messbare Zustände, die ein Unternehmen, eine Geschäftseinheit oder ein Einzelner in einer überschaubaren Zukunft erreichen möchte.

Ziele wecken schlummernde Talente

Zum Beispiel bei Edwin H. Land. Er war damals, im Jahre 1943, gerade 34 Jahre alt, und ein unbedeutender, aber talentierter Physiker, als er mit seiner dreijährigen Tochter Jennifer in Santa Fé Urlaub machte. Als Edwin sein Töchterchen knipste, fragte Jennifer zu seiner Verblüffung: »Papa, warum kann ich das Foto nicht sofort sehen?«

Ja, warum eigentlich nicht?

Diese Frage wurde zum Auslöser für die Erfindung der Sofortbildkamera. Edwin Land hatte plötzlich ein Ziel vor Augen. Land erinnert sich: »Noch in derselben Stunde nahmen die Kamera, der Film, der ganze chemische Prozess so deutliche Umrisse an, dass ich völlig aufgeregt zu einem Freund lief, um ihm in allen Details eine Kamera zu beschreiben, die unmittelbar nach der Aufnahme ein Bild liefern konnte. Ich hatte alles so real vor Augen, dass ich mehrere Stunden für die Beschreibung brauchte.«

Setzen Sie sich realistische Ziele

Ein Ziel muss wirklich attraktiv sein. Und das Ziel muss auch zu schaffen sein. Nur dann werden und können Sie langfristig die nötige Energie mobilisieren. Nur was Erfolgserlebnisse beschert und echte Freude bereitet, erzeugt Dynamik. Misserfolge bremsen oder zerstören.

Ziele geben die nötige Motivation zum Durchhalten. Für das Erreichen eines großen Zieles ist es wichtig, es in kleinere Ziele zu unterteilen – damit Sie aus jeder Teiletappe als Sieger hervorgehen können.

Die wichtigsten Voraussetzungen für wirkungsvolle Ziele

- Ziele müssen motivieren und herausfordern
- Ziele müssen positiv formuliert sein
- Ziele müssen konkret und messbar sein
- Ziele müssen erreichbar und aus eigener Kraft realisierbar sein
- Ziele müssen schriftlich fixiert werden
- Ziele müssen zeitlich terminiert sein (ein Zeitraum, der überschaubar ist)
- Ziele müssen mit den persönlichen Werten in Einklang stehen

Die 7 Schritte zum Ziel

Wenn Ziele nicht nur Wunschträume bleiben sollen, sondern für Motivation sorgen, das »Wollen« fördern, dann müssen Sie mit konkreten Schritten beginnen. Formulieren Sie Ihre Ziele – wie die Vision – in der Gegenwartsform.

1. Beschreiben Sie Ihre Lebensrollen

Verdeutlichen Sie sich noch einmal Ihre Werte, Ihre Vision und die für Sie entscheidenden Lebensbereiche. Kommen Sie auf die Rollen zurück, die Sie in jedem Bereich ausfüllen. Was bedeutet es für Sie zum Beispiel, eine gute Partnerin, Vater, Sportlerin, Verkaufsleiter, Vermieterin, Nachhilfelehrer oder sozial Engagierter zu sein? Beschreiben Sie bitte jede Ihrer Rollen.

2. Legen Sie Ihre Ziele schriftlich fest

Nun gilt es, für jede Lebensrolle die einzelnen Ziele festzulegen. Denn Ziele, die nicht schriftlich fixiert werden, sind keine echten Ziele. Sie existieren nur in der Fantasie. Sehen Sie Ziele als Ihre Wegweiser an.

Durchs Aufschreiben werden Gedanken fixiert. Für eine Studie (Universität Yale) wurden Studenten befragt: »Haben Sie Ihre Ziele aufgeschrieben?« Nur drei Prozent hatten. Zwanzig Jahre später wurden alle erneut interviewt. Das Ergebnis war sensationell. Die drei Prozent mit schriftlich fixierten Zielen hatten mehr Vermögen angehäuft als die restlichen 97 Prozent zusammen.

3. Legen Sie den Zeitrahmen fest

Schreiben Sie vor oder hinter jedes Ihrer Ziele, wie lange Sie bis zur Realisierung brauchen.

4. Begründen Sie Ihre Ziele

Schreiben Sie auf, warum Sie dieses Ziel unbedingt erreichen müssen. Wenn Ihr Warum groß genug ist, ergibt sich jedes Wie automatisch.

5. Überprüfen und verändern Sie gegebenenfalls Ihre Ziele

Mit folgenden vier Fragen lässt sich herausfinden, ob Ihr Ziel wirklich sinnvoll für Sie ist:

- Was gewinne ich, wenn ich das Ziel erreiche?
- Was gebe ich dadurch auf?
- Füge ich eventuell anderen Schaden zu?
- Woran erkenne ich, dass ich mein Ziel erreicht habe?

Meine Ziele: Im Bereich Beruf und Finanzen	
Lebensrolle	Lebensrolle
Lebensrolle	Lebensrolle

Meine Ziele: Im Bereich Familie und Kontakte	
Lebensrolle	Lebensrolle
Lebensrolle	Lebensrolle

6. Visualisieren Sie täglich Ihre wichtigsten Ziele

Stellen Sie sich so oft es geht Ihr Ziel klar und deutlich in Bildern vor. Erleben Sie vor Ihrem geistigen Auge (visualisieren Sie), wie Sie Ihr Ziel erreichen, wie Sie die Aufgaben auf dem Weg zum Ziel hervorragend lösen. Die Gehirnforschung hat nachgewiesen, dass das Gehirn nicht zwischen einer gemachten und einer intensiv vorgestellten Erfahrung unterscheiden kann.

Meine Ziele: Im Bereich Gesundheit und Fitness	
Lebensrolle	Lebensrolle
Lebensrolle	Lebensrolle

Meine Ziele: Im Bereich Sinn und Kultur (»Ich selbst«)	
Lebensrolle	Lebensrolle
Lebensrolle	Lebensrolle

7. Aktualisieren Sie Ihre Ziele

Die Welt verändert sich ständig. Manchmal müssen Sie Ihre Ziele den Gegebenheiten anpassen. Denn manche Ziele erreichen Sie, einige verlieren vielleicht an Bedeutung. Damit Ihre Ziele nicht an Zugkraft verlieren, sollten Sie alle sechs Monate überprüfen, was wirklich noch wichtig für Sie ist.

Zusammenfassung

Der Stärkenfaktor »Wollen«

In diesem Kapitel haben wir die bisherige Stärkenformel *Stärke = Talent + Wissen + Können* um einen weiteren Faktor, den Faktor *Wollen* ergänzt. Die These: Ein starkes Leben gründet sich nicht nur auf den gegebenen Talenten und der Weiterentwicklung von besonderen Fähigkeiten. Es muss auch der Wille (die Motivation) vorhanden sein oder geweckt werden, um die Talente einzusetzen und sie zu einer Stärke zu machen.

Was uns antreibt

Das Wollen, die eigene Leistungsbereitschaft, ist die treibende Kraft unseres Lebens. Motivation kann aber nur bedingt von außen kommen. Motivation bedeutet: »Ich weiß, was ich will!« »Ich kenne mein Motiv!«, »Ich glaube, dass ich es schaffe!«, »Ich verfolge konsequent meine Vision und meine Ziele«. Um motiviert zu bleiben, müssen diese Herausforderungen auch erreichbar sein.

Warum ein stärkenorientiertes Leben motiviert

Erfolg, also das Erreichen von selbst gesteckten Zielen, motiviert, weiterzumachen, noch besser zu werden. Allerdings können Sie nur dort besondere Leistungen erbringen, wo Ihre Stärken liegen. Deshalb sind die bewusste Entwicklung der eigenen Talente und ein stärkenorientiertes Leben die beste Motivation überhaupt.

Wie das persönliche Lebenskonzept den Weg bereitet

Das persönliche Lebenskonzept gibt Antworten auf die wichtigste Frage: »Was will ich wirklich?« und liefert einen entscheidenden Schlüssel für dauerhafte Motivation. Ein tragfähiges Lebenskonzept können Sie in den folgenden fünf Schritten entwickeln:

- Erstens: Erkennen Sie Ihre persönlichen Werte!
- Zweitens: Entwickeln Sie Ihre Vision!
- Drittens: Entdecken Sie die vier Lebensbereiche!
- Viertens: Definieren Sie Ihre Lebensrollen!
- Fünftens: Finden Sie Ihre persönlichen Ziele!

Warum Ziele so wichtig sind

Ziele wirken wie ein Kompass, der hilft, besonders auch in einer schwierigen Situationen den richtigen Weg zu finden. Ohne präzise Zielvorstellung wird die Energie meist sinnlos verpulvert und die nötige Motivation geht verloren. Wie können Sie also in unserer Stärkenformel

Stärke = Talent + Wissen + Können + Wollen

den letzten Faktor, das Wollen, verstärken? Wie können Sie Ihre Leistungsbereitschaft und Ihre Motivation verbessern?

Erstens: Gewinnen Sie Klarheit über Ihr persönliches Lebenskonzept, also über Ihre Werte, die Visionen, die Lebensbereiche, die Lebensrollen – und Ihre Ziele.

Zweitens: Erzielen Sie Übereinstimmung zwischen Ihrem Lebenskonzept, Ihren Talenten, Ihren Stärken und dem aktuellen Handeln. Wenn diese Kongruenz erreicht ist, werden Sie auf dem Weg zu Ihren Träumen auch die nötige Kraft und Motivation finden. Und zwar auch in schweren Situationen.

04

Warum mache ich nicht mehr aus mir? Was bremst die Entwicklung meiner Stärken? Wie kann ich mein Verhalten erfolgreich ändern? Wie komme ich wirklich ins Handeln? Und wie beherrsche ich die Kunst, ein starkes Leben zu führen?

Wie ich schaffe, was ich kann und will

Sie wissen jetzt, welche Talente in Ihnen schlummern und kennen Ihre persönlichen Stärken (»Was ich kann«). Sie haben inzwischen auch geklärt, was Sie persönlich vom Leben erwarten (»Was ich will«) und was Sie letztlich antreibt. Jetzt kommt es vor allem darauf an, Ihre Wünsche und Ziele (»Wo will ich hin?«) auch tatsächlich umzusetzen. Doch das fällt den wenigsten leicht.

Wie schaffe ich, was ich kann und will? Häufig hindern uns alte Gewohnheiten und Verhaltensmuster, sie bremsen den nötigen Elan und erschweren, endlich ins Handeln zu kommen. Dies fällt weniger schwer, wenn Ihnen die Phasen der Veränderung, die durchschritten werden müssen, bewusst sind. Und wenn Sie in der Lage sind, eine klare Entscheidung zu treffen.

Wie zum Beispiel Francis Albert Sinestra. Er fühlte sich immer schon zum Sänger berufen. Sein Ziel war es, einmal Erfolge zu feiern wie Bing Crosby, sein großes Vorbild. Doch Francis' Vater, ein ehemaliger Boxer und Feuerwehrmann, untersagte seinem Sohn, sich in dieser »halbseidenen« Profession zu versuchen. Stattdessen musste er Laufbursche in der Lokalzeitung werden, später Aushilfsfahrer und schließlich kellnerte er in einem Rasthaus namens *Rustic Cabin*, für 15 Dollar Wochenlohn. Nebenbei aber sang Francis in Bars und Clubs seines Heimatortes Hoboken, New Jersey.

Kostprobe des Könnens

Eines Tages tauchte überraschend ein gewisser Harry James im Rustic Cabin auf, ehemaliger Trompeter in Benny Goodmans Band, der jetzt eine eigene Big Band zusammenstellte. Francis hatte davon gehört und traf sogleich eine Entscheidung. Er band kurz entschlossen seine Kellnerschürze ab, kletterte auf einen Tisch und gab eine spontane Kostprobe seines Könnens.

Diese Spontanbewerbung als Chorussänger löste die Karriere eines der wichtigsten Entertainer im internationalen Showbusiness aus, denn Profi James erkannte sofort das Potenzial dieses jungen Mannes mit der melancholischen Stimme. »Er nennt sich Sinatra und er hält sich für den größten Sänger im Showbusiness«, erklärte Harry James in Interviews vor dem ersten Auftritt. »Noch weiß niemand von ihm, noch hat Sinatra keine Platte aufgenommen, und er sieht ziemlich abgerissen aus. Aber er sagt, er sei der Größte«.

»I did it my way«

Bekanntlich hat Frank Sinatra (»The Voice«) alle Rekorde der Unterhaltungsbranche gesprengt: er nahm über 1800 Songs auf, kassierte mehrere Dutzend Goldene Schallplatten; er spielte in 60 Filmen mit, gewann neun Grammys, einen Oscar und genoss fast 60 Jahre lang Ruhm und Rampenlicht. Und sicher ist es auch kein Zufall, dass ausgerechnet der Titel »*My Way*« zu Sinatras größtem Erfolg geworden ist: »Ich hab ein reiches Leben gelebt, ich habe jeden Highway bereist, ich habe getan, was ich tun musste – und noch mehr: ich hab es auf meine Weise getan.«

I did it my way – besser kann eine Lebensbilanz kaum sein, denn vermutlich möchte jeder einmal über sich sagen können: Ich habe getan, was ich tun wollte, und ich habe es mir gemäß getan.

Aber warum tun dann die wenigsten, was sie tun möchten? Warum schöpfen die meisten ihre Möglichkeiten nicht aus? Warum schaffen sie nicht, was sie sich vorgenommen haben? Warum versuchen sie es meistens gar nicht richtig? Warum ist es für die allermeisten so schwierig, gute Vorsätze zu realisieren und vorhandenes Wissen umzusetzen?

Zum Beispiel Thomas. Nach dem BWL-Studium stieg er als Controller bei einem großen Chemieunternehmen ein. Fünf Jahre machte er dort einen vernünftigen Job, aber ohne Begeisterung. Im Prinzip war er ganz zufrieden, das Gehalt stimmte und die Arbeitszeiten waren traumhaft, verglich er sein wöchentliches Arbeitspensum mit dem seiner Studienkollegen, die mittlerweile ein Stück weiter die Karriereleiter hinaufgestiegen waren.

Mensch, warum machst du nicht mehr aus dir?

Seine Kollegen fragten schon hin und wieder: »Warum machst du nicht mehr aus dir?«, aber ihm fielen stets gute Ausreden ein. Wenn er ganz ehrlich mit sich ins Gericht ging, fragte er sich aber auch: Was war aus seinen Träumen geworden? Wo war eigentlich seine Zukunftsperspektive? Klar, den Job konnte er bis zur Rente machen – aber wollte er das wirklich? Oft machte sich Thomas Gedanken, wie es beruflich weitergehen sollte – halbherzig bewarb er sich bei anderen Firmen, und weiterhin erledigte er brav seine Arbeit. Er fiel nicht weiter auf – nicht negativ, aber auch nicht positiv. Bis eines Tages von einem neuen Abteilungschef die Rede war. Zwei, drei Kandidaten, so erzählten ihm Kollegen, seien im Gespräch, aber niemand aus dem eigenen Unternehmen.

> Ein Mensch muss das werden, was er werden kann.
> *Abraham Maslow, Motivationsforscher*

Insgeheim hatte Thomas auf den Posten spekuliert – endlich Personalverantwortung, endlich in strategische Prozesse einbezogen werden, endlich mitbestimmen können. War es jetzt zu spät?

Er hatte nie den ernsthaften Versuch gemacht, sein Führungspotenzial zu zeigen. Er hatte nie konkrete Pläne geschmiedet, Informationen gesammelt oder im Unternehmen wichtige Kontakte geknüpft. Es war nie zu einer inneren Entscheidung (»So, jetzt pack ich's an«) und deshalb auch zu keinen Handlungsschritten (»Ich tue, was ich kann und will«) gekommen.

Ist mein Leben um meine Stärken aufgebaut?

Kommt Ihnen diese Geschichte von Thomas irgendwie bekannt vor? Erkennen Sie sich tendenziell wieder? Müssen Sie sich selbst vielleicht auch manchmal mit diesen unerfreulichen Fragen quälen: Warum mache ich eigentlich so oft Dinge, die ich eigentlich gar nicht machen wollte? Warum mache ich nicht das, was ich viel besser könnte? Und vor allem: Warum mache ich nicht einfach die Dinge, die ich auch viel lieber machen möchte und die meine Stärke sind? Alles wichtige Fragen.

Der Mut zur Veränderung

Die Geschichte hat ein Happy End. Thomas bittet den Bereichsleiter um ein Gespräch. Der ist zunächst überrascht, weil er Thomas niemals Führungsambitionen zugetraut hätte. Doch nach einem zweistündigen Gespräch ist er überzeugt: Thomas hat Potenzial. Er soll zunächst einige Führungsseminare absolvieren, sich Gedanken über eine sinnvolle Neustrukturierung der Abteilung machen und in zwei Monaten seine Zukunftsvision präsentieren. Eine Aufgabe, die Thomas mit Begeisterung anpackt.

Der Knoten ist geplatzt. Als ihm ein neuer Chef vor die Nase gesetzt werden soll, besinnt sich Thomas auf seine Stärken und wagt den Sprung nach vorn. Leider enden nicht alle Geschichten so erfreulich. Viele Menschen könnten und wollten viel mehr, als sie tun – sie schaffen es nicht, weil ihnen der Mut zur Veränderung und die klare Strategie für diese Veränderung fehlen.

Beantworten Sie sich an dieser Stelle bitte die folgenden Fragen:

- **Waren mir meine fünf größten Talente bewusst?**
- **Inwiefern nutze ich diese Fähigkeiten beruflich oder privat?**

Talent	ja	nein	privat	beruflich
1. ______	☐	☐	☐	☐
2. ______	☐	☐	☐	☐
3. ______	☐	☐	☐	☐
4. ______	☐	☐	☐	☐
5. ______	☐	☐	☐	☐

- **Waren mir meine Top 5 Stärken (Leistungsbereich/ Persönlichkeitsbereich) bislang bewusst?**
- **Inwiefern nutze ich sie beruflich oder privat?**

Stärke	ja	nein	privat	beruflich
1. ______________	☐	☐	☐	☐
2. ______________	☐	☐	☐	☐
3. ______________	☐	☐	☐	☐
4. ______________	☐	☐	☐	☐
5. ______________	☐	☐	☐	☐

Sie sind jetzt an einem wichtigen Punkt angekommen. Wie lautet Ihr Zwischenfazit? Wie gut nutzen Sie bereits Ihr persönliches Potenzial? Gehen Sie bitte ganz ehrlich mit diesen beiden Fragen um:

- Konzentriere ich mich tatsächlich auf meine Talente und Stärken?
- Ist mein Leben schon um meine Stärken aufgebaut?

Was kann ich tun, um ein »starkes Leben« zu führen?

Vermutlich fragen Sie sich auch: Was nun? Was fange ich mit meinen Stärken an? Und vor allem: Wie fange ich es an?
Rufen Sie sich bitte einmal die Stärken-Formel in Erinnerung:

Stärke = Talent + Wissen + Können + Wollen

Sie wissen ja, am Talent können Sie nichts mehr verändern. Aber Sie können weiterhin am Wissen, am Können und am Wollen arbeiten. Es ist einleuchtend: Je mehr Sie daran arbeiten, desto größer Ihre Stärke. Also müssen die Aufgaben lauten:

- die Stärken kultivieren,
- die Stärken nutzen,
- die Stärken zielorientiert einsetzen.

Zeit für eine Zwischenbilanz

Ist mein Leben wirklich schon optimal auf meine Talente und Stärken abgestimmt und aufgebaut? Schöpfe ich tatsächlich mein Potenzial beruflich voll aus? Nutze ich meine Talente und Stärken auch im Privatleben? Wie kann ich beides sogar erfolgreich miteinander kombinieren? Kenne ich die Talente und Stärken meines Partners und meiner Kinder? Fördere ich diese? Oder habe ich die Verantwortung einfach an die Lehrer und das Schulsystem abgeschoben? Wie lauten meine fünf wichtigsten Ziele, die ich in den nächsten zwei Jahren erreichen will, und wie kann ich meine Stärken nutzen, um diese Ziele zu erreichen?

Lauter Fragen, die sehr wichtig sind. Jetzt wäre es an der Zeit, noch einmal darüber in Ruhe zu reflektieren:

- ob und wie Sie Ihre Stärken noch besser kultivieren können;
- wie Sie Ihre Stärken beruflich und privat nutzen und in Ihrem Leben zielorientierter einsetzen können.

Wenn Sie noch mehr Anregung suchen: Unter der Internetadresse **www.lebe-deine-staerken.com** finden Sie ein paar Dutzend weiterführende Fragen, die diesen Prozess vertiefen sollen, und zudem hilfreiche Checklisten, um die Stärken-Faktoren Wissen, Können, Wollen offensiv ins Spiel zu bringen.

Was die Entwicklung von Stärken bremst

»Was bremst Sie eigentlich?« Diese Frage stelle ich auch meinen Seminarteilnehmern immer wieder. Aus gutem Grund. Denn fast jeder hat mit diesem Problem zu kämpfen: innere Blockaden und Bremsen hindern häufig daran, endlich ins Handeln zu kommen, um persönliche Ziele zu erreichen.

Ebenso wie Ausreden. »Ich habe gerade keine Zeit.« Oder: »Wenn ich doch das nötige Geld dafür hätte.« Oder: »Mir fehlen die richtigen

Kontakte.« Oder: »Ich bin schon zu alt dafür.« Ausflüchte dieser Art sind sehr beliebt, weil sie so schön bequem sind. Sie helfen, dass man sich durch eine Hintertür verdrücken und trotzdem halbwegs das Gesicht wahren kann. Dabei ist jede Ausrede immer auch eine gefährliche Falle, in der man sich selbst gefangen hält. Wer stets den anderen oder den Umständen die Schuld zuweist, macht es sich leicht. Zu leicht.

Die häufigsten emotionalen Bremsen

Oft sind es die Fesseln der Gewohnheit, Perfektionismus, Ängste. In meinen Seminaren erzählen mir Menschen von dem, was sie ausbremst, zum Beispiel auch

- pessimistisches Denken,
- mangelndes Vertrauen,
- schlechtes Zeitmanagement,
- geringes Selbstvertrauen,
- fehlende Begeisterung,
- mangelnde Disziplin oder
- Bequemlichkeit.

Die beliebte Komfortzone

Die Komfortzone ist der größte Feind des menschlichen Potenzials. Natürlich gehören Entspannung und Erholung unbedingt zu einem erfüllten Leben. Schließlich ist das Leben polar aufgebaut. Wo es Sonne gibt, gibt es auch Schatten. Wo Anspannung, da muss auch Entspannung sein. Doch mit Komfortzone ist Bequemlichkeit als Dauerzustand gemeint – und das führt ganz häufig in die Mittelmäßigkeit.

Leben heißt Bewegung. Bewegung bedeutet Veränderung. Nur wer bereit ist, etwas zu verändern, wird Dinge bewegen.

Stimmt, das Leben außerhalb der Komfortzone ist deutlich anstrengender und oftmals auch riskant. Doch so viel steht fest: Es lohnt. Denn nichts ist spannender und aufregender, als die eigenen Möglichkeiten zu entdecken und die persönlichen Stärken auszuspielen. Nicht zuletzt erwachsen daraus Selbstbewusstsein und Lebensfreude.

Komfortzone und Wachstumszone

Bremse Nummer 1: Die Fesseln der Gewohnheit

Jeder hat Gewohnheiten: Zu einer bestimmten Zeit aufstehen, eine bestimmte Zeitung lesen. Die meisten arbeiten nach einem bestimmten Rhythmus und füllen die Freizeit mit bestimmten Aktivitäten, sie hocken aus Gewohnheit vor dem Fernseher, tun montags dies und dienstags das, und verabreden sich mit bestimmten Leuten, um mit ihnen über bestimmte Themen zu reden.

Gewohnheiten sind im Prinzip nichts Schlechtes. Sie geben unserem Leben Sicherheit, Struktur und Routine. Das kann den Alltag durchaus erleichtern. Doch Gewohnheiten können auch einschränken – dann, wenn sie den Alltag bestimmen und beherrschen, wenn sie neue Erfahrungen und Eigeninitiative ersticken, wenn kaum mehr Spielraum für neue Ideen und Impulse bleibt. Dann helfen Gewohnheiten nicht als roter Faden durchs Leben – dann werden sie zu Fesseln.

Die Rechnung ist einfach: Wenn Sie das tun, was Sie immer tun, werden Sie das bleiben, was Sie immer waren, und Sie werden das bekommen, was Sie immer bekommen haben.

Überprüfen Sie einmal kritisch Ihre Gewohnheiten. Welche sind hilfreich und erleichtern das Leben? Und von welchen werden Sie eingeschränkt? Welche Gewohnheiten verhindern, dass Sie sich weiterentwickeln?

Bremse Nummer 2: Die Angst zu versagen

Angst ist nichts Schlechtes, im Gegenteil. Angst ist ein wichtiges, ein normales Gefühl. Angst ist ein uraltes Signal unseres Körpers, so eine Art natürliches Frühwarnsystem, das vor Gefahren warnen und schützen soll. Wer völlig ohne Angst ist, ist stark gefährdet. Angst kann aber zum Problem werden, wenn sie scheinbar grundlos das Leben belastet, wenn sie uns bremst und lähmt, uns unfähig macht, die nötige Aktivität zu entwickeln, und unsere Leistungsbereitschaft und Leistungsfähigkeit beeinträchtigt.

Die alltägliche Angst hat viele Gesichter: Angst vor Ablehnung, Angst Fehler zu machen, Angst vor Kritik, Angst zu versagen.

Versagensängste sind weit verbreitet und oft banal. Da ist das unangenehme Telefonat, das immer wieder aufgeschoben wird, die Präsentation, das Gespräch mit dem Chef, eine wichtige Prüfung.

Versagensängste können schlimmer sein als das Versagen selbst. Denn zu scheitern ist zunächst einmal nichts Schlimmes. Na gut, im Falle des Scheiterns werden Grenzen aufgezeigt, was aber durchaus eine wichtige Lernerfahrung sein kann. Wer also heikle Situationen aus Angst vor dem Scheitern meidet, kann solche Lernerfahrungen nicht machen – da werden große Chancen vergeben.

> Wer sich eine schwierige Aufgabe stellt, muss keine Angst haben, dass er viel Konkurrenz bekommt.
> *Amerikanische Weisheit*

Bremse Nummer 3: Die Angst vor Fehlern

Kindern wird ständig eingebläut, bloß keine Fehler zu machen. Wer Fehler macht, wird bestraft oder nicht mehr geliebt – oder beides. Das prägt. Die Folge: Viele engen sich später selbst ein, sie meiden das Risiko, sie tun nur noch Dinge, die sie schon können. Die Angst, Fehler zu machen, blockiert.

Dabei können Fehler wertvolle Lernanstöße geben. Sie tragen dazu bei, vorhandenes Wissen zu verfeinern und zu modifizieren – allerdings nur, wenn man sich einen Fehler eingesteht und über die Ursachen nachdenkt. Fragen Sie sich:

- Was ist falsch gelaufen? Warum ist es falsch gelaufen?
- Was kann ich beim nächsten Mal besser machen?

Wer clever ist, analysiert seine Fehler und lernt daraus. Wer noch cleverer ist, lernt auch aus den Fehlern anderer. In der Forschung heißt ein Verfahren: »Trial and error«, also beim Versuch bewusst den Irrtum einkalkulieren. Warum machen Sie es nicht wie die Erfinder, Wissenschaftler oder kreativen Köpfe – die gehen nach dieser Methode vor: Sie nutzen Misserfolge, um schließlich zum Erfolg zu kommen.

Stärken-Tipp: **Ändern Sie Ihre Haltung gegenüber Fehlern!**

Die alte Haltung	Die neue Haltung
Fehler dürfen nicht passieren	Dass Fehler passieren, ist unvermeidlich
Möglichst nicht über Fehler reden	Über Ereignisse und Fehler reden, um daraus zu lernen
Fehler vertuschen	Fehler analysieren
Es gibt einen Schuldigen, der ist zu suchen	Gemeinsam lernen, was weshalb schief gelaufen ist
Die eigene Leistungsfähigkeit überschätzen	Die eigene Leistungsfähigkeit richtig einschätzen
Fehler machen Angst	Fehler können wichtige Lernerfahrungen sein

Bremse Nummer 4: Die Angst vor Kritik

»Warum hast du nicht auf mich gehört?« »Das musst du anders machen!« Kritik an der eigenen Person ist schwer zu ertragen, sie setzt sich tief in uns fest, nagt am Selbstbewusstsein.

Wie oft sind Sie in den letzten 30 Tagen kritisiert worden? Und warum? Sind Sie schon als Kind häufig kritisiert worden? Und warum? Vermutlich erinnern Sie sich noch sehr gut an die verschiedensten Nörgeleien, Meckereien, Beanstandungen von anderen Menschen.

Die Angst vor Kritik blockiert. Nicht selten werden Dinge unterlassen, die man eigentlich gerne tun würde. Die Angst vor Kritik kann Eigeninitiative bremsen oder ganz verhindern.

Dabei muss Kritik nicht unbedingt etwas Negatives sein. Sie weist auf Schwächen hin und kann durchaus zu einer wertvollen, konstruktiven Kraft werden. Die Voraussetzung: Sie schaffen es, Kritik nicht persönlich, sondern sachlich zu nehmen. Beachten Sie den zentralen Unterschied der Kritik: *Das* ist nicht o.k. oder *Du* bist nicht o.k. Wenn Schwachpunkte kritisiert werden, ist es sinnvoller, an seinen Fähigkeiten zu arbeiten, statt den Kritiker als Schuldigen zu sehen. Überprüfen Sie:

- Wer hat mich kritisiert – und warum?
- Was ist der Inhalt der Kritik?
- Welches Ziel verfolgt der Kritiker?
- Steht er mit seiner Kritik alleine?

Wichtig ist der Inhalt der Kritik, nicht die Gefühle, die von ihr ausgelöst werden. Wer konstruktive Kritik zulassen kann, wer sie ernst, aber nicht persönlich nimmt, lässt sich nicht gleich aus der Bahn werfen – sondern lernt dazu.

Eine ehrliche Bestandsaufnahme

Mal ganz ehrlich: Welches sind Ihre Bremsen? Sie wissen ja, der erste Schritt in ein glückliches Leben beginnt immer mit einer ehrlichen Selbstdiagnose. Notieren Sie bitte Ihre fünf größten Erfolgsverhinderer – und schreiben Sie auch auf, welche Konsequenzen sich ergeben können, wenn Sie nichts daran verändern.

Ein Beispiel: Sie wissen, dass es Ihnen immer wieder an der nötigen Begeisterung fehlt. Notieren Sie also die Bremse »Fehlende Begeisterung« und schreiben Sie auch die Folgen auf, die Sie erleben könnten: »Ich habe die Chance verpasst, dass….«

Welche persönlichen Bremsen behindern mich?	
Bremse	Konsequenz
1.	
2.	
3.	
4.	
5.	

Die Kunst, sein Verhalten zu ändern

Veränderung muss wachsen. Wenn sich Menschen für Veränderung entscheiden und diese Entscheidung in Handlung umsetzen, dann ist die Entscheidung in der Regel gereift – Von-heute-auf-morgen-Erfolgsgeschichten sind eher die Ausnahme. Veränderung ist ein Vorgang, den Sie selbst oft gar nicht wahrnehmen. Häufig sind es nahe stehende Personen, die eine Veränderung bemerken. Erst dann wird es auch Ihnen bewusst.

Erfolgreiche Selbstveränderung ist ein längerfristiger Prozess, bei dem bestimmte Stufen (»Stages of Change«) absolviert werden müssen – das fanden die Psychologieprofessoren James O. Prochaska, John Norcross und Carla DiClemente vor rund 20 Jahren in Studien mit Tausenden von Teilnehmern heraus. Ihre Ergebnisse fassten sie im so genannten

Transtheoretischen Modell zusammen, das zunehmend auch hierzulande bei problematischem Suchtverhalten (zum Beispiel bei Alkoholismus, Drogenkonsum) praktische Anwendung findet.

Es gibt keine Wunderpläne

Die Psychologen erklären: »Zu viele Menschen halten nach einfachen Lösungen Ausschau. Aber es gibt keine Wunderpillen oder Wunderpläne. Veränderungswillige müssen durch alle Stadien des Veränderungsprozesses gehen, gleichgültig ob sie sich das Trinken abgewöhnen, ihre Ängste überwinden oder Gewicht verlieren wollen.« Die sechs Stufen der Selbstveränderung sind: Abwehren (»Precontemplation«), Bewusstwerden (»Contemplation«), Vorbereiten (»Preparation«), Handeln (»Action«), Dranbleiben (»Maintenance«), Stabilisieren (»Termination«).

Keine Stufe der Veränderung kann übersprungen werden. Es ist aber möglich, dass die Stufen mehrfach durchlaufen werden müssen und dass man auf eine vorhergehende Stufe zurückfällt.

Das Rubicon-Modell

Wie entsteht der Mut zum Handeln? Mit dieser Frage setzten sich die deutschen Handlungsforscher Professor Heinz Heckhausen und Professor Peter Gollwitzer wissenschaftlich auseinander und formulierten schließlich ein Modell, das unter dem griffigen Namen Rubicon-Modell seinen festen Platz in der Psychologie gefunden hat.

> Es ist nicht zu glauben, wie schlau und erfinderisch die Menschen sind, um der letzten Entscheidung zu entgehen.
>
> *Søren Kierkegaard, Philosoph*

Der Name erinnert an ein historisches Ereignis im Jahre 49 v. Chr., als Statthalter Gaius Julius Caesar aus der Provinz Gallien (Westspanien) zurückkehrte, wo er im Stile eines Imperators sehr erfolgreich die Interessen Roms vertreten hatte. Jetzt wollte er wieder Konsul in Rom werden. Spätestens als er und sein Heer an einem Flüsschen namens Rubicon zwischen Ravenna und Rimini lagerten, erkannte Caesar seine fatale Situation. Denn die römische Verfassung verlangte, dass er nur ohne seine Legion nach Rom zurückkehren durfte. Dort aber musste er mit diversen Prozessen wegen seiner Amtsführung und außerdem mit hohen Steuernachzahlungen rechnen.

»Die Würfel sind gefallen ...«

Würde er also ohne sein Heer gehen, wäre er womöglich politisch und wirtschaftlich erledigt. Würde er sich aber von seiner Legion nach Rom begleiten lassen, wäre das Hochverrat, und Pompeius könnte mit versammelter Truppenmacht militärisch gegen ihn vorgehen. Es drohten Verfolgung, Tod oder Verbannung. Caesar musste sich entscheiden.

Er wagte den Schritt über den Rubicon. Das Überschreiten dieser Grenze hat der römische Dichter Sueton mit großen Worten beschrieben. Caesar habe am Ufer stehend die Signaltrompete der Legion an sich gerissen, sie geblasen und gerufen: »So wollen wir gehen, wohin die Zeichen der Götter und die Ungerechtigkeit der Feinde rufen. Der Würfel ist gefallen – alea iacta est!«

> **!** **Ausreden** sind beliebt und bequem – und sie sind sicher auch allzu menschlich, denn oftmals helfen sie, halbwegs das Gesicht zu wahren. Aber eine Ausrede ist nur ein Alibi, um nichts ändern zu müssen. Oft bleibt dann alles beim Alten. Dabei sind Veränderungen immer eine notwendige Voraussetzung für die Trendwende zum Besseren.

Nicht warten, starten!

Den Rubicon überschreiten – zuhauf haben Historiker und Literaten Caesars Entscheidung hohen Symbolgehalt zugeschrieben. *Den Rubicon überschreiten* steht seither für kalkuliertes Risiko, für zielgerichtetes und mutiges Handeln auf klarer, analytischer Grundlage.

Den Rubicon überschreiten heißt, die Phase von Wünschen und Wählen beenden, und endlich aktiv werden: in die Phase des Planens und Handelns eintreten.

Die sieben Phasen der Veränderung

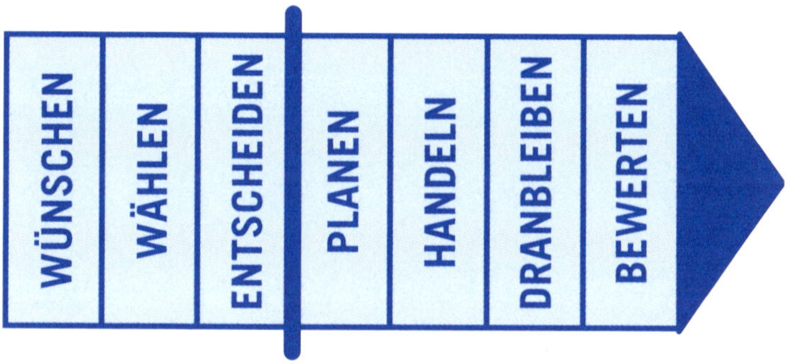

»Veränderung erfordert Energie, Anstrengung und Aufmerksamkeit. Sie sind so lange nicht bereit für die nächste, aktive Phase, solange nicht der Veränderungswunsch an oberster Stelle Ihrer Prioritätenlisten steht«, warnen die Experten Prochaska, Norcross und DiClemente.

Wer sich verändern will, muss Altvertrautes loslassen und sich auf eine Entwicklung einlassen, die man zunächst nicht überschauen und kaum einschätzen kann. Wer sich verändern will, lebt oft lange Zeit in einem beängstigenden Niemandsland zwischen dem *Nichtmehr* und dem *Nochnicht.*

In der Praxis meiner Seminare hat sich das wissenschaftliche Stages-of-Change-Modell durchaus bewährt. Weil ich zudem vom gedanklichen Ansatz und der wunderbaren Metapher des Rubicon-Modells, das allerdings sehr theoretisch ist, überzeugt bin, habe ich auf beide Modelle aufgebaut und sie zu einem in der Praxis anwendbaren und leicht verständlichen Modell weiterentwickelt: dem Sieben-Phasen-Modell der Veränderung. Diese einzelnen Phasen sind:

1. **Wünschen**
2. **Wählen**
3. **Entscheiden**
4. **Planen**
5. **Handeln**
6. **Dranbleiben**
7. **Bewerten**

Ein roter Faden durch das Labyrinth

Das Sieben-Phasen-Modell der Veränderung soll helfen, die nötigen Schritte des Reifens zu erkennen und sich zudem klar zu werden: An welchen Punkt des Veränderungsprozesses stehe ich denn gerade? Am eigenen Beispiel sollen und können Sie sich immer wieder klar machen, dass Wünsche und Bedürfnisse mehrere Reifungsstadien durchlaufen müssen, bis daraus eine Handlung entsteht, die schließlich zum gewünschten Ziel führt. Das Sieben-Phasen-Modell der Veränderung soll für Orientierung sorgen und helfen, dass Probleme, die auftauchen, systematisch angegangen und umgesetzt werden können. Denn häufig erscheinen persönliche Entwicklungsprozesse auch deswegen verwirrend, weil es nötig ist, mehrere Ziele gleichzeitig zu verfolgen, und das Erreichen dieser Ziele unterschiedlich weit fortgeschritten ist.

1. Wünschen

Mit Wünschen beginnt alles. Ein Wunsch, heißt es ja allgemein, sei der Vater des Gedankens. Ein starker Wunsch, der von Dauer ist, hat seine Wurzeln immer in einer bestimmten Sehnsucht – er löst sehnsüchtige Träume aus.

Neurowissenschaftler haben herausgefunden, dass Wünsche zum wesentlichen Teil im limbischen System entstehen. Dieser Teil des Gehirns ist Sitz des emotionalen Erfahrungsgedächtnisses, in dem alles gespeichert ist, was dem Wohlbefinden dient und Bedürfnisse befriedigt, die zum großen Teil unbewusst sind. Gerhard Roth, Professor für Verhaltensphysiologie an der Universität Bremen, schreibt: »Wir müssen etwas, das uns aus dem Unbewussten aufsteigend antreibt, als Wunsch oder Bedürfnis empfinden, damit dieser Wunsch beziehungsweise dieses Bedürfnis zusammen mit der bewussten Analyse der Sachlage zu einem vernünftigen oder zumindest emotional akzeptablen Handlungsentwurf vereinigt werden kann.«

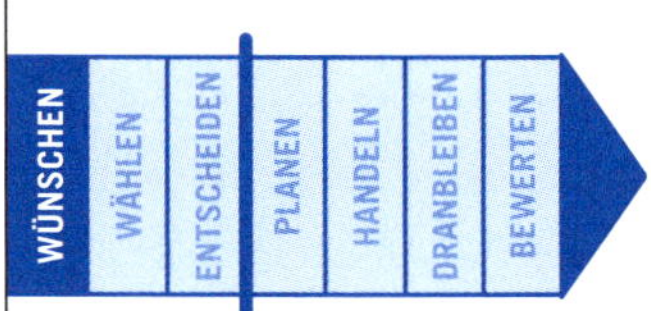

Lebensgeschichten – besonders von Künstlern – zeigen, dass sie schon in ihrer Kindheit innige Wünsche und Sehnsüchte spürten, die auf ihr Talent und eine große Stärke hinwiesen, die sich später dann so deutlich offenbarte.

Was wünsche ich mir wirklich?

Zum Beispiel Yehudi Menuhin, der weltbekannte Geigenvirtuose. Er war gerade zwei Jahre alt, als ihn seine Eltern heimlich in eine Konzertmatinee des San Francisco Orchestra mitnahmen. Die russischen Emigranten konnten sich keinen Babysitter leisten. Dem kleinen Yehudi gefiel besonders das Geigenspiel des Konzertmeisters. Fortan wünschte er sich nichts sehnlicher als eine Geige. Seine armen Eltern schenkten ihm schließlich auch eine, doch die Saiten waren aus Metall. Wütend zertrümmerte der Vierjährige das billige Stück, er wünschte sich doch eine richtige Geige. Später, als von der Oma aus Palästina ein Geldgeschenk von 800 Dollar kam, wurde sein Wunsch wahr. Von einer Hälfte zahlte Familie Menuhin ein Auto an, von der anderen Hälfte wurde dem Sohn endlich seine Geige gekauft.

> Wünsche sind die Vorgefühle der Fähigkeiten, die in uns liegen. Sie sind Vorboten desjenigen, was wir zu leisten imstande sein werden.
> *Johann Wolfgang von Goethe, Dichter*

Zum Beispiel Picasso. Schon als kleines Kind wollte Pablo unbedingt auf eine Kunstschule gehen. Mit 13 Jahren konnte er seinen größten Wunsch schließlich durchsetzen, er schrieb sich an einer Kunstschule für Erwachsene ein.

Zum Beispiel Frank Gehry, der US-Architekt, der heute weltweit zu den renommiertesten Architekten zählt, weil seine Häuser wie Skulpturen aussehen. Er spielte als Kind gerne mit Bauklötzen – wie viele Kinder. Weil sein Vater eine Tischlerei führte, wünschte sich Frank ganz speziell zugeschnittene Bauklötze. Stundenlang hockte der Fünfjährige auf dem Boden des Wohnzimmers und baute mit seinen besonderen Klötzchen ungewöhnliche Häuser. Heute versetzt der Architekt Frank

Gehry mit seinen kühnen, phantasievollen Konstruktionen aus Beton, Glas und Stahl die Betrachter ins Staunen.

Ihr erster Schritt der Veränderung:
Schreiben Sie Ihre persönliche Wunschliste!

Fragen Sie sich: Was habe ich mir schon als Kind gewünscht? Welche Wünsche sind in Erfüllung gegangen? Was wünsche ich mir heute – beruflich und privat? Auf welche Wünsche habe ich selbst Einfluss? (Auch auf Ihre Gesundheit haben Sie Einfluss – durch Ernährung, Bewegung, Stressmanagement etc.)

2. Wählen

Wünschen – das allein reicht noch nicht. Jedem schießen jeden Tag Dutzende von Wünschen durch den Kopf. Doch nur die wenigsten Wünsche überleben, können reifen und werden schließlich verwirklicht. Und das ist gut so. Denn die meisten Wünsche erweisen sich – nach einer näheren und kritischen Überprüfung – entweder als nicht erfüllenswert oder als nicht erfüllbar.

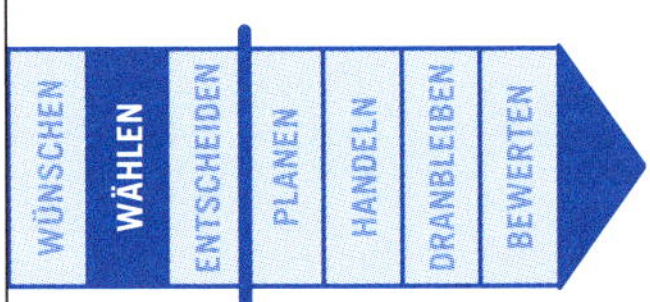

Manchmal stehen sich zum Beispiel Wünsche gegenseitig im Weg. Oder die Verwirklichung eines Wunsches ist einfach zu aufwändig, der Preis wäre zu hoch oder die Folgen sind nicht tragbar. Und manchmal liegt es nicht in der eigenen Macht, einen Wunsch zu verwirklichen. In der nüchternen Sprache der Willensforschung heißt diese Phase des Wählens »das Abwägen von Wünschbarkeiten und Realisierbarkeiten«.

Kennen Sie den Film »*Dangerous Minds*«, in dem Michelle Pfeiffer eine junge, engagierte Lehrerin spielt, die eine Bande Problemschüler übernimmt? Alle haben die schwierigen Kids längst abgeschrieben. Doch sie behauptet sich. Warum? Weil sie ihren Schülern klar machen kann: Ihr habt immer eine Wahl! Egal, wie schwierig eure Familienverhältnisse sind, egal, wie kriminell euer Umfeld ist – es gibt immerhin diese Wahl:

ob ihr in die Schule geht oder nicht. Ihr habt die Wahl, etwas zu lernen – oder nicht. Ihr habt die Wahl, selbst kriminell zu werden – oder nicht.

Jedem von uns bietet das Leben Möglichkeiten, unterbreitet Angebote, die wir gegeneinander abwägen müssen. Das fängt schon früh an: Gehe ich auf diese Schule oder auf eine andere? Lerne ich Klavier spielen? Treibe ich Sport? Studiere ich oder mache ich eine Ausbildung?

Unsere Wahlmöglichkeiten geben uns Verantwortung. Natürlich ist es bequem, alles auf die anderen, die Umstände oder was auch immer zu schieben – doch letztlich sind wir selbst es, die wichtige Entscheidungen treffen.

**Ihr zweiter Schritt der Veränderung:
Formulieren Sie Ihre Wahlmöglichkeiten!**

Fragen Sie sich bitte: Welche Möglichkeiten habe ich, meine Wünsche zu verwirklichen? Welche Möglichkeiten habe ich verstreichen lassen – und warum? Welche Wahlmöglichkeiten bieten sich mir im Moment?

Stärken-Tipp: Konzentrieren Sie sich auf Ihre Talente

Verdeutlichen Sie sich auch immer wieder Ihre Werte, führen Sie sich Ihre Vision vor Augen – und welche Ziele Sie erreichen wollen. Welche Rolle spielen Ihre Werte und Ihre Vision im Alltag? Und wie können Sie das, was Sie für besonders wichtig halten, in Ihrem Arbeitsleben, im familiären und sozialen Leben verwirklichen?

Wie gut können Sie Ihre Talente ausspielen? Machen Sie sich Ihre Talente immer wieder bewusst und fokussieren Sie Ihr Leben vor allem auf diese Talente. Tun Sie also, was Sie erwiesenermaßen gut beherrschen, konzentrieren Sie sich auf das, was Sie besonders gut können.

Stärken-Tipp: Bündeln Sie Ihre Energie

Apropos Konzentration. Konzentration ist auch die Kunst, Aufmerksamkeit zu bündeln und das Wesentliche im Auge zu behalten. Wer es schafft, sich auf einen bestimmten Punkt zu (kon)zentrieren, Energie auf ein Ziel zu bündeln, erhöht enorm seine Chancen für den Erfolg.

Die Natur macht es uns vor. Wenn die Sonne auf die Erde scheint, kann sie in der Regel den Boden nur erwärmen. Wenn die Strahlen aber mit einem Brennglas gebündelt (konzentriert) werden, lässt sich ein Feuer entzünden.

Je schwieriger die Situation, je anspruchsvoller eine Aufgabe, je größer die Vision, umso wichtiger ist es, die Kräfte auf das Wesentliche zu konzentrieren. Befreien Sie sich also von allen Lebensrollen, Aufgaben, die Ihnen keinen Spaß bringen, die Sie ablenken und nur die Konzentration auf das Wesentliche stören.

3. Entscheiden

Das ganze Leben dreht sich um Entscheidungen. Es vergeht keine Stunde, kein Tag, an dem nicht vielfältige einfache oder schwierige Entscheidungen zu treffen sind. Doch sich zu entscheiden fällt oft, sehr oft sogar, richtig schwer. Besonders, wenn mit einer Entscheidung ein Risiko oder eine Veränderung verbunden ist. Das Wort Ent-Scheidung verdeutlicht es ja: Mit jeder Entscheidung muss eine Möglichkeit gewählt werden, was gleichzeitig die Trennung von anderen Möglichkeiten bedeutet. Viele können und wollen deshalb keine Entscheidung treffen, sie schieben Entscheidungen vor sich her, aus Angst, sich festlegen zu müssen. Denn wer sich festlegt, sich also zu etwas entschließt, schließt damit automatisch eine Vielzahl anderer Möglichkeiten aus. In der Umgangssprache drückt sich dieses Entscheidungs-Dilemma als »Qual der Wahl« aus.

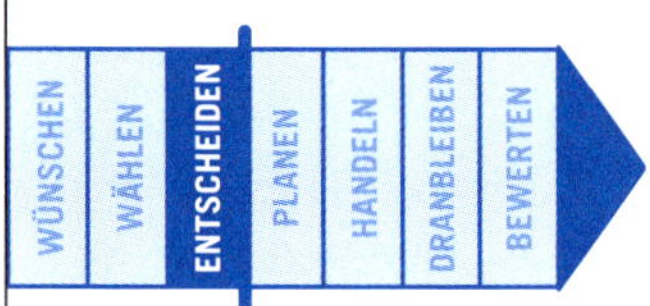

Von wegen. Selbst Entscheidungen treffen zu können ist ein Privileg, ein großes Stück persönlicher Freiheit. Anders als alle Tiere werden Menschen nicht von Instinkten gelenkt und von vorprogrammierten Abläufen geleitet. Nur Menschen können selbst darüber entscheiden, was sie tun oder lassen. Der Schriftsteller Paul Coelho notierte einen wunderbar ermutigenden Satz: »Wer eine Entscheidung trifft, taucht eigentlich in einen reißenden Strom ein und wird an Orte gespült, die er sich im Augenblick der Entscheidung nie hätte vorstellen können.«

Am Steuer des eigenen Lebens

Entscheidungen zu treffen ist eine Fähigkeit, die lebensnotwendig ist. Das Gefühl, selbst am Steuer zu sitzen und darüber zu entscheiden, wo die Reise hingeht, stärkt das Gefühl, ein gelungenes Leben zu führen. Dieses positive Lebensgefühl verleiht den nötigen Rückenwind, um sein eigenes Leben zu leben, statt innerlich zu leiden oder gar zu resignieren.

Sie kennen sicher diesen Satz: »Diese Entscheidung kann dir keiner abnehmen.« Stimmt, jeder kann sich im Entscheidungsprozess mit anderen beraten und helfen lassen, doch letztlich muss jeder seine Entscheidungen selbst treffen. Entscheidungen zu treffen bedeutet also, unmittelbar Verantwortung für das eigene Leben zu übernehmen. Entscheidungen zu treffen und dann Verantwortung für sie zu übernehmen, ist der Schlüssel zur Reife. Denn mit jeder Entscheidung bestimmen Sie Ihr Schicksal.

Das Geheimnis kluger Entscheidungen

Jeder kennt das: Plötzlich wird einem ganz warm ums Herz oder die Hände kribbeln. Man spürt Freude im Magen, Schmetterlinge im Bauch. Man hat das berühmte flaue Gefühl, erlebt diesen Druck im Nacken oder fühlt einen Kloß im Hals. Doch leider missachten die meisten Menschen diese unmissverständlichen Körpersignale. Das ist ein sehr bedauerlicher Fehler, sagt Maja Storch, schließlich sind Gefühle weise und verlässliche Ratgeber. »Somatische Marker« – so nennt die Züricher Diplom-Psychologin diese Signale des Körpers, die jeder hat, aber nicht jeder wahrnimmt.

> **!** Die »Innenwelt« des Menschen, also seine Werte, seine Visionen, Gefühle und Intuition, beeinflussen und prägen den Prozess jeder Entscheidung.

Somatische Marker sind Körpersignale, mit denen das emotionale Erfahrungsgedächtnis arbeitet. Es arbeitet in Bruchteilen von Sekunden, viel schneller als der Verstand. Blitzschnell liegt die Bewertung vor – nach dem Prinzip: »Gut gewesen, wieder machen« oder »Schlecht gewesen, nächstes Mal meiden« – und wird durch Körpersignale mitgeteilt. »Ausgangsbasis ist eine körperliche Reaktion, die aber schon interpretiert wird, die einen Verarbeitungsschritt im Gehirn durchlaufen hat und als Gefühl wahrgenommen wird«, erklärt Maja Storch.

Ihr dritter Schritt der Veränderung:
Entscheiden Sie sich!

Sie haben Ihre Wünsche formuliert. Sie sind sich über Ihre Wahlmöglichkeiten im Klaren. Suchen Sie sich jetzt drei Alternativpaare mit ganz konkreten Wahlmöglichkeiten, zum Beispiel:

- Ich wünsche mir mehr Erfolg im Beruf – oder nicht.
- Ich kann in meiner derzeitigen Position bleiben – oder nicht.
- Ich werde mehr Verantwortung übernehmen – oder nicht.
- Ich werde mit meinem Vorgesetzten sprechen – oder nicht.
- Ich werde mich weiterbilden – oder nicht.

Bilden Sie eine Pro- und Contra-Liste. Hören Sie in sich hinein. Fragen Sie sich, welche Alternative Ihren Stärken am ehesten entspricht. Was sagt Ihnen Ihr Gefühl? Hinterfragen Sie etwaige emotionale Bremsen, die Sie hindern, eine Entscheidung zu treffen.

Stärken-Tipp: Nutzen Sie das intuitive Wissen

Die enge Vernetzung von Gefühlen, Körperempfindungen und Reaktionen hat auch der renommierte amerikanische Neurologe Professor Antonio R. Damasio in seinen Forschungen bewiesen und mit poetischen Worten beschrieben: »Die Seele atmet durch den Körper, und Leiden findet im Fleisch statt, egal, ob es in der Haut oder in der Vorstellung beginnt.« Er nennt den Körper auch »die Bühne der Gefühle«.

Somatische Marker können also wichtige, entscheidende Orientierung geben: Der Körper signalisiert, ob sich eine Entscheidung gut anfühlt – oder auch nicht. Damasio empfiehlt, in Entscheidungsprozessen nicht allein dem Verstand zu vertrauen, sondern auch der Intuition besondere Aufmerksamkeit zu schenken.

Intuition ist mehr als eine plötzliche Eingebung. Es ist eine Information, die irgendwann über die fünf Sinne wahrgenommen und gespeichert wurde. Die Autorin Ursula Nuber erklärt das Phänomen anschaulich: »Wir wissen etwas, ohne zu wissen, warum wir es wissen.« Intuition bringt Sie ähnlich verlässlich zu Ihrem Ziel wie ein Autopilot.

Stärken-Tipp: Machen Sie ein Commitment

Wenn der Verstand bemüht wurde, wenn die Optionen durchgegangen und die Konsequenzen analysiert sind, und wenn vielleicht noch die Intuition klare Signale sendet – dann ist der »*Point of no return*« erreicht und die Entscheidung ist fällig. Entscheiden heißt: das Schwert aus der Scheide zu ziehen. Entscheiden heißt: den Rubicon zu überschreiten, also endlich diese Grenze zu überwinden zwischen zögerlichem Abwägen und risikobereitem Ins-Handeln-kommen. Sich entscheiden bedeutet ein hundertprozentiges Commitment, also eine Vereinbarung, eine Art Versprechen sich und anderen gegenüber: »Ja, ich tue es!«

Commitment, dieser beliebte Begriff aus dem Management, heißt übersetzt Selbstverpflichtung und meint auch Selbst-Verantwortung: Ich muss nicht Opfer der Umstände sein, sondern kann bewusst wählen.

4. Planen

Vieles scheitert, weil Sie sich zu viel auf einmal vornehmen, weil Sie sich überfordern – weil Sie nicht richtig geplant haben. Planen heißt, auf Basis der getroffenen Entscheidungen die Zukunft in den Griff zu bekommen. Planen bringt Sicherheit. Nur mit einer realistischen Planung lassen sich Ziele auch wirklich erreichen. Nehmen Sie sich gerade am An-

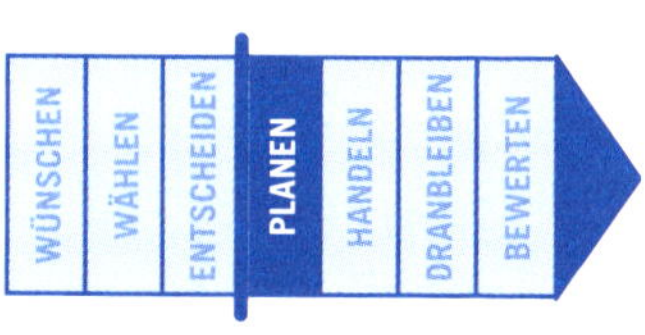

fang genug Zeit dafür. In jedem seriösen und erfolgreichen Unternehmen steht am Anfang jeweils eine Ist-Analyse – die Übersicht. Dann entwickelt man eine sehr zukunfts- und zielorientierte Sichtweise – vom Ziel her denken und auf das Ziel gerichtet planen und handeln. Wie ein Bergsteiger, der vor einem mächtigen Bergmassiv steht und seine Aufstiegsroute vom Ziel, dem Gipfelkreuz, her plant.

Stärken-Tipp: Planen Sie mit Zeithorizonten

Warum sehen Sie Ihr Leben nicht auch als eine Art Unternehmen, das Sie gründen, aufbauen, leiten und mit den Zielen führen, die Sie sich gesteckt haben? Tatsächlich gelten für die Lebensplanung ähnliche Regeln wie für unternehmerisches Planen: Was kann ich? Wo stehe ich? Wo will ich hin? Was ist zu tun? In seinem Buch »*Lebensstrategie*« hat der Unternehmer Dr. Dr. Cay von Fournier ein überzeugendes Modell konzipiert, das kluge Planung – langfristig, mittelfristig und kurzfristig – unterstützen soll: die sieben Zeithorizonte.

Der 7. Horizont: Die Lebensvision

Ihre Lebensvision ist ein unverzichtbarer Wegweiser. Zudem hilft die Planung von Lebenszielen bei der täglichen Orientierung. Nehmen Sie sich einmal im Jahr Zeit, um Ihre Lebensvision neu zu überdenken oder zu aktualisieren. Je konkreter und detaillierter Sie planen, umso besser.

Der 6. Horizont: Die nächste Lebensperiode

Mit der nächsten Lebensperiode ist eine absehbare neue Etappe (Ende des Studiums, Kinder, Berufswechsel, nächster Karriereschritt, Ruhestand) gemeint. Wenn so etwas nicht erkennbar ist, sollten Sie für einen größeren Zeitraum planen: zum Beispiel das Leben in zehn Jahren.

Der 5. Horizont: Das nächste Jahr

Für die Jahresplanung sollten Sie sich eine kleine Auszeit, also mindestens einmal im Jahr einen halben Tag Zeit nehmen. Legen Sie Ihre Ziele in den vier Lebensbereichen (Beruf und Finanzen, Familie und soziale Kontakte, Gesundheit und Fitness, Sinn und Kultur) und in den verschiedenen Lebensrollen fest. Entscheiden Sie dann, in welchen Quartalen diese Ziele realisiert werden sollen.

Der 4. Horizont: Das nächste Quartal

Für genaue Planung sind drei Monate ein überschaubarer Zeithorizont. Reservieren Sie also in den letzten Tagen vom März, Juni, September und Dezember jeweils mindestens zwei Stunden, um auch das nächste Quartal zu planen.

Der 3. Horizont: Der kommende Monat

Bestimmen Sie die Ziele für den kommenden Monat. Nehmen Sie sich dafür ungefähr eine halbe Stunde Zeit. Bilanzieren Sie den Vormonat: Habe ich erreicht, was ich wirklich wollte? Setzen Sie Prioritäten: Was ist mir besonders wichtig?

Der 2. Horizont: Diese Woche

Die Woche sieht Cay von Fournier als »beste strategische Planungseinheit«, sie ist der ideale Zeitraum für die konkrete Umsetzung aller wichtigen Vorhaben. Nehmen Sie sich eine halbe Stunde Zeit und planen Sie die kommende Woche (am besten am Wochenende oder spätestens Montagmorgen). Überlegen Sie: Was werde ich in der jeweiligen Rolle für Dinge anpacken, um meinen Zielen näher zu kommen?

Der 1. Horizont: Der heutige Tag

Wer seinen Tag nicht plant, verliert sich im Strudel des Alltags. Häufige Folge von Nichtplanung: Sie können oftmals nur noch reagieren statt zu agieren, Sie sind fremdbestimmt statt selbstbestimmt. Nehmen Sie sich jeden Morgen zehn Minuten Zeit, um in einer Tagesvorschau Ihre Tagesziele festzulegen. Was ist zu tun? Was will ich erreichen – und wie? Was ist meine Vision, was sind meine Rollen, Ziele, Prioritäten? Geben Sie am Ende jeden Tages regelmäßig einen Rechenschaftsbericht – sich selbst. Machen Sie sich in einer Tagesrückschau bewusst: Was hatte ich mir für diesen Tag vorgenommen – und was habe ich davon tatsächlich gemacht und erreicht? Was habe ich daraus gelernt? Sie könnten zum Beispiel auch ein Tagebuch schreiben.

Ihr vierter Schritt der Veränderung: Entwickeln Sie einen Aktionsplan!

Was ist zu tun? Was immer Sie sich vornehmen: Nehmen Sie sich in der sensiblen Anfangsphase nicht zu viel auf einmal vor. Machen Sie sich einen schriftlichen Aktionsplan: Welche Schritte sind zu tun? Welche einmaligen Maßnahmen sind möglich und nötig? Bitte berücksichtigen Sie drei Punkte, die eine Umsetzung erleichtern werden:

- Klein anfangen: Stellen Sie die dicken Brocken zurück. Beginnen Sie am besten mit Dingen, die erfahrungsgemäß leicht fallen. Machen Sie sich den Anfang einfach und sorgen Sie somit für Erfolgserlebnisse.
- Eins nach dem anderen: Bloß nicht alles auf einmal machen wollen. Vermeiden Sie diesen beliebten Fehler.
- Termine setzen: Wenn Sie ein Ziel oder auch nur ein Zwischenziel erreichen wollen, ist seriöse Zeiteinteilung ein ganz wichtiger Faktor. Wenn Sie sich nämlich keine Termine setzen, tritt automatisch das berüchtigte Parkinson'sche Gesetz in Kraft. Die Erfahrung zeigt: Sie kreieren umso mehr Arbeit, je mehr Zeit Sie sich dafür nehmen.

Aktionsplan: Welche Schritte sind zu tun?
1.
2.
3.

Welche konkreten, einmaligen Maßnahmen sind zu tun?
1.
2.
3.

Stärken-Tipp: **Malen Sie sich das Worst-case-Szenario aus**

Zum Beispiel Reinhold Messner. Ein Reporter fragte den erfolgreichsten aller Bergsteiger einmal, wie er sich denn auf seine heiklen Alleingänge vorbereite. Messner antwortete: »Ich gehe unter anderem alle Situationen durch, die für mich gefährlich werden könnten.«

Selbst wenn in der Todeszone nur ein Handschuh verloren geht, ist das eine Katastrophe. In 8000 Meter Höhe mangelt es bekanntlich an Sauerstoff. Aber gerade in einer Stresssituation braucht der Körper viel Sauerstoff, achtmal mehr als normalerweise. Die möglichen Folgen wären Panik und falsche Entscheidungen. Messner: »Wenn ich solche schwierigen Situationen nicht vorher in aller Ruhe durchdenke, dann habe ich im Ernstfall absolut keine Überlebenschance.«

Weil er die schlimmsten aller Fälle und seine Reaktion darauf immer schon vorher durchdacht hatte, meisterte er Extremsituationen ruhig und besonnen.

Nutzen Sie das »Worst-case«-Prinzip, wenn Sie Angst haben, bei Ihren Aktionsschritten einen Fehler zu machen. Bedenken Sie, welche Hindernisse Ihren Weg kreuzen könnten. Spielen Sie im Kopf durch, welcher schlimmste Fall eintreten kann – und welche Optionen Sie haben, um die Situation zu lösen. Nachdem Sie den schlimmsten Fall in Ihren Gedanken erfolgreich durchgespielt haben, stimmen Sie sich wieder positiv auf das Gelingen ein.

5. Handeln

Banal, aber wahr: Sie können ein Ziel nur erreichen, wenn Sie sich auf den Weg machen. Durch Passivität lassen sich keine Herausforderungen bewältigen, keine Probleme lösen. Mit jedem Tag, an dem Sie nicht ins Handeln kommen, werden die Probleme nur größer. Bis sie Ihnen vielleicht über den Kopf wachsen und Sie vollends den Mut verlieren.

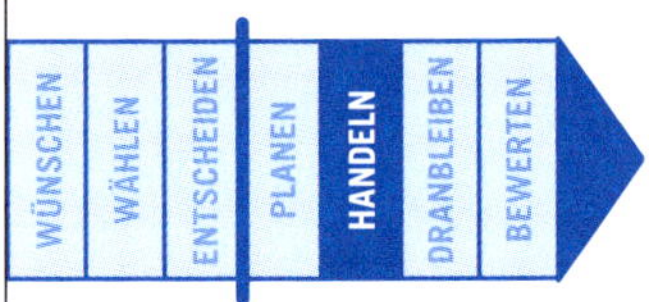

Warten Sie nicht auf Wunder, packen Sie selbst an. Nicht Wissen, sondern nur angewandtes Wissen führt zum Erfolg. Vermeiden Sie es unbedingt, perfekt sein zu wollen. Perfektionismus ist eine tückische Erfolgsfalle. Perfektionisten wollen alles hundertprozentig oder gar nicht, sie verzetteln sich gerne in Nebensächlichkeiten, sie stellen sich und alles in Frage – und prompt scheitern sie dann an den hochgeschraubten Ansprüchen. Handeln Sie lieber nach dem Motto: »Besser fehlerhaft begonnen als perfekt gezögert.« Lieber ein kleiner Unternehmer als ein großer Unterlasser.

»Was du heute kannst besorgen, das verschiebe nicht auf morgen!« Was Volkes Stimme sagt, bestätigen jetzt amerikanische Psychologen. Aufschieberitis gefährdet auf lange Sicht sogar die Gesundheit. Forscher begleiteten eine Gruppe von Studenten durch die Semester. Ein Teil der Studenten outete sich zu Beginn als ständige Aufschieber. Diese Gruppe wurde öfters krank, zeigte mehr Stresssymptome und musste häufiger zum Arzt als die Kommilitonen, die ihre Aufgaben sofort erledigten.

Ihr fünfter Schritt der Veränderung:
Handeln Sie innerhalb von 72 Stunden!

Sie haben jetzt Ihre Entscheidung getroffen und einen Aktionsplan ausgearbeitet – jetzt kann es losgehen. Es gibt da eine Zahl, die sich in vielen Seminaren und in der Praxis als magisch erwiesen hat: 72! Alles, was Sie innerhalb von 72 Stunden ins Handeln bringen, hat eine über 90-prozentige Erfolgsaussicht. Wohlgemerkt: Sie müssen es zunächst nur ins Handeln bringen, nicht schon abschließen. Das ist oft gar nicht möglich. Es ist aber möglich, für jedes Vorhaben innerhalb von 72 Stunden einen Aktionsplan zu erstellen und auf den Weg zu bringen. Eine ganz wichtige Rolle in diesem Aktionsplan spielen diese drei Fragen:

Wer macht
was bis
wann?

Die Antworten auf diese Fragen führen direkt ins Handeln. Die 72-Stunden-Regel gilt übrigens immer – auch für Telefonate und Besprechungen. Sie ist der wirksamste Aktionsturbo, den ich kenne.

Kommen wir noch einmal auf das Thema Verantwortung zurück. Was tut ein kleines Kind, wenn es hinfällt? Genau, es schreit. Was will es damit erreichen? Genau: Es will Mama oder Papa alarmieren. Die werden dann schon trösten und notfalls auch pflastern. Das Kind schiebt die Verantwortung ab. Es darf das, schließlich ist es ein Kind.

Auch viele Erwachsene neigen dazu, anderen Verantwortung zuzuschieben: zum Beispiel dem Staat, dem Onkel Doktor oder den Umständen.

Eine bequeme, aber fatale Haltung. Denn so viel steht fest: Nichts wird sich auf Dauer ändern, wenn Sie nicht selbst etwas verändern.

Das »Verantwortung-Abschieben« ist ein allseits beliebtes Spiel. Allerdings geben Sie damit auch das wirkungsvollste Werkzeug aus der Hand. Es ist oft unbequem, selbst Verantwortung zu übernehmen. Doch es ist die einzige Möglichkeit, sein eigenes Leben zu leben – und nicht gelebt zu werden. Schluss mit Ausreden! Übernehmen Sie die Verantwortung, denn Verantwortung bedeutet Macht – die Macht, aus seinem eigenen Leben das zu machen, was man will und kann.

Stärken-Tipp: Entzünden Sie das Feuer der Begeisterung

»Wer nicht selbst brennt, kann andere nicht entzünden.« Dieses einleuchtende Bild gab mir Hans-Dietrich Genscher, unser Ex-Außenminister, bei einem gemeinsamen Gespräch. Es stimmt, Hingabe, Leidenschaft, Enthusiasmus, Begeisterung befeuern. Mit Begeisterung ist fast alles zu schaffen. Es ist die Begeisterung, die einen gewichtigen Unterschied zwischen Siegern und Verlierern ausmacht.

Wer begeistert ist, kann Ausdauer entwickeln, anspornen, sich und andere bewegen – und damit ungeahnte Kräfte, neue Energie freisetzen. Echte Begeisterung ist ansteckend und mitreißend.

Die Vorfreude und Lust für eine Sache

Begeisterung ist diese positive Kraft der Zuversicht. Begeisterung wirkt ähnlich wie eine physische Kraft, die Mittelmäßiges in etwas Großes verwandeln kann. Als würde Wasser in Wasserdampf umgewandelt, dazu ist ja nur ein Grad Temperatur mehr nötig. Dieser Wasserdampf kann dann die größten Maschinen antreiben.

Begeisterung – das ist auch die Vorfreude und Lust auf eine Sache, die Sie sehr wichtig finden. Die Sie unbedingt tun wollen. Deshalb ist es so wichtig, klare, attraktive Ziele zu finden und zu formulieren, für die sich der Totaleinsatz wirklich lohnt. Wenn Sie diese gefunden haben, bringen Sie Begeisterung für die Sache mit. Bringen Sie Begeisterung in die Sache – begeistern Sie sich selbst. Ja, tun Sie auch das Gewöhnliche mit ungewöhnlicher Begeisterung und Hingabe. Niemand kann gezwungen werden, Besonderes zu leisten. Die dafür nötige Energie ist nur da, wenn Sie etwas wirklich wollen. Entscheiden Sie sich deshalb für vollen Einsatz.

> Wenn du begeisterungsfähig bist, kannst du alles schaffen. Begeisterte sind Kämpfer. Sie haben Seelenkräfte. Sie besitzen Standfestigkeit. Mit Begeisterung gelingen Leistungen, ohne sie höchstens Ausreden.
>
> *Henry Ford, Unternehmer*

Stärken-Tipp: Machen Sie regelmäßig Pausen

Nutzen Sie Arbeitsunterbrechungen, um sich zu regenerieren. Es ist eine schlechte Angewohnheit, seine Mittagspause am Schreibtisch zu verbringen und parallel schnell noch ein paar E-Mails zu lesen oder hektisch zu telefonieren. Den so nebenbei erledigten Dingen wird einerseits nicht genügend Aufmerksamkeit gewidmet, andererseits erzeugen Sie sich zusätzlichen Stress. Nutzen Sie Ihre Pausen wirklich, um sich richtig zu erholen. So lässt sich danach alles mit mehr Kraft und Energie besser erledigen.

> Pausen setzen Anfangs- und Endpunkte. Ähnlich wie der Körper braucht auch das Gehirn Zeit, um sich von Anstrengungen zu erholen.

Viele verausgaben sich im Marathon des Lebens, ohne Rücksicht auf ihre Gesundheit. »Wir werden zu Besessenen, die ständig Energie verbrauchen, ohne sich zwischenzeitlich zu erholen«, schreiben die amerikanischen Management-Trainer Tony Schwartz und Jim Loehr in ihrem Buch »*Die Disziplin des Erfolgs*«. Unglücklicherweise wird Erholungsbedarf häufig als Zeichen der Schwäche gesehen – statt als wichtiger Bestandteil einer nachhaltigen Leistungsfähigkeit.

Schalten Sie zwischendurch immer wieder mal einen Gang herunter. Denn wer zu schnell fährt, fliegt irgendwann aus der Kurve. Machen Sie regelmäßig eine Pause. Das Geheimnis liegt in der Ausgewogenheit zwischen dem Stress als Wachstumsreiz und der folgenden Erholung zur Wiedergewinnung von Energie.

So kann eine kleine Pause (alle 90 bis 120 Minuten) Wunder bewirken, wenn Sie zudem ein Glas Wasser trinken und sich die Beine vertreten: Der Energielevel steigt um 30 Prozent. Schwartz und Loehr sind überzeugt: »Ein reiches, glückliches Leben zeichnet sich durch die Fähigkeit aus, mit vollem Einsatz sich den aktuellen Aufgaben zu widmen – sich dann regelmäßig zu entspannen und die Kräfte zu erneuern.«

Stärken-Tipp: Managen Sie Ihre Schwächen

Schwächen sind nichts Schlimmes. Schwächen werden in ihrer Bedeutsamkeit weit überschätzt, sie müssen Ihrer Talententwicklung nicht im Wege stehen. Deshalb wäre es fatal, wenn Sie – was viele tun – viel Energie für das Beheben von Schwächen aufwenden oder gar versuchen, sie auszumerzen. Es reicht, wenn Sie Strategien entwickeln, die Ihnen helfen, mit Ihren Schwächen so geschickt umzugehen, dass die Schwächen Ihnen nicht im Wege stehen:

- **Verbessern Sie Ihre Schwäche.** Versuchen Sie, wenigstens ein Mindestniveau zu erreichen. Wenn beispielsweise Ihr Unternehmen global tätig ist und Englischkenntnisse damit Voraussetzung sind, dann müssen Sie Ihre Schwäche Fremdsprache insoweit verbessern, dass Ihre Karriere dadurch nicht gefährdet wird.
- **Suchen Sie sich einen starken Partner.** Bitten Sie um Hilfe und finden Sie Partnerschaften, die mit Ihren Stärken Ihre Schwächen ausgleichen können. Wenn Sie zum Beispiel als Unternehmenslenker mit allen steuerlichen Dingen auf Kriegsfuß stehen, dann ist es ratsam, die beste Steuerkanzlei der Region für das Unternehmen zu gewinnen.
- **Entwickeln Sie ein Hilfssystem.** Wenn Sie unter den chaotischen Papierbergen Ihres Schreibtisches leiden, dann legen Sie doch mit Ihrer Sekretärin ein neues, gemeinsames Ablagesystem fest. Oder gehen Sie die offiziell verkündete Verpflichtung ein, dass jeden Freitagabend aufgeräumt wird. Entwickeln Sie Ihr System so, dass es Sie über diese Schwäche unbeschadet hinweggleiten lässt.
- **Hören Sie einfach auf damit.** Oft verliert man viel Zeit, Energie, Respekt und Vertrauen, weil man Dinge versucht, die von der so genannten Umwelt erwartet werden. Wenn Sie beispielsweise keinerlei Sinn für Humor haben, dann unternehmen Sie erst gar nicht den Versuch, Ihre Meetings und Reden mit lustigen Geschichten und Witzen aufzulockern. Es würde ohnehin nicht funktionieren. Gestehen Sie Ihre Schwäche ein und nehmen Sie sie nicht so wichtig. Bleiben Sie authentisch.

Wie erfahre ich, ob es an Talent, Wissen, Können oder Wollen mangelt? Gehen Sie nach dem Ausschlussverfahren vor. Wenn Sie motiviert sind, sich Wissen angeeignet und Können durch Training vermehrt haben – wenn dann das Ergebnis noch unbefriedigend ist, dann fehlt das Talent.

6. Dranbleiben

Mal ehrlich: Was geht Ihnen durch den Kopf, wenn Sie das Wort Disziplin lesen? Drill? Druck? Zucht? Zwang? Kampf? Verzicht? Anstrengung? Überwindung? Härte gegen sich selbst? Ordnung durch Unterordnung? Disziplin, so scheint´s, ist eine Eigenschaft, die das Leben ziemlich freudlos macht. Stimmt nicht. Im Gegenteil: Mit Disziplin wird das Leben eher leichter, angenehmer – es gelingt besser. Selbstdisziplin ist der Schlüssel zur Selbstkontrolle und zur Macht über sich selbst. Selbstdisziplin ist die Fähigkeit, den eigenen Willen, die Gedanken und das Verhalten zu kontrollieren. Nur mit hinreichender Selbstdisziplin tun Sie alles, was für den Erfolg zu tun ist, und Sie tun es auch dann, wenn Sie sich nicht danach fühlen. Wie bemerkte Steffi Graf einmal treffend: »Viele Mädchen haben das Zeug zu einer großen Tenniskarriere, aber nur wenige haben die Selbstdisziplin, die dazu nötig ist!«

Auch Professor Gerhard Blickle, Leiter der Abteilung für Arbeits-, Organisations- und Wirtschaftspsychologie der Universität Mainz, hängt die Tugend Selbstdisziplin hoch: »Ich bin davon überzeugt, dass es wichtig ist, sich selbst zu kontrollieren, wenn man bei anderen etwas bewirken möchte. Ich glaube, es ist wichtig, seine spontanen Impulse, etwa Wut, zurückstellen zu können, wenn man etwas erreichen möchte. Ich halte das nicht für altmodisch. Übrigens sind Menschen, die diese Eigenschaft haben, meist angenehm im Umgang.«

Ihr sechster Schritt zur Veränderung:
Bleiben Sie hartnäckig!

Wenn sich Ihnen Probleme in den Weg stellen, wenn Sie ans Aufgeben denken, wenn Sie vom Weg abgekommen sind ... Sagen Sie laut: Stopp! Rufen Sie sich noch einmal Ihre Entscheidung in Erinnerung! Gehen Sie Ihren Aktionsplan noch einmal genau durch! Machen Sie einen neuen Anlauf! Malen Sie sich aus, wie Sie sich beim Erreichen des Ziels fühlen werden.

Wer sich voll und ganz einem Ziel verschreibt, denkt nicht ans Aufgeben. Wie zum Beispiel die Autoren Jack Canfield und Mark Victor Hansen, die eine Sammlung von herzerwärmenden Geschichten (»*Hühnersuppe für die Seele*«) zusammengestellt hatten. Als sie dafür einen Verlag suchten, wurden sie immer wieder abgewiesen – von mehr als hundert Verlegern. Doch sie glaubten an ihre Idee und blieben hartnäckig. Am Ende fanden sie einen kleinen Verlag. Das Buch mauserte sich zu einem internationalen Bestseller. Inzwischen ist die »*Hühnersuppe*«-Buchreihe ein internationales Markenzeichen, weit mehr als 25 Millionen Exemplare wurden verkauft.

Pflegen Sie Selbstdisziplin

Selbstdisziplin und ebenso Geduld gelten heute als wichtige Soft Skills, also Schlüsselqualifikationen, um Kontrolle über Emotionen entwickeln zu können. Ohne Geduld werden keine Erfolge erzielt, da die Techniken nur durch häufiges Wiederholen perfektioniert werden können.

Schließlich braucht alles seine Zeit. Den richtigen Zeitpunkt abwarten zu können, auf das richtige Timing zu setzen – in diesen schnelllebigen Zeiten wird das gerne vergessen oder als »uncool« abgetan. Ungeduld ist eine weit verbreitete menschliche Schwäche: Jetzt etwas tun, sofort Erfolge sehen und feiern. Weit gefehlt. Lebenserfolg verlangt Beharrlichkeit und Disziplin. Walt Disney musste 302 Banken abklappern, ehe er seinen ersten Kredit für seine große Idee bekam.

> Wer Selbstdisziplin lernt, hat eine enorme Mitgift, er ist leistungsfähiger und verlässlicher. *Reinhard Tausch, Psychologie-Professor*

Selbstdisziplin schließt die Lücke zwischen dem, was Sie »eigentlich« tun wollen, und dem, was Sie dann tatsächlich tun. Und zu tun, was Sie sich vorgenommen haben, ist die Basis für jede weitere Entwicklung und für Wachstum. Es gibt Mut und Kraft, sich neuen, größeren

Herausforderungen zu stellen. Es schafft also die Voraussetzung für Selbstsicherheit, Selbstzufriedenheit und Selbstvertrauen.

Das Verhalten dauerhaft ändern

Mangelnde Selbstdisziplin ist einer der Gründe dafür, warum es so schwer fällt, sein Verhalten dauerhaft zu verändern und das umzusetzen, was man sich vorgenommen hat. Oft wird die Widerstandskraft alter Gewohnheiten unterschätzt. »Ach, die Gewohnheit ist ein lästig Ding«, grollte der Dichter Grillparzer, »selbst an Verhasstes fesselt sie.«

> Wir sind das, was wir wiederholt tun, Vorzüglichkeit ist daher keine Handlung, sondern eine Gewohnheit. *Aristoteles, Philosoph*

Wohl wahr, negative Gewohnheiten beengen das Leben. Dagegen können positive Gewohnheiten Sicherheit und Stabilität geben. Über ihren Wert hat der große Erzieher Horace Mann einmal gesagt: »Gewohnheiten sind wie Kabel. Wir flechten jeden Tag einen Strang dazu, und bald können sie nicht mehr reißen.« Nun ja, der letzte Teil seiner Aussage muss nicht stimmen. Denn alte Gewohnheiten lassen sich durchaus verlernen – und neue, positive Gewohnheiten erlernen. Gehirnforscher wissen, dass dabei im Stammhirn alte Muster durch neue überlagert werden.

Stärken-Tipp: Schaffen Sie neue Gewohnheiten

Um neue, positive Gewohnheiten – oder Routinen – zu schaffen, hilft Selbstdisziplin. Denn es ist nötig, die betreffende Tätigkeit über einen längeren Zeitraum (mindestens 28 Tage lang) regelmäßig zu wiederholen – möglichst zu einer festgelegten Zeit, auf die gleiche Art. Auf diese Weise, durch penetrante Wiederholung, werden nämlich im Nervensystem neue Muster installiert.

Nach zwei, drei Wochen fällt diese Stetigkeit leichter und leichter, die Überwindung wird geringer und geringer, das Erfolgserlebnis größer und größer. Jeder kann diese Selbstdisziplin lernen und wertvolle Routine in sein Leben bringen.

Anfangsschwierigkeiten überwinden

- Aller Anfang ist schwer, besonders wenn Sie Ihr Verhalten verändern wollen. Konzentrieren Sie sich immer nur auf eine neue Sache.
- Legen Sie die Latte nicht zu hoch. Beginnen Sie möglichst mit etwas, das Ihnen leicht fällt.
- Bleiben Sie unbedingt am Ball. Gestatten Sie sich keine Ausnahmen. Tun Sie das, was zu tun ist, möglichst immer nach dem gleichen Schema, zur gleichen Zeit, am selben Ort.

Stärken-Tipp: Schaffen Sie sich Rituale

Rituale sind Ereignisse mit genau festgelegten Abläufen und Regeln. Sie gehören seit Urzeiten zur geistigen Natur des Menschen, weil sie Halt geben. Denn Rituale können Fixpunkte im aufgeregten Alltag und kleine Inseln der Ruhe sein, sie schaffen Ordnung in unüberschaubaren Lebensprozessen, sorgen für Harmonie und mobilisieren zusätzliche Energie. Rituale ermöglichen einerseits den Ausbruch aus dem Alltag und festigen andererseits den Rhythmus des Alltags.

Der tägliche Spaziergang, das morgendliche Jogging, die gemeinsame Mahlzeit, die Tasse Tee am Nachmittag, das Treffen beim Familienfest, die Tagesvor- und Rückschau – selbst kleine Rituale können erstaunliche Kraft geben. Zum Beispiel Ottmar Hitzfeld. Der Erfolgstrainer vom FC Bayern München stellt sich morgens bewusst unter die Dusche. »Ich stehe dann da und stelle mir vor, dass ich ein Baum wäre – ein Baum im Sturm. In diesen Momenten fühle ich mich tief verwurzelt und denke: Genau so stehe ich auch im Leben. Ich bin stark.

Welche Rituale werde ich für mich einführen?
1.
2.
3.

Ich lasse vieles von mir abprallen. Danach fühle ich mich gut vorbereitet für den Tag. Als Trainer muss man schließlich in jeder Minute hellwach sein, sonst wird man von der Mannschaft aufgefressen.«

Schaffen Sie sich Rituale. Finden Sie etwas, das Sie regelmäßig praktizieren. Rituale sind erwiesenermaßen das wirksamste Mittel, um neue Verhaltensweisen in Ihr Leben zu integrieren. Im Gegensatz zu bewussten Aktionen, die Sie jedes Mal über den Willen steuern, kosten Rituale kaum Energie.

Stärken-Tipp: Lernen Sie immer dazu

Das Leben ist ein lebenslanger Lernprozess. Für erfolgreiche Menschen ist es selbstverständlich, das ganze Leben lang weiterzulernen. Es macht ihnen Spaß, weil Lernen das Leben bereichert. Lebenslanges Lernen bedeutet auch Offenheit. Offen sein bedeutet:

- Das Zulassen neuer Ideen.
- Neue Kontakte mit neuen Leuten.
- Alte Schablonen zu überprüfen und zu hinterfragen.

7. Bewerten

Nur die allerwenigsten Menschen, etwa ein Prozent, protokollieren und bewerten ihre Erfahrungen und Wahrnehmungen. Sie schreiben zum Beispiel Tagebuch oder notieren Gedanken, die sie für besonders wichtig halten. Ein großartiges Ritual. Beim Schreiben werden Gedanken geordnet, Schreiben prägt das Unterbewusstsein und setzt eine Kettenreaktion in Gang. Jedenfalls, wenn Sie einen Gedanken aufschreiben, halten Sie ihn fest – statt ihn an die Verhaltensgewohnheit des Vergessens zu verlieren. Beim Schreiben

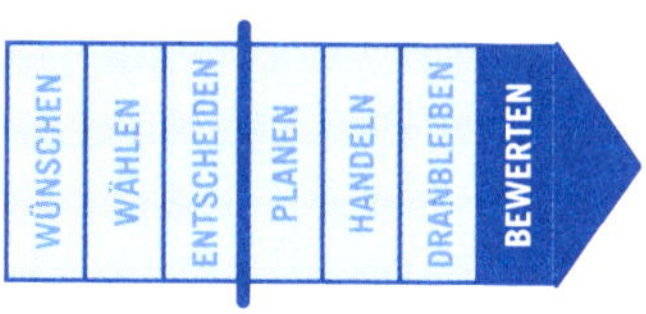

- identifizieren und verstärken Sie Ihre Erfolge;
- kristallisieren Sie die wichtigsten Erkenntnisse heraus, sie werden dadurch greifbarer;
- treten neue Ideen hervor und konkretisieren sich;

- werden Sie zu neuem Handeln motiviert, weil die eigene Selbstverpflichtung gestärkt wird.

Ähnlich wie ein schriftlicher Plan Ihnen hilft, Hindernisse, Ablenkungen oder Störungen zu vermeiden, so werden Sie auch für Ihre bewertenden Notizen reichlich belohnt. Zahlreiche Studien haben gezeigt, dass die Motivation am größten ist, wenn Sie Feedback erhalten, mit dem Sie Ihren möglichen Fortschritt messen können.

Ihr siebter Schritt der Veränderung:
Bewerten Sie Ihren persönlichen Veränderungsprozess!

Kontrollieren Sie regelmäßig das Ergebnis Ihrer Bemühungen:
- Welchen Aufwand habe ich betrieben – und hat es sich gelohnt?
- Habe ich bekommen, was ich mit vorgenommen hatte?
- Habe ich mein Verhalten verändert?
- Habe ich also mein Ziel erreicht?
- Was habe ich dabei gelernt?

Zusammenfassung

Wie ich Stärken weiterentwickeln kann

Je kultivierter Ihre Stärken, desto besser. Doch wie können Sie Stärken weiterentwickeln? Fakt ist: An Ihrem Talent können Sie nichts mehr ändern – Sie haben es oder Sie haben es nicht. Dennoch verfügen auch Sie über ein großes persönliches Entwicklungspotenzial. Es setzt sich zusammen aus den Faktoren Wissen, Können und Wollen. Je mehr Sie wissen, je mehr Sie können und je mehr Sie wollen, desto besser für Ihre Stärke. In der Praxis bedeutet das: lebenslanges Lernen, Üben und Begeisterung entwickeln.

Wie ich Stärken zielorientiert nutzen kann

Voraussetzung für ein starkes Leben ist es, Stärken nicht nur weiter zu kultivieren, sondern sie auch intensiv zu nutzen. Werden die jetzt persönlich definierten Stärken (»bester Leistungsbereich«, »wichtigste Persönlichkeitsbereiche«) auch tatsächlich eingesetzt – beruflich und privat? Wo können sie noch besser genutzt werden? Entsprechen die von Ihnen formulierten Ziele auch Ihren persönlichen Stärken oder gibt es hier eine auffallende Diskrepanz? (Ein Beispiel: Sie haben es als Ihr Ziel formuliert, sich selbständig zu machen. Ihr Persönlichkeitsprofil sieht Ihre Stärken aber weniger im Bereich »Selbständigkeit« und »Offenheit für Erfahrungen«.)

Wie ich erkenne und überwinde, was mich bremst

Wollen können will gekonnt sein. Tatsächlich sieht in der Theorie manches leichter aus, als es sich dann in der Praxis anfühlt. Bestimmte Bremsen (zum Beispiel bequeme Gewohnheiten, Versagensängste, Perfektionismus, die Angst vor Fehlern oder Kritik) halten davon ab, persönliche Stärken weiterzuentwickeln – und damit sich selbst. Motto: Wer nichts wagt, riskiert auch nicht, sich zu blamieren. Wer nichts Neues versucht, kann keine Fehler machen. Emotionale Bremsen verhindern, dass Sie sich neue Ziele stecken und Sie Ihr Potenzial ausschöpfen, um diese Ziele zu erreichen.

Wichtig ist zunächst eine ehrliche Bestandsaufnahme: Was bremst Sie in Ihrer Entwicklung? Wovor haben Sie Angst? Welches sind Ihre größten Erfolgsverhinderer? Und welche Folgen hatte das bislang?

Wie ich mein Verhalten erfolgreich verändern kann

Veränderung muss wachsen. Erfolgreiche Selbstveränderung ist immer ein Prozess, der verschiedene »Reife«-Stufen durchläuft. Unser Sieben-Phasen-Modell der Veränderung baut auf dem »Stages-Of-Change«-Modell der Psychologieprofessoren Prochaska, Norcross und DiClemente und auf dems Rubicon-Modell der deutschen Forscher Professor Heinz Heckhausen und Professors Peter Gollwitzer auf.

Dieses Modell liefert die Strategie, die notwendig ist, um Veränderungen einzuleiten und einen zielorientierten Entwicklungsprozess bis zum Ende zu gehen. Darüber hinaus bieten die einzelnen Stufen ganz konkrete Handlungsorientierung.

Welche Schritte zur Veränderung nötig sind

Der erste Schritt: Schreiben Sie Ihre persönliche Wunschliste!
Der zweite Schritt: Formulieren Sie Ihre Wahlmöglichkeiten!
Der dritte Schritt: Entscheiden Sie sich!
Der vierte Schritt: Entwickeln Sie einen Aktionsplan!
Der fünfte Schritt: Handeln Sie innerhalb von 72 Stunden!
Der sechste Schritt: Bleiben Sie hartnäckig!
Der siebte Schritt: Bewerten Sie den Prozess Ihrer Veränderung!

Die Kunst, ein starkes Leben zu führen

Lebe deine Stärken! Was ich am Anfang dieses Buches als eine Vision formuliert habe, ist jetzt für Sie greifbar geworden. Nutzen Sie Ihre Chance, suchen Sie ein Aufgabengebiet, das Ihnen wirklich sinnvoll erscheint, finden Sie Aufgaben, die Ihnen Spaß machen. Engagieren Sie sich in Tätigkeiten, die Sie fordern, die Ihre Begeisterung wecken, und vor allem: bei der Sie Ihre Stärken ausspielen können.

Sie kennen jetzt Ihre Stärken und zudem wirkungsvolle Strategien für Veränderungen. Bauen Sie Ihr Leben um Ihre Stärken herum auf.

Vertrauen Sie ähnlich wie Bärbel Mohr, Dietrich Mateschitz oder Bill Gates darauf, dass auch Sie bestimmte *Talente* haben und dass Sie sich Ihre »größten Talente nicht erarbeiten müssen – sie sind ein Geschenk des Lebens«.

Nutzen Sie Ihr Talent, trainieren Sie es. Denken Sie an das Beispiel von Dirk Nowitzki. Ohne systematische Umsetzung von *Wissen* und *Können* wäre der talentierte Jugendliche aus der fränkischen Provinz wohl kein Ausnahmeathlet und Weltstar geworden. Und erinnern Sie sich an den jungen Ion Tiriac, dessen unbedingtes *Wollen* durch nichts und niemanden gestoppt werden konnte.

Fragen Sie sich ähnlich wie Barbara Vollert: »Was mache ich eigentlich richtig gern und was habe ich bis jetzt aus meinem Leben tatsächlich gemacht?«

Wie Spitzenleistung entsteht

Tun Sie möglichst das, was Sie am besten können und was Sie auch tun würden, wenn Sie kein Geld dafür bekämen. Wenn Sie nämlich mit Freude, Begeisterung und Überzeugung bei der Sache sind, werden Sie feststellen, dass sich die oftmals so bremsende Frage nach dem »Warum« nicht mehr stellt. Statt dessen werden Sie sich fragen: Wie kann ich meine Sache besonders gut machen? Sie streben automatisch Spitzenleistungen an. Ihre Motivation wird steigen und Sie werden über das normale Maß hinaus kreativ sein. Mit hoher Wahrscheinlichkeit werden Sie zu besseren Ergebnissen kommen und bei Ihrem Tun mehr Befriedigung finden – Ihre Lebensfreude wird steigen.

> Andere beherrschen erfordert Kraft. Sich selbst beherrschen erfordert Stärke. *Laotse, Denker*

Die Voraussetzung ist aber, dass Sie Ihre Stärken kennen und diese ausspielen können.

Setzen Sie auf Ihre Stärken. Verschwenden Sie möglichst keine Zeit und unnötige Energie mehr mit Sachen, die Ihnen absolut keinen Spaß machen und die Sie auch nicht wirklich können. Auf diesem Feld werden Sie ohnehin nur das Niveau Mittelmäßigkeit erreichen. So viel steht fest: Wenn Ihnen etwas keinen Spaß macht, kann es nicht das Richtige für Sie sein.

Entscheiden Sie sich gegen Mittelmäßigkeit

Finden Sie sich nicht mit Mittelmäßigkeit ab. Dieser Zustand ermüdet, er kostet sinnlos viel Kraft. Schlimmer noch: Mittelmaß ist sogar die reinste Energieverschwendung, weil Sie verhältnismäßig viel, nein, viel zu viel Energie für ein Resultat aufbringen müssen, das letztlich doch nicht überzeugt. Mittelmaß frisst mehr Energie, als es produziert. Konzentrieren Sie sich also vor allem auf die Dinge, die Ihnen liegen und die Ihnen Freude machen – konzentrieren Sie sich auf Ihre Stärken.

Es ist, wie es ist

Lamentieren Sie nicht über die Vergangenheit, das ist sinnlos verpulverte Energie. Einer meiner Seminarteilnehmer hat mir einmal gestanden, welcher Satz für ihn zu einem Wendepunkt in seinem Leben geworden ist. Der Satz ist ganz kurz und hört sich ziemlich banal an, aber er steckt voller Trost und Weisheit: »Es ist, wie es ist«.

Es gibt Tatsachen im Leben, die sind nicht zu ändern. Nicht nur die Steuererklärung muss gemacht werden, nicht nur die Bürokratie muss in Kauf genommen werden, nicht nur das Wetter muss ertragen werden – es gibt leider allerhand unerfreulich Unabänderliches im Leben. Es ist nicht besonders clever, zu jammern, zu klagen, zu wettern, sich dagegen zu stemmen und anzukämpfen. Sie würden viel Zeit und Energie investieren – und letztlich vergeuden. Akzeptieren Sie besser die Tatsache, dass manches außerhalb Ihrer Kontrolle liegt. Nehmen Sie es einfach als gegeben: Es ist, wie es ist.

> Wir verlangen, das Leben müsse einen Sinn haben – aber es hat nur ganz genau so viel Sinn, als wir selber ihm zu geben imstande sind. *Hermann Hesse, Dichter*

Diese Lebenseinstellung hat nichts mit Resignation oder Fatalismus zu tun. Im Gegenteil. Eine realistische Einschätzung hilft leichter durchs Leben. Nicht alles flutscht und funktioniert mustergültig. Manches liegt außerhalb des eigenen Einflussbereiches. Konzentrieren Sie sich auf das, was in Ihrer Macht steht.

Sehen Sie das Leben als spannendes Spiel

Das Leben ist zu wichtig, um es ernst zu nehmen. Versuchen Sie, das Leben als ein Spiel zu sehen, als ein spannendes Spiel. Versuchen Sie, Spaß am Spiel zu finden. Stecken Sie Ihre Energie und Phantasie ins

Hier und Jetzt. Nutzen Sie den Augenblick. Lebensglück ist kein Konsumartikel, sondern die gegenwärtige Freude und vor allem der Spaß an dem, was Sie gerade tun. Stimmt, fürs Glück spielen auch Vergangenheit und Zukunft eine Rolle. Aber nur eine Nebenrolle. Tun Sie das, was Sie am besten können. Leben Sie Ihre Stärken und Sie potenzieren die Chancen, glücklich zu werden.

Glück kommt von innen

Was bedeutet denn Glück? Glück ist nicht etwas, das einfach geschieht. Es ist keine Folge von angenehmen Zufällen. Es ist nichts, was man mit Geld kaufen oder mit Macht bestimmen kann. Es hängt nicht von äußeren Ereignissen ab, sondern eher davon, wie man diese deutet. Glück ist also ein Zustand, für den man bereit sein muss, den jeder Einzelne kultivieren und für sich verteidigen muss. Es gehört zu den Verdiensten von Mihaly Czikszentmihalyi, dem renommierten amerikanischen Psychologie-Professor, das Geheimnis des Glücks gelüftet zu haben. Er erklärt dieses Phänomen als einen Prozess des völligen Aufgehens, des Einswerdens mit einer Tätigkeit. Dafür prägte er den Begriff *Flow.*

Glück ist Arbeit an sich selbst. Nur wenn Sie die Selbstverantwortung für das eigene Wohlergehen übernehmen, kann sich daraus auch innere Stärke entwickeln, die sich letztlich auch in einem erfüllten Leben widerspiegelt. Das Gefühl, selbstbestimmt zu leben – und nicht fremdbestimmt – die Fähigkeit, innere Erwartungen zu steuern und damit die Lebensqualität zu bestimmen –, dies sind die wichtigsten Faktoren fürs Glücklichsein.

Glück heißt, seinen Stärken gemäß zu leben

Fast alle Glücksforscher sind sich einig: Ein Mensch kann nur richtig glücklich sein, wenn er sein persönliches Glück abgekoppelt hat von den Überraschungsgeschenken des Zufalls, den Angeboten der Glücksindustrie und den materiellen Dingen. Glück stellt sich in jenen magischen Momenten ein, wenn Sie mit sich selbst und Ihrer Umwelt im Einklang sind. Glück ist ein Seins-Zustand, ein Gefühl tiefer Freude und tiefster Zufriedenheit. Glück ist nie von Dauer, es ist eine Sache des Augenblicks. Glück ist, das tun zu können, was man am besten kann. Glücklich leben bedeutet, sinnerfüllt zu leben. Das heißt auch: seinen Stärken gemäß zu leben.

Das Zielfoto im Kopf

Lebe deine Stärken! Was werden und können Sie tun, um mehr auf Ihre Stärken zu setzen? Welche Aufgaben im Leben sind für Sie wirklich wichtig? Wie wollen Sie Ihre Aufgabe als Partner oder Elternteil mit neuem Leben erfüllen? Was werden Sie tun, um die Talente Ihrer Kinder zu fördern? Wie sehen Sie künftig Ihre Aufgabe als Führungskraft oder als Unternehmer? Was werden Sie zum Beispiel tun, um auch die Stärken Ihrer Mitarbeiter zu fördern?

Wo wollen Sie in einem Jahr stehen? Wie wollen Sie in fünf Jahren leben und was wollen Sie in der Zeit dazwischen erleben? Haben Sie ein scharfes Zielfoto in Ihrem Kopf? Sicher sind Sie auch der Meinung, dass das Leben mehr zu bieten hat, als nur so vor sich hin zu leben. Leben heißt, das Leben aktiv zu erleben, zu erfahren, zu erfüllen.

Denken Sie daran: Es kommt nicht darauf an, wo Sie herkommen und was Sie hinter sich haben. Es ist entscheidend, welche Richtung Sie jetzt einschlagen. Die Schritte, die Sie jetzt tun, werden darüber entscheiden, wo Sie schließlich ankommen werden.

Sicher haben Sie mit Hilfe dieses Buches schon Aktionspläne ausgearbeitet. Jetzt kommt es darauf an, diese konkreten Pläne auch wirklich anzupacken – und umzusetzen. Erinnern Sie sich noch einmal an die 72-Stunden-Regel. Alles, was Sie innerhalb dieser Frist ins Handeln bringen, hat eine 90-prozentige Erfolgsaussicht.

Noch einmal: Sie müssen es zunächst nur ins Handeln bringen, und nicht schon abschließen – was oftmals auch gar nicht möglich ist. Aber einen ersten, ernsthaften Schritt in Richtung Ihres Ziels können und sollten Sie jetzt unbedingt machen.

Lebe deine Stärken!

Personenregister

Literatur

Asendorpf, Jens: Keiner wie der andere, Edition Wötzel, Dreieich 1999

Asgodom, Sabine: Leben macht die Arbeit süß. Wie Sie Ihr persönliches Work-Life-Konzept entwickeln, Econ Verlag, München 2002

Bruer, John T.: Der Mythos der ersten drei Jahre, Beltz Verlag, 2003

Buckingham, Marcus/ Clifton, Donald O.: Entdecken Sie Ihre Stärken Jetzt!, Campus Verlag, Frankfurt 2002

Cerny, Thomas: Talente nutzen – erfolgreich sein, Hanser Verlag, München 2002

Christiani, Alexander/ Scheelen, Frank M.: Stärken stärken, Redline Wirtschaft, München 2002

Christiani, Alexander: Weck den Sieger in Dir, Gabler Verlag, Wiesbaden 1997

Clutterback, David/ Kernaghan, Susan: Empowerment – So entfesseln Sie die Talente Ihrer Mitarbeiter, mvg, Landsberg 1997

Collins, Jim: Der Weg zu den Besten, Deutsche Verlags-Anstalt, Stuttgart/ München 2001

Covey, Stephen R.: Die sieben Wege zur Effektivität, Campus Verlag, Frankfurt 1992

Covey, Stephen R.: Der Weg zum Wesentlichen, Campus Verlag, Frankfurt 2000

Csikszentmihalyi, Mihaly: Flow – Das Geheimnis des Glücks, Klett-Cotta Verlag, Stuttgart 1992

Dalai Lama/ Cutler, Howard C.: Die Regeln des Glücks, Lübbe Verlag, Bergisch-Gladbach 2001

Damasio, Antonio R.: Descartes' Irrtum. Fühlen, Denken und das menschliche Gehirn, dtv, München 2001

Eliot, Lise: Was geht da drinnen vor? Die Gehirnentwicklung in den ersten fünf Lebensjahren, Berlin Verlag, Berlin 2003

Ernst, Heiko: Das gute Leben – Der ehrliche Weg zum Glück, Ullstein Verlag, München 2003

Fournier, Cay von: Lebensstrategie, Schmidt Verlag, Stockheim 2001

Fuchs, Helmut/ Huber, Andreas: Das Rubicon-Prinzip, dtv, München 2003

Gardner, Howard: Dem Denken auf der Spur, Klett-Cotta Verlag, Stuttgart 1992

Gardner, Howard: Intelligenzen – Die Vielfalt des menschlichen Geistes, Klett-Cotta Verlag, Stuttgart 2003

GEO Wissen »Bildung«, Nr. 31, Hamburg 2003

GEHIRN & GEIST, Das Magazin für Hirnforschung und Psychologie, Nr.1, Heidelberg 2002

Goleman, Daniel: Emotionale Intelligenz, dtv, München 1997

Grawe, Klaus: Psychologische Therapie, Hogrefe-Verlag, Göttingen 1998 und 2000

Grawe, Klaus: Psychologische Psychotherapie, Hogrefe-Verlag, Göttingen 1998

Heckhausen, Heinz: Motivation und Handeln, Springer Verlag, Berlin 1989

Höhler, Gertrud: Die Sinn-Macher – Wer siegen will, muss führen, Econ Verlag, München 2002

Höhler, Gertrud: Spielregeln für Sieger, Econ Verlag, München 1991

Howard, Pierce J./ Howard, Jane Mitchell: Führen mit dem Big-Five Persönlichkeitsmodell, Campus Verlag, Frankfurt/Main 2002

Hüther, G.: Bedienungsanleitung für ein menschliches Gehirn, Vandenhoeck & Ruprecht Verlag, Göttingen 2001

Johnson, Spencer: Die Mäuse-Strategie für Manager – Veränderungen erfolgreich begegnen, Ariston Verlag, Kreuzlingen/ München 2000

Kuhl, Julius: Motivation und Persönlichkeit, Interaktionen psychischer Systeme, Hogrefe-Verlag, Göttingen 2001

Kuhl, Julius/ Heckhausen, Heinz: Motivation, Volition und Handlung, Hogrefe-Verlag, Göttingen 1996

Krafft, Thomas von/ Semke, Dr. Edwin: Der große Begabungstest – Entdecken Sie die Stärken Ihres Kindes, Moses Verlag, Kempen 2002

Küstenmacher, Werner Tiki/ Seiwert, Lothar J.: Simplify Your Life, Campus Verlag, Frankfurt 2001

Lange, Volker: Bin ich das wirklich? 4. September 2000, In: http://www.morgenwelt.de/wissenschaft/000904-gehirn1.htm

Lange, Volker: Radiosender im Kopf, 11.September 2000, In: http://www.morgenwelt.de/wissenschaft/000911-gehirn2.htm

Löhr, Jörg/ Pramann, Ulrich: So haben Sie Erfolg

Löhr, Jörg/ Pramann, Ulrich: Einfach mehr vom Leben

Bestellungen unter: 0821 - 34654 - 66

Löhr, Jörg/ Spitzbart, Dr. Michael/ Pramann, Ulrich: Mehr Energie fürs Leben, Südwest Verlag, München 1999

Löhr, Jörg/ Pramann, Ulrich: 30 Minuten für mehr Erfolg, Gabal Verlag, Offenbach 2000

Lundin, Stephen C./ Paul, Harry/ Christensen, John: Fish! – Ein ungewöhnliches Motivationsbuch, Ueberreuter Wirtschaft, Wien 2001

Malik, Fredmund: Führen, leisten, leben, Heyne Taschenbuch Verlag, München 2001

Maslow, Abraham: Motivation und Persönlichkeit, Rowohlt Verlag, Reinbek 1996

Münchhausen, Marco von: Die vier Säulen der Lebensbalance, Econ Verlag, München 2003

Niermeyer, Rainer: Motivation – Instrumente zur Führung und Verführung, Haufe Verlag, Freiburg 2001

Peseschkian, Nossrat: Es ist leicht, das Leben schwer zu nehmen. Aber es ist schwer, es leicht zu nehmen, Herder spektrum, Freiburg 2003

Prochaska, James O./ Norcross, John C./ DiClemente, Carlo C: Changing for good. A revolutionary six-stage-programm for overcoming bad habits and moving your life positively forward. Harper Collins, New York 1994

Roth, Gerhard: Fühlen, Denken, Handeln. Wie das Gehirn unser Verhalten steuert, Suhrkamp Verlag, Frankfurt 2001

Scherer, Hermann (Hrsg.): Von den Besten profitieren, Gabal Verlag, Offenburg 2001

Schneider, Wolf: Die Sieger –Wodurch Genies, Phantasten und Verbrecher berühmt wurden, Stern-Buch, Hamburg 1992

Schwartz, Tony/ Loehr, Jim: Die Disziplin des Erfolgs, Econ Verlag, München 2003

Seiwert, Lothar J.: Das Bumerang-Prinzip – Mehr Zeit fürs Glück, Gräfe und Unzer Verlag, München 2002

Seligman, Martin: Pessimisten küsst man nicht, Droemer/Knaur Verlag, München 2001

SPIEGEL special: Die Entschlüsselung des Gehirns, Hamburg 2003

Sprenger, Reinhard K.: Mythos Motivation, Campus Verlag, Frankfurt 1995

Stangl, Werner: Angeboren oder gelernt? – Reifung und Förderung in der kindlichen Entwicklung. In: http://www.familienhandbuch.de

Storch, Maja/ Krause, Frank: Selbstmanagement – ressourcenorientiert, Verlag Hans Huber, Bern 2003

Zerlauth, Thomas: Sport im State of Excellence, Junfermann Verlag, Paderborn 1996

Visions for children Stiftung

visions for children – Jörg Löhr hat eine Stiftung ins Leben gerufen. Er ermöglicht benachteiligten Kindern in Afrika eine Schulausbildung – den ersten Schritt in eine bessere Zukunft. Ihr kleiner Beitrag kann viel bewirken. **Helfen Sie! Jetzt!**
Rund 600 Millionen Kinder weltweit sind nach Schätzung des Kinderhilfswerks der Vereinten Nationen UNICEF von Hunger und Krankheiten bedroht. Zehn Millionen Kinder sterben jährlich vor ihrem vierten Geburtstag. Täglich infizieren sich 8500 Kinder mit AIDS.

Traurige Zahlen, schreckliche Schicksale. Können wir da zusehen? Nein! Das Leid von Kindern geht uns alle an. Sie sind unsere Zukunft. Sie brauchen unseren Schutz.

Schon seit längerer Zeit hatte Jörg Löhr, selbst Familienvater von 3 Kindern, vor, sich für benachteiligte Kinder einzusetzen: „Als ich dann Pater Denis aus Burundi kennenlernte, bekam die Idee ein Gesicht." Anfang 2003 initiierte er **visions for children**.

In Armut und Angst lebenden Kindern Hoffnung und Perspektiven geben – das ist das erklärte Ziel von **visions for children**. Die Stiftung hat sich verpflichtet, Kindern (in Krisengebieten) eine gute Schulbildung, eine grundlegende Gesundheitsversorgung und eine gesunde Ernährung zu ermöglichen.

Mit **visions for children** können Sie jetzt ganz konkret Hilfe leisten.

1. Durch eine Patenschaft in Höhe von 10.- Euro pro Monat

2. Durch eine Geldspende

Spendenkonto:
Kreissparkasse Augsburg
BLZ: 720 501 01
Kto.-Nr.: 200 605 426

visions for children Stiftung
Ulrichsplatz 6
86150 Augsburg
helpline: 0821/3 46 54 66
info@visions-for-children.com
www.visions-for-children.com

visions for children ist als Stiftung anerkannt. Selbstverständlich sind Ihre Geldspenden und Patenschaftsbeiträge steuerlich absetzbar.

Hiermit verpflichten wir uns und versichern Ihnen, dass jeder von Ihnen gespendete Euro zu 100 Prozent als Hilfe in Burundi ankommt. Verwaltungskosten werden nicht aus Spenden finanziert. Alle, die das Projekt mittragen, tun dies ehrenamtlich.

Jörg Löhr

Pater Denis

> Das Komische am Leben ist:
> Wenn man darauf besteht,
> nur das Beste zu bekommen,
> dann bekommt man es häufig auch.
> *W. Sommerset Maugham*

FIRMENSEMINARE

Die Themenbereiche der Seminare sind:

- **Erfolgs- und Persönlichkeitstraining**
- **Kick-off-Veranstaltungen**
- **Kundenveranstaltungen**
- **Motivationstraining**
- **Führungskräftetraining**
- **Kommunikationstraining**
- **Mitarbeiterschulungen**
- **Vertriebstraining**
- **Rhetorikseminare**
- **Teamtraining**
- **Kompetenz- und Stärkenanalyse**

Selbstverständlich werden Ihre individuellen Wünsche, Themen und Inhalte berücksichtigt und persönlich abgestimmt.

ÖFFENTLICHE SEMINARE

Profitieren Sie von öffentlichen Tagesveranstaltungen oder von Jörg Löhrs mehrtägigen Intensivseminaren in kleineren Gruppen zu den Themen Persönlichkeit, Gesundheit und Kommunikation.

Alle von Jörg Löhr entwickelten Seminare haben dabei ein übergeordnetes Ziel: Ihre hohen Erwartungen in puncto Umsetzbarkeit, Effektivität, Authentizität, Begeisterung und dauerhaftem Erfolg zu übertreffen. Komplizierte Zusammenhänge werden dabei einfach, wirkungsvoll, praxisnah und mit einem gelungenen Schuß Unterhaltung präsentiert. Dies ermöglicht Ihnen ein hohes Konzentrationsmoment, maximale Informationsaufnahme und eine effektive Umsetzung in die Praxis. Privat wie beruflich.

Weitere Informationen und Buchungsmöglichkeiten unter:

www.joerg-loehr.com

Ich möchte mich bei den folgenden Personen für die großartige Unterstützung besonders bedanken. Sie haben entscheidend zum Gelingen dieses Buches beigetragen. Außergewöhnlich war dabei, wie jede(r) Einzelne sich mit ganzem Herzen und weit außerhalb der persönlichen Komfortzone eingesetzt hat. Vielen Dank dafür!

Ulrich Pramann, einem geschätzten Freund, hervorragenden Journalisten und Autor, der mich bisher auf besondere Art und Weise durch alle Buchprojekte begleitet hat und auch großen Anteil an diesem Buch hat.

Katrin Müller, die mir mit ihren tollen Ideen, konzeptionellen Gedanken, Anregungen und Texten eine ganz wichtige und wertvolle Unterstützung war.

Evi Schoettl, die mit viel Einsatz und Liebe dem Buch ein grafisches Gesicht gegeben hat.

Hans-Jochen Fröhlich, der mit seiner Werbeagentur FRÖHLICH-PR ständig als wertvoller Gesprächspartner zur Verfügung stand und eine große Stütze bei der Vermarktung des Buches war und ist.

Jens Schadendorf, der mir den Anstoß für dieses Buch gab und mich vertrauensvoll, kritisch und unterstützend durch das ganze Projekt begleitete.

Thomas von Krafft, der mit seinem Partner Dr. Edwin Semke und dem youngworld – Institut für Begabungsanalyse den *Stärkentest 3+7* konzipierte, entwickelte und ihn bis zur Validierung an der Universität Augsburg begleitete. www.youngworld-institut.de

Bei meinem großartigen Team von JÖRG LÖHR Erfolgstraining (Anja, Bea, Dagmar, Jean, Jutta, Karina, Olga, Frank L., Jörg H. und Markus). Sie alle waren mir eine wichtige Hilfe und haben mir den Rücken freigehalten.

Dieses Buch ist meinen Eltern Gisela und Jürgen gewidmet, die mich seit jeher liebevoll unterstützen und mir ganz entscheidend geholfen haben, meine Stärken zu entdecken.

Meinen Söhnen Luis, Lian und Kiano und meiner wundervollen Frau Kathrin, dank deren Hilfe ich ein glückliches und »starkes« Leben führen darf.